AF860605

Convaincre pour urbaniser le SI

LAVOISIER
11, rue Lavoisier
75008 Paris

Serveur web : www.hermes-science.com

ISBN 2-7462-0977-2

Convaincre pour urbaniser le SI

Jean-Christophe Bonne
Aldo Maddaloni

Hermes Science
publications

Collection Management et Informatique

sous la direction de Nicolas Manson

Conduite opérationnelle des projets, Alain AMGHAR, 2004.

Processus d'entreprise pour la gestion, Jean-Pierre BRIFFAUT, 2004.

Microsoft Office Project 2003, Alain AMGHAR et Frédéric SITBON, 2004.

Clés pour la sécurité des SI, Thierry HARLÉ et Florent SKRABACZ, 2004.

Trafic et performances des réseaux multi-services – *Ingénierie de la QoS*, Michel PRIEM, 2004.

Vers une informatique ouverte, Philippe FENOULIÈRE, 2004.

Hommes et projets informatiques, Luc DORRER, 2004.

PLM – La gestion collaborative du cycle de vie des produits, Denis DEBAECKER, 2004.

Le portail Microsoft Sharepoint, sous la direction de Erol GIRAUDY, 2004.

Urbanisation et modernisation du SI, Bernard LEROUX, 2004.

BPM – Business Process Management – *pilotage métier de l'entreprise*, Bernard DEBAUCHE et Patrick MÉGARD, 2004.

Management des SI – *aligner le parc applicatif sur la stratégie d'entreprise, modeliser l'urbanisme des processus,* Didier JOLIOT, 2003.

Performances des SI – *vérifications, comparaisons, tests et mesures au service du management de l'entreprise*, Didier JOLIOT, 2003.

Les réseaux et l'informatique d'entreprise, Pierre JAQUET, 2003.

Systèmes d'information et processus agiles, Jean-Pierre VICKOFF, 2003.

Le système d'information décisionnel – *construction et exploitation*, Pascal MUCKENHIRN, 2003.

Les grilles informatiques, Marcel SOBERMAN, 2003.

La gestion des risques – *principes et pratiques*, Alain DESROCHES, Alain LEROY, Frédérique VALLÉE, 2003.

XML et développement des EDI, Norbert PAQUEL, Olivier BEZAUT, 2002.

La maîtrise d'ouvrage des projets informatiques, Henri KLOETZER, 2002.

Coût et durée des projets informatiques – *pratique des modèles d'estimation*, Jacques PRINTZ, Christiane DEH, Bernard MESDON, Nicolas TRÈVES, 2001.

Table des matières

Préface

Sans système d'information performant, les entreprises ne seraient plus en mesure de relever les défis quotidiens de notre économie ultra compétitive : attractivité immédiate des produits et services, présence mondiale, réactivité, réduction drastique des temps de conception et de déploiement. Ces performances s'appuient sur des processus automatisés qui sont maintenant totalement dépendants de la disponibilité et du bon fonctionnement d'applications informatiques et de l'excellence opérationnelle des métiers de l'informatique. Or, pour la plupart des grandes entreprises, le parc informatique est le résultat de plus de trente années d'investissements et d'innovations techniques qui ont conduit à l'édification d'un ensemble hétérogène. La complexité du parc applicatif et l'absence de règles de construction et d'évolution du système d'information partagées par toute l'entreprise sont les causes majeures des dysfonctionnements qui alimentent la non qualité des applications. De plus, l'indispensable réactivité des métiers de l'informatique vis-à-vis des évolutions stratégiques de l'entreprise et de ses directions métier est freinée par la complexité et la fragilité de l'édifice applicatif.

L'urbanisation du système d'information est un levier puissant pour contribuer à remédier à cette situation. D'une part, le processus d'urbanisation permet de fabriquer les règles de construction et de cohérence globale qui structurent l'évolution du système d'information. D'autre part, la puissance de la démarche d'urbanisation entraîne les métiers et les équipes informatiques à penser différemment en introduisant une dimension transversale majeure entre tous les métiers et en les incitant à travailler ensemble à la définition d'une cible informatique cohérente et stable, alignée sur la stratégie.

L'informatique a été depuis longtemps une affaire de spécialistes, cloisonnés, ne prenant en considération que ce qui touchait directement leur périmètre. Le résultat obtenu par cette addition non structurée de talents est un système d'information complexe, alourdi par la multiplicité des interfaces, la redondance des données et des applications, la diversité exotique des techniques. L'évolution de cet assemblage à la fois fragile et rigide engendre des coûts récurrents importants. Pour sortir d'une pesanteur produite par son histoire, la fonction informatique se doit de réagir vigoureusement. L'urbanisme par son approche globale et sa capacité à dynamiter les frontières va proposer une vision complète du système d'information où chaque application, chaque donnée, chaque processus métier va progressivement trouver sa place dans un ensemble cohérent et apporter sa contribution à un équilibre global pour délivrer plus de flexibilité et de réactivité vis-à-vis des grands changements de l'entreprise et de ses processus métiers.

L'ouvrage écrit par Jean-Christophe BONNE et Aldo MADDALONI illustre l'approche et les premiers résultats obtenus au sein de RENAULT par la mise en place d'une démarche d'urbanisme par la direction de l'urbanisme et de l'architecture fonctionnelle. Mais au-delà du déploiement indispensable de méthodes et d'outils, la démarche d'urbanisation représente un travail de fond de pédagogie et de conviction qui doit être réalisé auprès de chaque entité de la direction des systèmes d'information et des directions métier à l'échelle mondiale.

Et c'est bien l'analyse de cette démarche pratique qui fait la force de cet ouvrage écrit par les acteurs eux-mêmes de cette transformation. Il faut faire preuve de beaucoup de ténacité, de rigueur, de pédagogie pour faire comprendre qu'il est indispensable de changer d'angle de vue pour construire un système d'information mieux organisé, sans couture. Il faut arriver à convaincre chacun qu'il doit accepter de modifier sa position qui isolée peut être légitime, mais qui dans une vision collective paralyse l'amélioration. Ceci passe par une démarche soutenue d'explication, de communication, de mise en visibilité des résultats ainsi que par le soutien permanent du sponsor pour faire grandir la légitimité de l'urbanisme et entretenir la motivation des uns et des autres.

L'ouvrage propose un tour d'horizon complet, en toute transparence, des difficultés rencontrées, des solutions proposées, des outils utilisés et ouvre un certain nombre de pistes de réflexion pour approfondir la démarche, au-delà des premiers résultats atteints. Plus encore que la vision technique et pratique, c'est la force de la conviction qui marque cet ouvrage : conviction que l'urbanisme des systèmes d'information est une œuvre de longue haleine qui implique un travail de fond d'explication auprès de tous les acteurs de l'entreprise, conviction qu'au-delà des contraintes économiques et de la dictature des délais qui écrase le temps de la réflexion, les choix rigoureux sont les seuls légitimes.

Je partage parfaitement cette vision et l'imparable nécessité d'une fonction urbanisme et architecture rattachée au plus haut niveau de l'organisation afin de dépasser les arbitrages de court terme pour construire un futur plus rationnel, rigoureux et donc plus efficace.

Jean-Pierre CORNIOU

CIO de RENAULT et Président du CIGREF

Avant-propos

On a l'habitude de dire à juste titre que le système d'information est devenu un véritable plat de spaghettis, à cause des nombreuses interfaces entre les différentes applications. Ceci induit des charges de développement non négligeables et parfois nécessite des pirouettes techniques dès qu'il faut faire évoluer certaines applications. En effet, toute évolution d'une application conduit en général à complexifier encore un peu plus le système d'information par le développement de nouvelles interfaces entre les différentes applications.

Tout ceci tient au fait que le système d'information s'est développé par morceaux et par couches successives qui n'ont pas été vus dès le début dans un schéma d'ensemble. Il est certain qu'à l'époque on ne parlait pas encore d'automatiser les processus métier et l'informatique n'avait pas encore une place omniprésente comme de nos jours. Du coup les développements d'applications nouvelles constituaient une amélioration locale sans en prévoir les futures ramifications et interconnexions avec les autres applications. On a ainsi bâti sans trop s'en rendre compte un *patchwork* d'applications variées au fur et à mesure qu'on informatisait des parcelles d'activité métier.

L'entreprise est confrontée aujourd'hui à des enjeux importants principalement sous-tendus par les deux exigences suivantes :

– comment accélérer la mise sur le marché de nouveaux produits,

– comment réduire les coûts de production et de fonctionnement.

Cela se traduit sur le système d'information par une nécessité de restructurer le patrimoine existant et de se redonner des principes d'organisation afin :

– de disposer de règles partagées qui constituent un véritable outil d'aide à la décision et un cadre de cohérence pour lancer de nouveaux projets,

– de découper le parc applicatif et le rendre plus souple et plus adaptable aux évolutions des métiers et des enjeux *business*. L'objectif est de livrer rapidement une réponse à une demande métier ;

– de simplifier le parc applicatif en réduisant le nombre d'applications et le nombre d'interfaces, améliorant ainsi la qualité de l'exploitation et réduisant les coûts d'entretien et de maintenance qui mobilisent aujourd'hui une grande partie des budgets informatiques annuels.

C'est le constat, les objectifs et les impératifs précédents qui poussent les entreprises à se doter d'une démarche d'urbanisme et d'une entité spécifique pour mener à bien ce chantier de grande envergure. La direction de l'urbanisme est ainsi créée pour être le bras armé de la cohérence du système d'information et la tour de « contrôle » de toutes les opérations menées dans le cadre de l'évolution du système d'information. Chacun ayant naturellement tendance à ne voir qu'une partie du système d'information au travers des projets dans lesquels il est impliqué, l'urbanisation du système d'information va permettre de resituer le travail et l'intervention de chacun dans un cadre général et partagé qui devient une référence pour tous. C'est une démarche nouvelle que les entreprises vont s'approprier et qui va remettre en question ou faire évoluer les habitudes de travail.

L'ouvrage que nous avons écrit s'appuie sur l'expérience acquise au travers de la démarche d'urbanisme que nous avons déployée chez Renault. Il décrit et traduit la façon dont nous nous sommes pris, les idées que nous avons mises en œuvre et qui nous ont guidées dans la construction et le déploiement de cette démarche. Il s'agit du témoignage sur ce qui constitue aujourd'hui nos meilleures pratiques en urbanisme du système d'information. Nous avons souhaité les faire connaître non comme seule et unique façon de faire mais comme des pistes que le lecteur pourra utiliser pour enrichir sa propre réflexion et sa propre action.

Cet ouvrage s'adresse aux personnes des directions informatiques chargées de l'évolution du système d'information afin de les aider à trouver des façons originales d'associer les métiers, à faire progresser ensemble le système d'information dans un cadre cohérent et dynamique. Il peut également donner des ouvertures aux directions métier et plus particulièrement faire comprendre aux maîtrises d'ouvrage combien leur participation est importante pour la construction d'un système d'information global cohérent et flexible, au travers d'une démarche d'urbanisme qui fait le lien entre leur stratégie métier et le système d'information, en recherchant comment aligner au mieux le système d'information en suivant différents axes d'analyse de la problématique métier.

Nous avons volontairement limité les aspects techniques aux concepts de base et à l'explication du vocabulaire utilisé dans l'ensemble de l'ouvrage. Notre volonté a été de nous concentrer majoritairement sur les aspects de *management* et en particulier tout l'aspect relationnel à établir avec les uns et les autres afin que la vision et que la notion d'urbanisme soient comprises et soutenues par le plus grand nombre dans l'entreprise. Nous avons donc essentiellement basé notre ouvrage sur la description du travail de conviction qui devait être déployé et avons réduit au maximum tous les aspects tels que la gestion de projet, la modélisation ou tout autre sujet technique. Nous espérons que cet ouvrage sera source d'inspiration pour le lecteur qui cherche à trouver des idées pour avancer dans ce domaine dans sa propre entreprise.

Jean-Christophe BONNE et Aldo MADDALONI

Chapitre 1

Les enjeux de l'urbanisation du système d'information de l'entreprise

« Si nous ne savons pas vers quel avenir le présent nous mène, comment pourrions nous dire que ce présent est bon ou mauvais… »

Milan KUNDERA

L'expression « urbanisme du système d'information de l'entreprise » surprend encore dans les entreprises et prête quelquefois à sourire. Il est vrai que chercher à utiliser les concepts et le vocabulaire de l'aménagement urbain dans le domaine de la gestion d'entreprise, est parfois source d'erreurs et de contresens. Deux analogies nous paraissent toutefois justifier ce rapprochement.

La première a trait au contexte historique. Lorsque l'architecte espagnol, ILDEFONSO CERDA, introduit en 1867 le terme d'« urbanisation », dans son ouvrage intitulé *Théorie générale de l'urbanisation*, il en donne cette définition : « une discipline (…) qui se détache des arts urbains antérieurs et se donne pour objectif de répondre scientifiquement aux exigences, aux nécessités nouvelles de la société urbaine industrielle et aux bouleversements qu'elle a entraînés ». Face à une révolution industrielle dont il analyse les conséquences dans les risques de développement anarchique des villes, l'auteur prône la nécessité d'une approche nouvelle, en rupture avec le passé, pour maîtriser l'essor de l'espace urbain. Comme les grandes métropoles, les entreprises ont connu et connaissent toujours de profondes évolutions. Elles s'adaptent de manière permanente à des marchés et des contextes économiques eux-mêmes mouvants. Tous les métiers de l'entreprise ont vu, progressivement ou brusquement, leurs processus évoluer et leurs moyens de production se complexifier. L'accélération et la dimension désormais internationale de ces transformations, imposent aux entreprises de manipuler un volume d'informations en considérable augmentation, qu'elles doivent traiter plus vite et échanger sur une plus grande échelle, avec la meilleure qualité et une parfaite cohérence.

Les processus métier de l'entreprise sont automatisés, pour une part grandissante, par des systèmes informatiques. Mais le paysage informatique d'une entreprise donne très souvent aujourd'hui l'impression d'un ensemble confus et complexe, parfois inadapté et incapable de suivre facilement l'entreprise dans ses évolutions. Il est le résultat d'un empilement de « constructions » informatiques réalisées de manière isolée, pour répondre spécifiquement aux besoins immédiats d'un métier ou d'un processus précis.

L'urbanisme vise à créer une rupture dans la façon d'appréhender le système d'information. En considérant les logiciels, comme des éléments inter reliés dans un ensemble général, l'urbanisme a pour but de définir les principes de construction et de connexion de ces éléments pour assurer à l'ensemble la souplesse d'adaptation et l'évolutivité nécessaire. En ne se focalisant plus seulement sur les actions « ponctuelles » mais en portant un regard global sur le système d'information et en le considérant comme un tout, il se donne pour objectif d'assurer sa cohérence et sa performance et de lui donner une stratégie propre lui permettant d'accompagner l'entreprise face à ses nécessités nouvelles.

La seconde analogie s'appuie sur l'ouvrage intitulé *Méthodes de l'Urbanisme*, [JP LACAZE, *Les méthodes de l'urbanisme*, PUF p. 8], dont nous extrayons cette affirmation : « L'urbanisme naît à partir du moment où quelqu'un estime nécessaire, à tort ou à raison, d'engager ou de provoquer les modes d'utilisation de l'espace et aboutir à une situation jugée préférable ». Selon l'auteur, l'urbanisme n'est pas une « science exacte » qui permet à coup sûr de définir la ville idéale, mais un outil visant à transformer l'espace urbain sur la base de décisions politiques. Il n'y a pas, dans l'absolu, de bon ou de mauvais urbanisme, mais un instrument et des techniques au service d'une stratégie.

De la même manière, l'espace informationnel de l'entreprise, qui sert chacun de ses métiers et les relie entre eux, se doit d'être dirigé dans son ensemble. Il fait partie de son patrimoine, en constitue une de ses plus importantes richesses, qu'il faut organiser et administrer. L'approche d'urbanisme du système d'information n'est pas plus une science ou une recette miracle qui va permettre à chaque entreprise de résoudre, sur la base d'un même modèle, tous ses problèmes informatiques. C'est un outil au service d'une nécessaire gouvernance de l'espace informationnel de l'entreprise.

Un autre terme du vocabulaire urbain a, lui aussi, été emprunté par l'informatique, c'est le mot « architecture ». D'autres domaines avaient déjà réalisé cet emprunt : mathématique, philosophique (E. Kant et l'architecture de la pensée), voire spirituel avec la notion de « Grand Architecte ». De manière générale, le terme désigne la structuration d'un ensemble complexe.

En informatique, il a d'abord été utilisé dans les volets techniques. On a parlé très tôt de l'architecture des machines pour décrire l'agencement et les connexions de leurs nombreux composants physiques. Dans les directions des systèmes informatiques, apparut ensuite le métier d'architecte technique, dont le rôle est de préconiser les différentes technologies à employer pour répondre aux besoins des utilisateurs et de l'entreprise. Enfin, plus récemment est apparu le rôle d'architecte fonctionnel ou architecte applicatif. Il n'y a pas de définition standard et universelle pour le terme d'architecture fonctionnelle.

Dans cet ouvrage, l'architecture fonctionnelle fera référence à la (ou les) structure(s) d'un système informatique, comprenant les éléments logiciels, leurs propriétés externes visibles, et leurs relations[1]. L'architecte fonctionnel intervient dans le cadre d'un besoin précis, pour définir ou réaménager la structure d'un ou plusieurs logiciels, sans tenir compte de l'architecture technique. Pour des utilisateurs, il définit les fonctionnalités des logiciels, leurs enchaînements et les interfaces avec un environnement immédiat. Habituellement spécialisé sur un domaine particulier de l'entreprise (fabrication, commerce, logistique, etc.) il en a une vision d'ensemble qui lui permet d'assurer la cohérence des solutions informatiques mises en œuvre.

On voit ainsi que le rôle de l'architecte fonctionnel est très étroitement lié à l'urbanisme du système d'information et qu'il n'y a pas de frontière nette entre les deux mais plutôt continuité. L'architecte fonctionnel exerce son expertise sur un périmètre plus restreint, mais à un niveau de détail plus important. Il est, en quelque sorte, un « précurseur » de l'urbanisme. Le club informatique des grandes entreprises françaises (CIGREF), qui publie régulièrement, des fiches emplois, a récemment modifié celle d'architecte fonctionnel pour la renommer « architecte urbaniste ».

Un dernier mot pour préciser que si l'approche urbanisme est récente, elle ne peut être considérée comme un effet de mode ou une nouvelle manne offerte aux cabinets de consultants. Aux Etats Unis, le concept d'*enterprise architecture*, qui fit

1 Traduction tirée du livre *Software Architecture in Practice (2nd edition)*, (L. Bass, P. Clements, R. Kazman; Addison-Wesley, 2003)

son apparition dans le début des années 1980[2], est très similaire à la notion d'urbanisme du système d'information.

De nombreuses réflexions, tant en France (CIGREF, CLUB-URBA SI) qu'au niveau mondial (IT G.I., OMG), montrent la réelle préoccupation des entreprises pour cette démarche qui contribue fortement à la mise en place d'une gouvernance du système d'information.

1.1. Le système d'information de l'entreprise : un ensemble complexe

Pour atteindre ses objectifs, l'entreprise s'est organisée suivant différents critères : métiers (bureaux d'études, acheteurs, logisticiens, commerciaux, etc.), organisationnel (directions, ateliers, etc.), géographique par ses différentes implantations nationales ou internationales, économiques (secteurs d'activité, filiales, *business unit*, etc.). L'entreprise procède ainsi à un découpage de son organisation en différents secteurs.

Chacun de ces secteurs possède ses propres spécificités et peut être regardé isolément comme une partie « décentralisée » de l'entreprise globale. Il obéit, dans une amplitude plus ou moins grande, à ses propres règles d'adaptation, d'innovation et de modernisation, tant en interne, pour la définition de ses processus, qu'en externe pour son ouverture à ses partenaires, voire aux clients finaux de l'entreprise. Chaque secteur dispose de la « responsabilité d'une zone décisionnelle dans l'organisation globale de l'entreprise »[3], d'une subsidiarité liée à son contexte et à ses propres objectifs.

Chacun de ces secteurs agit d'une manière « régulée », avec des évènements et des processus décrits par des règles formelles : ordres de fabrication, demandes d'approvisionnement, commandes clients, etc. Les opérations y sont réalisées selon des procédures plus ou moins détaillées. Un secteur peut être le résultat d'un découpage selon des critères différents. Un magasin de distribution traitant quotidiennement l'envoi de plusieurs centaines de pièces aura une organisation et des procédures de travail différentes d'un autre magasin traitant ce même volume sur une beaucoup plus longue période, dans un autre pays. Dans cet exemple, ces deux secteurs ont en commun une activité de distribution, mais se distinguent par le volume de leur activité.

---

[2] On peut notamment cité les travaux de J. ZACHMAN, qui a défini, en 1985, un « cadre » général organisant et classant le système d'information. Il est – de notre point de vue – un des précurseurs de l'*Enterprise Architecture* et de l'urbanisme.

[3] Henry Mintzberg, *Structure et dynamique des organisations*.

L'entreprise fixe à chacun des secteurs ses grands objectifs et assure un contrôle global de leur efficacité et l'efficience des relations entre eux. La collaboration de tous les secteurs permet d'atteindre les résultats attendus par l'entreprise.

Le système d'information d'une entreprise se définit comme l'ensemble des informations et des moyens techniques et humains qui concourent à leur collecte, leur traitement et leur diffusion. La notion d'information doit être prise au sens de ce qui permet à un acteur de l'entreprise d'accomplir ses tâches et ce qui est généré par ces tâches pour servir à d'autres acteurs. Ainsi, les références du fournisseur et des articles à commander, permettent à un acheteur qui suit un mode opératoire précis et utilise des outils de traitement de ces informations (logiciels informatiques, bases de données, etc.), d'enregistrer une commande puis de la transmettre, *via* d'autres outils (courrier, fax, courrier électronique), à d'autres acteurs pour d'autres opérations comme l'enregistrement comptable, la réception de marchandise, la facturation, etc. D'autres acteurs enfin, analyseront ces informations et ces flux pour des traitements de prévision et de pilotage.

Le système d'information de l'entreprise est la vue globale de ces flux d'informations, tant pour des besoins opérationnels que pour les besoins de pilotage et de *management*. Ces flux et la nature qualitative et quantitative des informations concernées sont pour une part, internes à un secteur (un atelier d'une usine, un département comptable, un réseau de vente national, etc.), mais peuvent également traverser plusieurs autres secteurs.

Le système d'information doit coordonner et faire converger les actions individuelles des différents secteurs, en une réalisation collective, tout en respectant leur autonomie. Sa transversalité est totale. Quand bien même la codification des articles devrait être différente d'un secteur à un autre, le système d'information doit garantir qu'il s'agit des mêmes articles. Il doit s'assurer que la documentation du produit établie par l'ingénierie est cohérente avec celle du *marketing*.

Les Technologies de l'Information et de la Communication (TIC) supportent une part grandissante du système d'information de l'entreprise. Elles font désormais partie intégrante des différents métiers qui les utilisent quotidiennement. Tissant une toile qui prend tous les salariés, elles influent sur la nature de leur travail et sur les relations qu'ils ont entre eux et au-delà. Elles permettent et souvent suscitent des innovations qui vont accroître la performance des différents métiers. Elles peuvent également provoquer des adaptations nouvelles de l'entreprise, par exemple, la création d'autres secteurs « régulés » forts, comme les centres d'appels, les *back-offices* de traitements comptables ou autres.

1.2. La situation paradoxale des directions des systèmes d'information

En premier lieu, il convient de constater que les Directions des Systèmes d'Information (DSI) ont aujourd'hui trouvé leur place dans l'entreprise. La tour d'ivoire, où l'informaticien s'isolait de l'entreprise et de ses besoins pour se consacrer à « son art », n'existe plus. Le métier informatique a de plus en plus industrialisé ses productions et optimisé ses façons de faire[4]. Il développe, déploie et maintient plus rapidement des produits de meilleure qualité tout en maîtrisant ses coûts. Son professionnalisme est reconnu et il compte désormais comme un métier de l'entreprise, au même titre que les autres métiers avec lesquels il collabore en leur fournissant des outils de plus en plus efficaces.

Selon une récente enquête[5] 75% des directions générales estiment que l'informatique a, à l'heure actuelle, une influence forte (60%) ou extrêmement forte (15%) sur la performance de l'entreprise. Ce chiffre passe à 93% pour demain. Bien que ce sentiment ne soit partagé, paradoxalement, que par 79% des directeurs informatiques, il montre une réelle reconnaissance des apports de l'informatique par l'entreprise et une attente forte sur les plus-values que doivent apporter les technologies de l'information et de la communication.

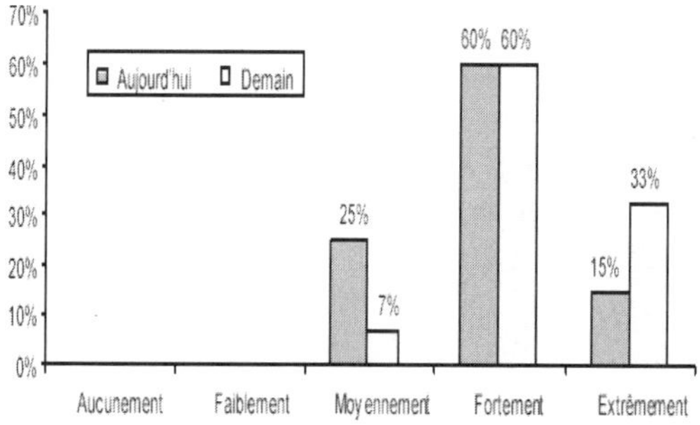

Figure 1.1. *Influence de l'informatique sur la performance de l'entreprise. Vision Direction Générale (source Acadys)*

Le second constat est plus mitigé. S'il existe un accord global pour dire que les technologies de l'information apportent une plus-value sur la performance

---

[4] Par exemple, le modèle CMM (*Capability Maturity Model*), norme internationale, mesure la maturité des entreprises dans le domaine du développement du logiciel.

[5] « Etude européenne sur la valeur de l'informatique 2002-2003 », Acadys.

de l'entreprise, aucune relation mathématique n'a été dégagée entre les investissements informatiques[6] et la rentabilité des métiers ou de l'entreprise.

Certaines voix aujourd'hui vont jusqu'à prôner le « désengagement » des entreprises vis-à-vis d'une informatique jugée « non stratégique »[7]. A défaut de pouvoir mettre en évidence la rentabilité des systèmes informatiques qu'ils produisent, les DSI ont tendance à se focaliser sur la maîtrise de leurs coûts de production et de maintenance, au détriment de la mise en place d'une politique stratégique.

Selon cette même enquête Acadys, plus de la moitié des entreprises dispose d'un *business plan*, et moins de la moitié seulement d'un *business plan* informatique qui se cantonne essentiellement aux aspects budgétaires et technologiques. Généralement, les métiers de l'entreprise contribuent peu à son élaboration et, lorsqu'ils y participent, c'est de manière unitaire, sans vision transversale, ni vision d'une cible long terme, mais pour répondre à leurs propres besoins d'évolution immédiate.

A ces exigences, les DSI ont naturellement tendance à répondre de manière unitaire, en développant de nouveaux systèmes informatiques, en installant des progiciels du marché, et en adaptant sans cesse le parc existant. Il n'est ainsi pas rare de voir de grandes entreprises disposer de plusieurs milliers d'applications informatiques, sur la base de technologies hétérogènes. Ces applications comportent trop souvent des fonctionnalités non utilisées car ne répondant plus, ou même n'ayant jamais répondu, aux besoins métier. A l'inverse, une même fonctionnalité est très souvent implantée dans plusieurs applications informatiques. L'autonomie des différents sites ou métiers de l'entreprise dans leurs processus a été un des facteurs de cette diversité. Pour satisfaire au plus vite les besoins locaux des métiers ou secteurs, des utilisateurs chevronnés, voire les services informatiques eux-mêmes, ont souvent créé des applications dites « jetables », censées n'être utilisées qu'une très courte période mais qui, malgré tout, perdurent.

---

[6] Une étude du département du commerce américain chiffre ces investissements entre 5 % et 50 % du montant des investissements des entreprises de 1965 à 2010

[7] Nicholas Carr, *"Why IT doesn't matter anymore"*, Harvard Business Review, Mai 2003

Les risques sont alors grands de ne plus pouvoir maîtriser ce paysage informatique, de plus en plus complexe, pour l'adapter aux évolutions de l'entreprise :

– risques de blocage fonctionnel : comment accompagner l'entreprise dans le développement d'un nouveau produit, d'une nouvelle marque, dans un nouveau pays, lorsque les systèmes n'ont pas été conçus multiproduits, multimarques ou internationaux ? Comment accompagner les métiers dans la transformation de leurs processus quand plusieurs outils sont à faire évoluer conjointement ?

– risques technologiques : comment introduire dans cet existant complexe, les évolutions technologiques nécessaires ? Combien de DSI ont retardé au maximum l'introduction des nouvelles versions des outils bureautiques, tout simplement parce que de nombreuses applications avaient été développées avec d'anciennes versions et le coût de leur réécriture ou de leur adaptation devait être étalé dans le temps ?

– risques de développements et donc d'investissements financiers inutiles : bien souvent les systèmes informatiques ne sont pas utilisés pleinement, les mêmes fonctionnalités existant dans plusieurs outils, les tâches des utilisateurs ayant été mal définies ou les besoins surestimés.

– risque enfin de ne plus garantir la cohérence du système d'information. Si dans le domaine du hardware les techniques VLSI (Very Large Scale Integration) permettent de faire cohabiter des milliers de transistors sur une puce en assurant leur totale intégration, cette intégration est très difficile pour des applications informatiques, réalisées de manière totalement indépendante. Comment assurer qu'une information saisie dans un système *x* pourra être transférée dans une application *y* quand rien n'a été prévu à l'origine ?

Cette complexité du paysage pèse sur la maîtrise et la réduction des coûts informatiques. Les risques qu'elle comporte, obèrent sa capacité d'adaptation, alors même que l'entreprise et ses métiers attendent énormément des innovations offertes par les technologies de l'information. Ce constat montre le défaut d'une vision stratégique globale et la nécessité d'une gouvernance du système d'information, à la fois par les DSI, qui, si elles n'en sont pas propriétaires, en sont souvent les gestionnaires « de fait », par les métiers et par la direction de l'entreprise.

1.3. La nécessaire réaction

Selon l'adage, il faut que les problèmes soient résolus aux endroits où ils apparaissent. Le système d'information de l'entreprise implique à la fois la direction générale, l'ensemble des métiers et la direction informatique. Ce sont ces trois acteurs que l'urbanisme va chercher à servir en agissant sur trois points.

1.3.1. Donner une vision globale du système d'information

Se lancer dans une démarche d'urbanisme du système d'information, c'est un peu reprendre à son compte les propos de Pascal : « Je tiens impossible de connaître les parties sans connaître le tout, non plus que de connaître le tout sans connaître particulièrement les parties. »[8]

Le premier objectif de l'urbanisme est d'avoir une vision et une compréhension claire du système d'information de l'entreprise. Pour cela, il est d'abord nécessaire de l'appréhender de manière globale, et de l'observer comme un ensemble unique, comme un tout. Dans le même temps, il s'agit d'identifier et d'analyser chacune de ses parties pour prendre en compte son hétérogénéité et sa diversité. Les différents éléments qui composent le système d'information, sont nécessaires aux tâches spécifiques des différents secteurs de l'entreprise. Ils participent, unitairement, à leurs activités, à leur gestion propre et à leur performance. Ils doivent leur garantir la capacité d'évolution nécessaire à leurs objectifs. Ces différents éléments, interconnectés entre eux mais également avec des systèmes d'information externes (fournisseurs, partenaires, clients, etc.), assurent l'indispensable coopération entre tous les secteurs de l'entreprise. De la même manière que la performance de chaque secteur de l'entreprise et leur synergie mutuelle concourent à la performance de l'entreprise, la performance de chaque élément du système d'information et la performance de leurs interconnexions, doivent concourir à la performance du système d'information global.

Cette approche, à la fois globale et modulaire, va permettre de faciliter la compréhension du système d'information et d'en donner une vision claire pour les acteurs responsables de sa gestion et de son évolution. Cette vision modulaire, en identifiant précisément les éléments spécifiques et les éléments communs et en mettant en évidence les relations entre les différents secteurs, organise le système d'information en définissant son « urbanisation ». On peut ainsi « localiser » précisément les évolutions demandées par l'entreprise et ses métiers et analyser les impacts sur l'ensemble du système d'information. Cela permet de maîtriser la cohérence globale par l'établissement de règles générales de liaison et d'intégration des différents composants et de constituer ainsi un système d'information homogène, « sans couture » et performant.

---

8 Blaise PASCAL, *Pensées*, article I

1.3.2. Définir une stratégie pour le système d'information

La direction générale de l'entreprise fixe les choix sur la mise en oeuvre ou l'abandon de nouveaux produits, de nouvelles marques, de nouveaux marchés. Elle décide de ses implantations internationales, procède à des fusions-partenariats et cessions acquisitions. Elle décide ainsi de sa stratégie de croissance, et met en œuvre une organisation générale adaptée à ses attentes à qui elle fixe des objectifs globaux.

Les différents secteurs de l'entreprise déclinent les objectifs de l'entreprise sur leur périmètre. Pour ce faire, ils adaptent leur organisation interne et décident des services centraux ou décentralisés et adaptent ou transforment leurs processus et procédures de travail en fonction de leurs objectifs propres. Ils fixent avec les autres secteurs leurs relations et définissent leurs procédures d'échanges.

La direction des systèmes d'information collabore avec les différents secteurs et participe à leur performance en proposant et en mettant en œuvre des solutions technologiques dédiées. Par ailleurs, à travers ses propres objectifs d'efficacité, elle fixe ses stratégies dans la gestion et le développement des systèmes informatiques : choix et orientations technologiques, politiques sur la sécurité, *softwares* (progiciels ou développements internes) et postes de travail.

Ces évolutions ont des impacts forts sur le système d'information, qui paradoxalement, se doit de les intégrer et de les favoriser, tout en gardant la performance exigée. Alors même que certaines de ses briques élémentaires sont à reconstruire ou sont profondément impactées, le système d'information se doit d'une part d'être robuste et performant, et d'autre part prêt aux évolutions.

En prenant en compte et en rapprochant la stratégie de l'entreprise, celles des métiers et celle de la direction des systèmes d'information, l'urbanisme doit faire émerger la stratégie de transformation du système d'information. En considérant ce dernier d'une manière globale, elle doit définir à la fois sa cible et les moyens d'y parvenir et répondre aux questions : Quel doit être le nouveau visage du système d'information, comment le définir et passer de la situation actuelle à une situation cible ? Un existant informatique peut-il répondre aux nouveaux besoins métier ou entreprise, faut-il bâtir de nouveaux outils informatiques, doivent-ils être centralisés ou décentralisés, quelles activités doivent être automatisées ? Ces activités sont-elles spécifiques à un pays, à un produit, à une *business unit* ? Quel sera l'impact en amont et en aval ? Comment bâtir des outils informatiques qui permettront au système d'information global de garder l'évolutivité indispensable pour de futures transformations ?

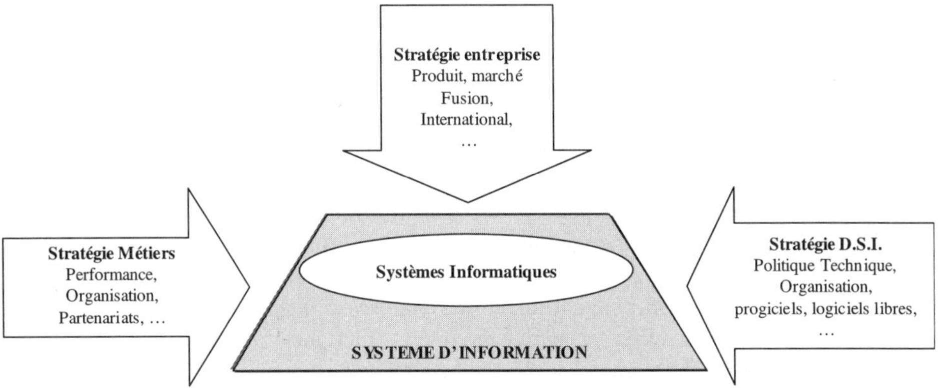

Figure 1.2. *Le système d'information de l'entreprise dépend de trois grandes stratégies*

1.3.3. Montrer les plus-values

L'urbanisme du système d'information vise à concourir à deux objectifs économiques majeurs qui sont la réduction des coûts informatiques, et l'accroissement de la valeur apportée par les TIC à l'entreprise et à ses métiers. Pour atteindre ces deux objectifs, les Directions des Systèmes d'Information déploient d'ores et déjà de nombreuses stratégies et mettent en œuvre des moyens nombreux et divers : solutions progicielles, choix technologiques, amélioration des processus internes, organisation interne, etc. L'urbanisme s'insère dans cette démarche et apporte aux acteurs du système d'information, un levier supplémentaire et un outil pour réaliser ces objectifs, à la fois d'une manière opérationnelle et dans son pilotage.

Si l'analyse des coûts liés aux mises en œuvre de solutions informatiques est aujourd'hui bien réalisée dans les entreprises, l'exercice est plus délicat lorsqu'il s'agit d'analyser leur rentabilité et le retour sur investissement de ces dépenses. C'est en rapprochant précisément les activités métier des systèmes informatiques que l'urbanisme contribuera à l'identification de la plus-value de ces derniers. En mesurant l'accroissement de performance des activités métier, et en connaissant les systèmes informatiques associés, on peut analyser la contribution de ces derniers et déterminer ainsi le retour sur investissement. Par exemple, c'est en analysant l'accroissement du nombre de ventes, résultat d'une activité vente d'un réseau de distribution, que l'on peut juger de la rentabilité d'un site de commerce en ligne.

D'une manière opérationnelle, l'urbanisme vise à identifier les redondances, c'est-à-dire les systèmes informatiques automatisant les mêmes activités métier réalisées selon les mêmes procédures. En fonction de la volonté stratégique des métiers d'homogénéiser ou au contraire de différencier leurs procédures dans le futur, l'urbanisme va proposer un plan de rationalisation des systèmes informatiques. Cette rationalisation va permettre de dégager des économies et participe à un accroissement de la performance tant dans le volet informatique, pour réduire les coûts récurrents de maintenance, que dans le volet métier, où les re-saisies seront évitées, et les relations entre secteurs seront facilitées. En définissant et en décrivant une cible pour le système d'information, en alignement avec la stratégie métier et la stratégie de l'entreprise, l'urbanisme va guider les actions d'évolution progressivement vers cette cible. Les différents changements sur le système d'information peuvent ainsi être analysés à la fois sur leur contribution à l'atteinte de cette cible et sur leur intérêt tactique immédiat. L'organisation modulaire et l'établissement de règles générales de liaison et d'intégration de ses différents composants, apportent la flexibilité nécessaire au système d'information. Cette flexibilité permet de favoriser des choix de solutions stratégiques et ouvre la porte à la prise d'options futures, valorisables pour l'entreprise.

Enfin, la vision globale du système d'information apportée par l'urbanisme est un support qui permet de donner une vue globale des coûts et des investissements des opérations informatiques, quel que soit le secteur de l'entreprise concerné. Elle participe ainsi au décloisonnement et à la transparence de l'information.

Chapitre 2

Définir l'urbanisme du système d'information de l'entreprise

« Je tiens impossible de connaître les parties sans connaître le tout, non plus que de connaître le tout sans connaître particulièrement les parties. »

Blaise PASCAL, *Pensées*

Ce chapitre n'a pas pour vocation de définir précisément les concepts de l'urbanisation. Comme nous l'avons déjà indiqué, l'urbanisme est un outil au service d'une politique du système d'information. Comme pour l'urbanisme des villes, il existe plusieurs familles de pensée dans l'urbanisme du système d'information et selon le contexte de l'entreprise et sa politique souhaitée, la priorité sera mise sur tel ou tel élément. Aussi nous attacherons-nous à quelques principes qui nous paraissent fondamentaux.

L'urbanisme repose sur une structuration du système d'information de l'entreprise. Cette structuration n'est pas qu'un simple exercice théorique. Elle doit permettre de représenter la situation existante du système d'information, puis, en prenant en compte les stratégies de l'entreprise, de ses métiers et de la DSI, et en fonction de règles d'urbanisme, de définir la cible du système d'information et l'implantation des systèmes informatiques. Enfin, cette structuration doit permettre de fixer les actions d'évolution de l'existant vers cette cible.

La recherche d'une stabilité temporelle et fonctionnelle dans cette structuration, sera la garante de la pérennité des investissements informatiques sur le long terme. Il est donc essentiel d'éviter de rentrer dans les détails. On doit, au contraire, chercher à rester macroscopique pour que cette description réponde aux trois critères fondamentaux représentés dans la figure ci-après :

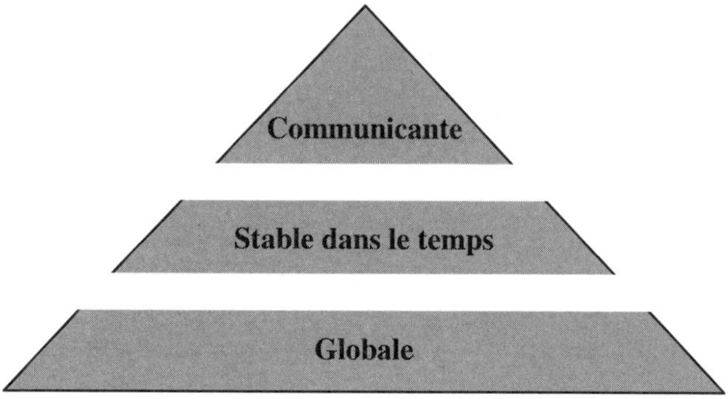

Figure 2.1. *Les trois critères de la structuration du SI*

– globale : cette structuration doit couvrir l'ensemble des branches d'activités de l'entreprise (produit manufacturé ou service), et, pour chacune, les grands métiers ou domaines qui concourent à sa réalisation, qu'ils soient internes à l'entreprise ou externalisés, réalisés par une filiale ou en central, à l'étranger ou dans le pays principal de l'entreprise ;

– stable dans le temps : elle doit donc être détachée de l'organisation de l'entreprise et de ses structures juridiques ou fiscales ;

– communicante : cette structuration est une représentation d'une vision macroscopique de l'entreprise, une simplification de la réalité. Son objectif est d'être partagée. Il est donc fondamental que le résultat soit représentable de façon synthétique, idéalement sur un format A4. Tous les acteurs de l'entreprise doivent s'y reconnaître pour se l'approprier. Toute notion ou vocabulaire technique doit donc en être exclu.

La structuration du système d'information est basée sur :

– la modélisation fonctionnelle du système d'information de l'entreprise, c'est-à-dire une représentation de son fonctionnement, qui permet de découper le SI en éléments « autonomes » mais interreliés, et d'en avoir une vue d'ensemble ;

– une analyse des stratégies de l'entreprise et de ses métiers pour déterminer les grands axes d'alignement que devra suivre le SI ;

– une analyse sur les informations et les processus d'échange ;

– la définition des règles qui gèrent cette structuration et permettent, en fonction des différentes stratégies, d'analyser la situation existante, de concevoir une situation cible pour le SI et les actions nécessaires pour atteindre cette cible.

2.1. Modéliser le système d'information

Selon *Le Trésor, Dictionnaire des sciences*, l'étymologie de « modèle » serait forgée sur le suffixe indo-européen « méd- » qui signifie « prendre avec autorité et réflexion des mesures d'ordre »[9].

La modélisation fonctionnelle vise à représenter les grandes fonctions que l'entreprise met en œuvre pour, d'une part, développer, réaliser et vendre ses produits ou services à ses clients (par exemple : définir le plan produit, concevoir le produit, acheter, fabriquer, transporter, etc.) et, d'autre part assurer sa gestion et son développement interne (gérer les ressources humaines, gérer la trésorerie, piloter la qualité, etc.).

Cette modélisation doit nous permettre de disposer d'une vision structurée mais simplifiée de la réalité du système d'information de l'entreprise. Elle doit apporter « juste assez » de connaissance pour analyser les impacts des évolutions métier et entreprise sur le système d'information et, si besoin, justifier une analyse plus détaillée[10]. Sa structuration doit permettre les décisions d'implantation des systèmes informatiques qui vont participer à ces fonctions.

La modélisation sera effectuée par une démarche hiérarchisée et itérative. La hiérarchisation permettra, dans un premier temps, d'identifier et de structurer le système d'information en grands domaines, que nous appellerons « domaines d'urbanisme », puis dans un second temps, les différentes grandes fonctions de ces domaines. Plusieurs itérations seront sans doute nécessaires pour obtenir un modèle

---

[9] *Le Trésor, Dictionnaire des sciences,* sous la direction de M. SERRES et N. FAROUKI, p. 601, Flammarion

[10] Tiré du PHTO « Programme d'Habilitation de la Transformation Opérationnelle » de l'administration canadienne : www.cio-dpi.gc.ca/btep-phto

permettant à la fois de représenter l'ensemble du système d'information, quel que soit le produit ou service vendu par l'entreprise, et suffisamment synthétique pour pouvoir être communiqué. Même si comme nous l'avons dit précédemment, la structuration du système d'information doit être détachée de l'organisation de l'entreprise, la lecture détaillée de l'organigramme complet de l'entreprise est une aide précieuse dans ce travail, et doit permettre de s'assurer de la complétude du recensement.

2.1.1. Identifier les domaines d'urbanisme

L'identification des grands domaines d'urbanisme met généralement en évidence les grandes étapes d'accomplissement des produits et services commercialisés par l'entreprise, ses grands « métiers » :

– conception produit,

– fabrication,

– logistique,

– fonctions de supports et de management,

Par exemple, une entreprise industrielle pourra représenter ses grands domaines sous la forme d'une chaîne de valeur comme ci après.

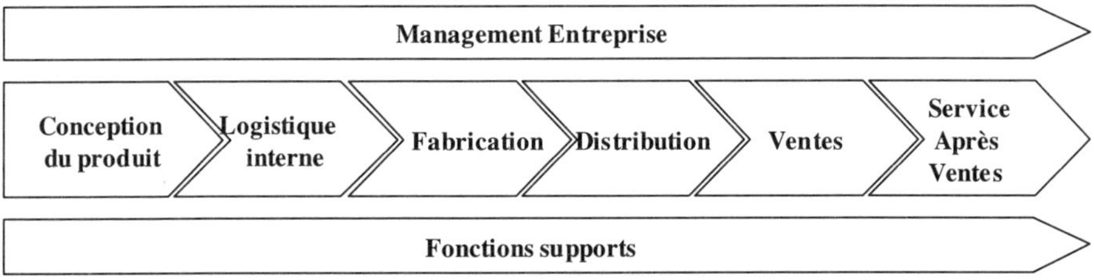

Figure 2.2. *Modélisation fonctionnelle exemple 1 : identification des grands domaines d'une entreprise industrielle.*

Selon la politique de l'entreprise et sa stratégie d'urbanisation, des domaines plus « transverses » peuvent être mis en évidence. Ce peut être le cas d'acteurs importants, comme le réseau de vente et de distribution, surtout lorsque l'entreprise ne distribue pas elle-même ses produits à ses clients finaux et également des centres d'intérêts, comme la relation client et les relations avec les fournisseurs et partenaires.

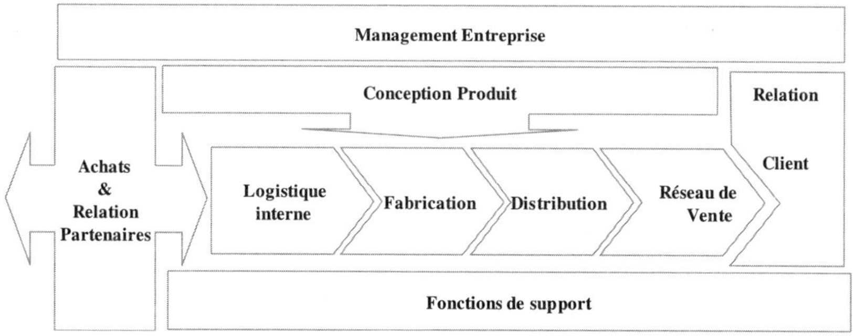

Figure 2.3. *Modélisation fonctionnelle exemple 2 : mise en évidence des domaines transverses.*

Pour une entreprise de transport de marchandises et de personnes, l'identification des domaines peut mettre en évidence la spécificité de ces deux types de métiers et en même temps, considérer comme des domaines communs la planification long terme et l'offre *marketing*.

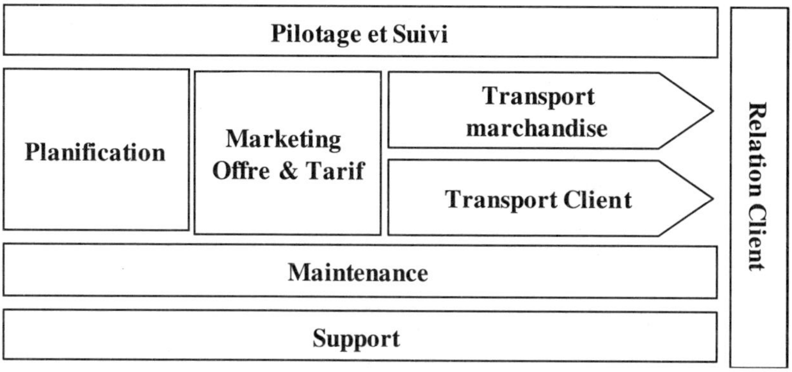

Figure 2.4. *Modélisation fonctionnelle exemple d'une entreprise de transport, mise en évidence des domaines communs et spécifiques*

L'administration américaine dispose d'un programme visant à améliorer son efficacité opérationnelle et celle de ses agences, par la mise en œuvre rationnelle et opportuniste de technologies de l'information et de la communication. Elle a chargé l'*Office of Management and Budget* de définir une démarche et des outils (réunis sous le nom de FEA : *Federal Enterprise Architecture*) afin que services centraux et agences puissent identifier, d'une même manière, leur besoins informatiques pour simplifier leurs processus opérationnels et ainsi optimiser leurs investissements financiers. Le premier de ces outils est la définition d'un cadre opérationnel, qui porte le nom de *business reference modele*[11]. Il représente les grands domaines d'urbanisme de l'administration américaine. Il est défini de la manière suivante :

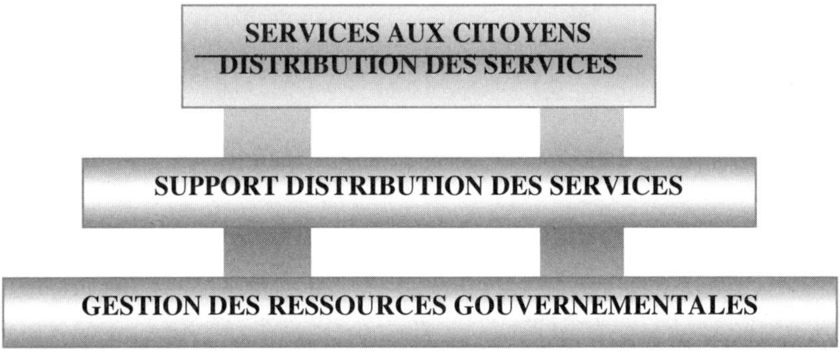

Figure 2.5. Business reference model, *administration américaine*.

Nous appellerons ce premier découpage, une structuration du système d'information en **domaines d'urbanisme**.

On le voit dans les exemples ci-dessus, cette structuration peut être abordée de manière différente d'une entreprise à une autre, mais toutes ces représentations permettent d'appréhender l'ensemble du système d'information de l'entreprise. Dans tous les cas, ces domaines d'urbanisme ont une cohérence intrinsèque en terme d'objectif : grand métier ou service fourni au client final. Ils disposent d'une autonomie propre dans les informations manipulées. Les flux d'informations, à l'intérieur de chacun d'eux, doivent être intenses, et à l'inverse, les flux reçus ou émis par chacun d'eux, doivent être facilement identifiables et dénombrables.

---

[11] Toutes ces informations sont librement accessibles sur le site internet : www.feapmo.gov

2.1.2. Décomposer les domaines d'urbanisme en blocs fonctionnels

Dans un second temps, on recensera les grandes fonctions de chacun des domaines d'urbanisme identifiés. Elles détaillent les différents objectifs du domaine. Le domaine *marketing* et ventes aura par exemple les fonctions de présentation de l'offre commerciale, le domaine client aura les fonctions de *front office* client (contacts, réclamations, assistance), le domaine support les fonctions de comptabilité générale, de gestion des ressources humaines, etc.

De la même manière que pour les domaines d'urbanisme, on recherchera l'interdépendance des informations et des flux à l'intérieur de ces blocs et un couplage lâche avec les autres blocs fonctionnels, les flux entrants et sortants devant être identifiés et dénombrés.

Nous appellerons ce second découpage, une structuration des domaines d'urbanisme en **blocs fonctionnels**.

Il est fondamental de toujours considérer l'entreprise comme un tout, incluant les filiales et l'international, et de prendre en compte tous les domaines et les fonctions qui concourent aux produits finaux vendus par l'entreprise, que les domaines soient ou non externalisés en tout ou partie. Cette description doit être stable dans le temps, ce qui signifie que l'on ne doit pas chercher à créer un domaine ou un bloc parce qu'une structure organisationnelle en a aujourd'hui la charge. Enfin, le résultat de ces travaux doit pouvoir être représenté sur un support graphique. Ce support doit être un document de référence et être utilisé dans toutes les représentations du système d'information. Cet objectif induit de fait une limitation du nombre de domaines et de blocs fonctionnels.

Pour respecter le principe d'autonomie cité plus haut, chacun des domaines aura une fonction de pilotage et de support spécifiques, puis ses propres fonctions opérationnelles.

Nous pouvons ainsi compléter les exemples précédents, sur quelques domaines d'urbanisme, de la manière suivante :

Exemple	Domaine	Blocs fonctionnels
Exemple de l'entreprise de transport	Piloter et suivre	– Définir la stratégie de l'entreprise – Veille, concurrence et benchmark – Suivre le réalisé –Gérer les relations avec les partenaires et parties prenantes
	Maintenance	– Définir la politique de maintenance – Planification des travaux de maintenance – Gérer la documentation de maintenance – Exécuter la maintenance
	Marketing offre & tarif	– Définition et gestion tarifaire – Gestion du réseau de distribution
	Transport marchandise	– Logistique fret – Vente & réservation fret
Business reference Model Administration américaine	Services aux citoyens	– Affaires & commerce international – Transport – Education – Santé
	Distribution des services	– Conseils et expertise – Distribution du savoir – Construction (routes, barrages, etc.) – Gestion des infrastructures

Figure 2.6. *Détail blocs fonctionnels*

Après cette décomposition des domaines d'urbanisme en blocs fonctionnels, la modélisation du système d'information peut être représentée graphiquement sur un support papier, afin d'être commentée, amendée, et au final partagée par l'ensemble de l'entreprise. Cette représentation graphique est un outil de communication sur le système d'information. Tous les acteurs de l'entreprise doivent s'y reconnaître pour se l'approprier.

Tout au long de cet ouvrage, nous nous référerons à cette représentation graphique sous le nom de **fond de carte du système d'information**.

2.1.3. Détailler les blocs fonctionnels en activités

La structuration du système d'information s'achève en classant dans chacun des blocs fonctionnels, les différentes activités métier qui contribuent à leur finalité.

L'activité métier est l'ensemble des tâches élémentaires ou des travaux exécutés par un individu ou un groupe et qui conduisent à la réalisation de biens ou de services. L'activité est exercée par un salarié ou un partenaire de l'entreprise, dans le cadre de la mission qui lui a été confiée.

Pour accomplir ces activités, l'acteur, salarié ou partenaire, dispose d'une procédure détaillant, de manière plus ou moins formelle, les tâches à effectuer, les informations nécessaires, les outils, informatiques ou autres à utiliser et la séquence de ces tâches. L'enchaînement de ces activités permet de réaliser un processus.

Par exemple, la formation des ressources humaines est une activité métier. Elle peut être décomposée, sur plusieurs niveaux, en de nombreuses autres activités métier : définir l'offre de formation, recueillir les besoins de formations, organiser les sessions, mettre à jour les compétences des salariés, etc. Au sein d'une même entreprise, les différents secteurs pourront utiliser des procédures différentes et mettre en œuvre des processus différents pour ces mêmes activités. Les formulaires de recueil de formation peuvent être hétérogènes sur les différents sites. Les processus de validation et d'enregistrement de ces demandes peuvent être, du point de vue organisationnel, distincts. Il n'empêche que ces mêmes activités existent dans toute l'entreprise.

Tout ceci suppose de disposer, et de maintenir, l'inventaire de toutes les activités métier, bien sûr, à un niveau de maille macroscopique. Ce recensement peut être établi de manière progressive, sur le long terme, en profitant, par exemple, des travaux établis lors d'une certification ISO. Nous reviendrons sur ce recensement dans le chapitre sur la cartographie.

L'**activité métier** constitue la brique élémentaire de l'urbanisme du système d'information.

La structuration du système d'information se base sur ce découpage du système d'information en domaines d'urbanisme, blocs fonctionnels, activités. Cette modélisation fonctionnelle a une stabilité temporelle forte. Les activités sont stables dans le temps, le découpage en grands domaines d'urbanisme et l'identification des blocs fonctionnels sont indépendants de l'organisation de l'entreprise et des processus.

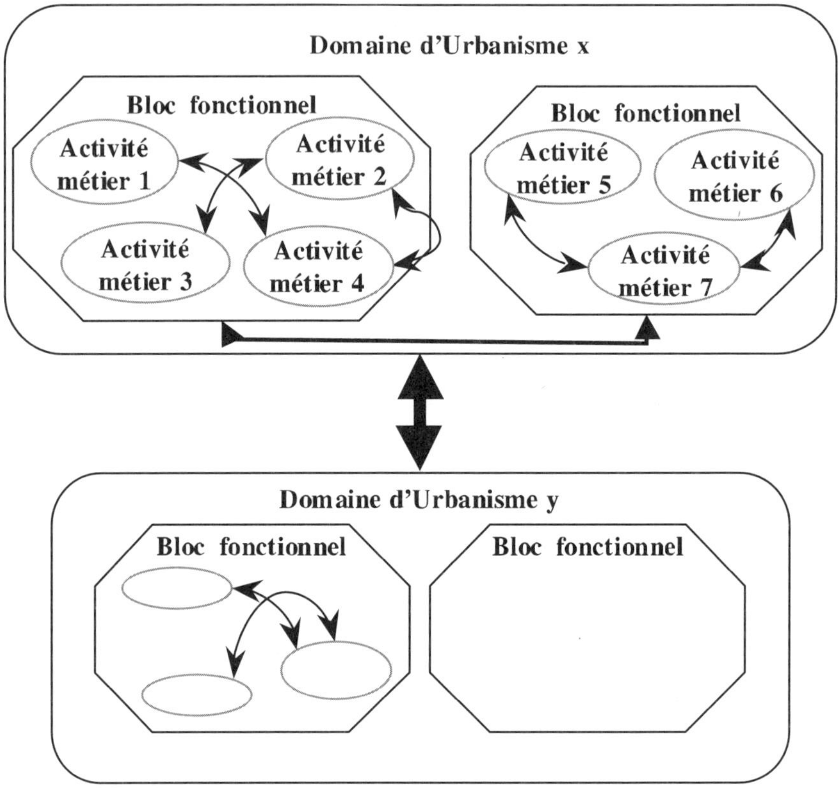

Figure 2.7. *Structuration du SI en activités, blocs fonctionnels et domaines d'urbanisme*

A chaque activité métier, on associera les systèmes informatiques qui participent à son automatisation en tout ou partie. Tous les outils informatiques doivent pouvoir être ainsi recensés, qu'ils soient centraux ou locaux, spécifiques ou communs et associés à leur utilité.

Cette modélisation du système d'information ainsi complétée, nous permet d'avoir une vision globale du système d'information. En organisant le système d'information comme un ensemble d'éléments interreliés, l'urbanisme permet de regarder et d'analyser chaque élément séparément, chacun ayant une autonomie. La délimitation de chaque domaine d'urbanisme et bloc fonctionnel, permet de considérer isolément les transformations des activités métier qui les composent et de maximiser les performances des systèmes informatiques qui leurs sont attachés.

L'externalisation de certaines activités ou l'absorption d'une nouvelle filiale, pourra, par exemple, s'analyser vis-à-vis des blocs fonctionnels concernés. La décision d'implantation dans un nouveau pays ou la diversification des produits de l'entreprise pourra s'analyser, de la même manière, à travers cette structuration, pour en mesurer l'impact.

Dans le même temps, la mise en évidence du réseau de dépendance existant entre les différents éléments et l'articulation des flux entre eux, permet de considérer, plus facilement, les conséquences d'une évolution des stratégies des métiers ou de l'entreprise sur le système d'information global.

Il reste à définir comment cette structuration va s'adapter pour prendre en compte les évolutions métier et entreprise.

2.2. Prendre en compte les stratégies métier et entreprise : définir les axes de commonalité

Le but de l'urbanisme est l'alignement de la stratégie du système d'information sur les stratégies de l'entreprise et de ses métiers. Ces stratégies peuvent s'exprimer avec de très nombreux critères : économique, qualité des produits, performance des processus, vision client, acquisition/cession, nouveaux marchés, etc. Toutes ont un impact sur le système d'information de l'entreprise et conduisent à des adaptations de ce dernier, à court ou moyen terme. Certaines sont sans conséquence sur la structuration définie, d'autres en revanche, peuvent bouleverser cette structuration. Il est donc nécessaire de connaître ces stratégies et d'identifier parmi celles-ci, celles qui ont un impact fort sur le système d'information et sa structuration.

Nous avons dit qu'un des objectifs recherchés par l'urbanisme est la rationalisation du parc applicatif de l'entreprise, c'est-à-dire les applications automatisant des activités métier. Dans une entreprise coexistent des activités ayant des modes opératoires uniformes et d'autres pour lesquelles les modes opératoires sont très diversifiés. Une entreprise a, par exemple, fréquemment tendance à définir des modes opératoires uniformes pour ses activités de support, liées à la gestion des ressources humaines, à la comptabilité ou à la trésorerie. Elle homogénéise ainsi sa politique RH, facilite sa consolidation financière, optimise ses flux de trésorerie. Dans ce cas, des systèmes informatiques centralisés, uniques, sont adaptés à l'automatisation de ces activités.

Parallèlement, l'entreprise s'organise parfois en *business units*, sous-ensembles ayant une unité économique et relevant d'une même stratégie, qui disposent d'une autonomie relative au sein de l'entreprise. Une entreprise de transport pourra donner une autonomie relative à ses secteurs transport marchandise et transport personne.

Ces secteurs, ayant une subsidiarité au sein de l'entreprise, disposent d'une autonomie dans la définition des modes opératoires de leurs activités de *marketing*, ventes, etc. Pour automatiser ces activités, des systèmes informatiques dédiés seront alors vraisemblablement nécessaires.

Dans le premier cas, des applications communes permettent de répondre aux besoins d'activités « commonalisées », c'est-à-dire ayant des modes opératoires identiques. Dans le second cas, les systèmes informatiques sont bien souvent plus nombreux et le parc applicatif de l'entreprise pourra ainsi comporter deux systèmes de gestion tarifaire ou de relation client, dédiés spécifiquement à chacune des *business units*.

Urbaniser le système d'information, c'est identifier quels sont les critères déterminants qui, à un niveau macroscopique, vont permettre de définir les différentes zones de l'entreprise où pourront s'exercer des activités « commonalisées » et où, au contraire, les activités s'exerceront avec des modes opératoires différenciés. Ces modes opératoires décrivent les façons de faire une activité : les documents à utiliser, les opérations à réaliser ainsi que leur « séquencement », les contrôles à effectuer, les outils nécessaires, la description du résultat. Nous appellerons ces modes opératoires : les règles d'une activité.

Ces critères déterminants sont en général, limités en nombre. Ils peuvent être classifiés selon différents axes, chacun comportant plusieurs valeurs. Nous aurons, par exemple :

– un axe branche d'activité, par exemple, pour une entreprise réalisant à la fois son chiffre d'affaires dans la banque et dans l'assurance ;

– un axe produit ou service. Pour un organisme bancaire, cela pourra se décliner sous la forme : compte à vue, crédit, produits de placement. Pour une compagnie de transport : transport de passagers, transport de marchandises, etc.

– un axe marque : détaillant les différentes marques de l'entreprise, plusieurs produits pouvant être commercialisés sous une même marque ;

– un axe marché décrivant le type de clientèle concerné, décliné par exemple en particulier ou entreprise, ou différents marchés : moyenne gamme, supérieure,etc.

– un axe géographique : régions, pays, groupes de pays (regroupés selon des critères économiques selon la langue, le taux de pénétration, etc.) ;

– un axe organisationnel : sociétés, types de sociétés (financières, commerciales, etc.), services administratifs nationaux versus services régionaux, partenariats, etc.

Nous appellerons ces axes : les **axes de commonalité**.

Ils sont le reflet de la stratégie que l'entreprise met en œuvre pour gérer sa croissance par sa diversification, son internationalisation, son organisation.

La commonalité d'une activité métier peut être définie par son positionnement sur ces différents axes.

Chaque métier, en fonction de sa stratégie propre, pourra faire varier dans le temps le positionnement de ses activités sur ces axes de commonalité. Ce peut être le cas lors d'opérations de centralisation ou de décentralisation, de déploiement de *best practices* ou de standards internationaux, où une commonalité cible est ainsi définie.

Par exemple, la distribution pourra décider de passer d'une spécialisation par produit à une homogénéisation des modes opératoires de ses activités par pays, quel que soit le produit ou service vendu. Le *marketing* pourra décider de laisser chacune de ses marques gérer la relation client de manière autonome, afin de développer l'identité de chacune d'elles. La comptabilité pourra vouloir imposer mondialement les mêmes normes (ex. norme IAE) et les mêmes règles pour ses activités comptables autrefois réalisées selon des règles spécifiques à chacune des filiales. Les achats pourront décider de continuer à gérer un panel fournisseur commun pour toute l'entreprise, tout en délocalisant ses activités d'achats par pays pour bénéficier des fournisseurs locaux.

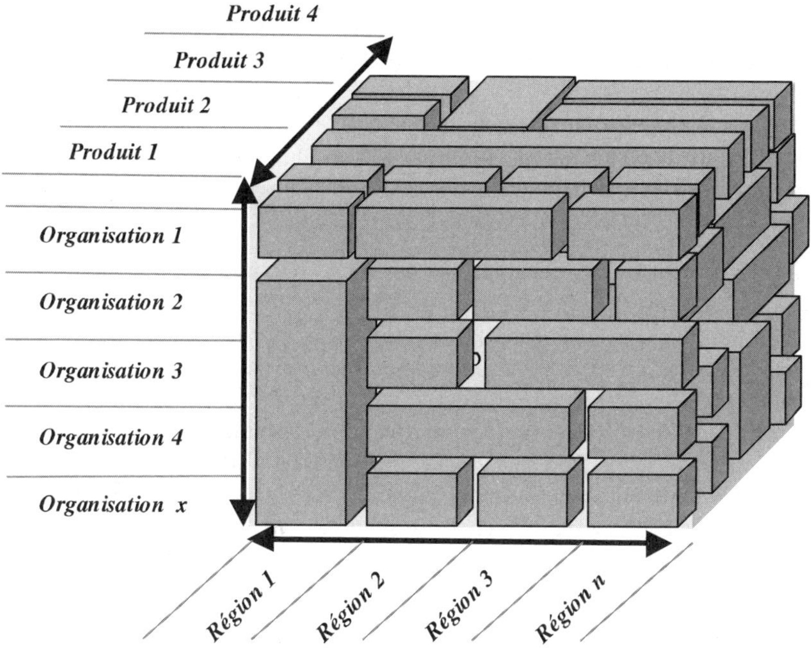

Figure 2.8. *Schéma n dimensions sur les axes de commonalité*

Il est important de rappeler que ce critère de commonalité porte, pour nous, sur l'aspect façon de faire d'une activité métier et non pas sur la responsabilité organisationnelle de cette activité, l'urbanisme du système d'information se voulant indépendant des structures et de l'organisation de l'entreprise.

En fonction de cette stratégie métier, exprimée par le positionnement cible de ses activités sur les axes de commonalité, la direction des systèmes d'information pourra établir sa propre stratégie de mise en œuvre de systèmes informatiques communs ou spécifiques, sans diversité inutile ni redondance coûteuse. Elle définit ainsi un paysage cible, où les futurs outils informatiques sont également positionnables sur ces mêmes axes de commonalité. On peut alors parler de l'alignement de la stratégie informatique sur la stratégie entreprise et sur la stratégie métier.

Les possibilités technologiques peuvent conduire à des choix où un système informatique n'aura pas la même commonalité cible que l'activité qu'il automatisera. Ce sera le cas lorsque, par exemple, un même outil informatique est suffisamment souple et paramétrable pour automatiser une activité d'achat réalisée de manière différente dans différents pays. Le positionnement sur les axes de commonalité de cet outil est alors supérieur à celui de l'activité automatisée. A l'inverse, lorsque le déploiement d'un outil commun ne peut être réalisé dans un pays où l'infrastructure technique est insuffisante, la direction des systèmes d'information pourra décider d'automatiser l'activité concernée par un outil spécifique à ce pays, positionnant alors l'outil à un niveau inférieur sur les axes de commonalité. Le choix d'une solution informatique cible est ainsi dicté par des contraintes et les opportunités technologiques, mais il est avant tout aligné sur la commonalité cible de l'activité métier.

Les informations manipulées par les activités métier sont également positionnables sur ces mêmes axes de commonalité. Standardiser les règles d'une activité implique de standardiser les résultats informationnels de cette activité. Standardiser les activités de vente conduit à standardiser les informations issues du bordereau de vente : référence client, n° de facture, n° d'article, etc. Pour le niveau de commonalité de l'activité, les informations, résultats de cette activité, doivent avoir, en cible, une même sémantique, une même forme, une même codification. Il en est de même pour les informations nécessaires à l'exécution de l'activité. Pour permettre des activités de pilotage et de suivi des coûts de garantie de l'ensemble de l'entreprise, il est, par exemple, nécessaire d'obtenir les informations des activités de recours fournisseurs, traitées différemment par chaque filiale, chaque pays.

Ainsi la standardisation d'une activité peut exiger la standardisation des résultats d'activités amont. Cette contrainte d'intégration d'information sera prise en compte par la direction des systèmes d'information pour la définition d'une solution informatique cible.

2.3. Maîtriser les informations et les flux

Le paragraphe précédent montre que les préoccupations de l'urbanisme ne sont pas uniquement tournées vers les activités métier, mais également vers les informations manipulées par ces activités. Ces informations sont le cœur même du système d'information. Si les outils informatiques contiennent en eux-mêmes une part du savoir faire des activités métier, les informations, elles, sont à la fois la trace de leur histoire, la matière qui concrétise leur présent et permet de bâtir leurs hypothèses de futur.

Dans la suite de cet exposé, nous appellerons données toutes les informations traitées par un outil informatique.

Très schématiquement résumé, trois opérations essentielles tournent autour des concepts d'information et de donnée :

– l'acquisition de l'information : codage et stockage sur des outils informatiques (de type base de données, par exemple),

– le transport de la donnée,

– enfin le décodage de la donnée et la restitution de l'information.

Trois principes vont guider conjointement l'urbanisation du système d'information tout au long de ces opérations :

– le premier sera de considérer que la qualité sémantique de l'information est une condition primordiale pour le succès des activités métier. Pour ce faire, l'urbanisme s'appuie sur une démarche que de nombreuses entreprises connaissent déjà, c'est celle de l'administration de données. On regroupe sous ce vocable les travaux de recensement des informations manipulées par l'entreprise, de collecte et définition sémantique, de leur documentation, et de vérification de la cohérence de leur codage. Ce travail de recensement est un travail qui ne peut s'effectuer que dans la durée, aussi dans un premier temps faut-il se limiter à mettre sous contrôle les informations majeures de l'entreprise, que nous appellerons *données référentielles de l'entreprise* ;

– le second sera de s'assurer que toutes les activités métier puissent, pour pouvoir s'exercer pleinement, disposer des données nécessaires et suffisantes. L'urbanisme ayant défini une structuration du système d'information de l'entreprise, doit analyser comment s'effectuent les flux d'informations dans ce cadre global ;

– le troisième principe sera de s'assurer que la donnée sera restituable et exploitable par les différents destinataires. L'urbanisme s'attache ainsi à l'utilisation des données par les différentes activités métier.

2.3.1. Définir les données référentielles de l'entreprise

Très fréquemment, dans les entreprises, une même information est stockée dans plusieurs systèmes informatiques. Malheureusement, cette redondance est parfois le fait d'une re-saisie de l'information par un nouvel acteur métier, indépendamment des enregistrements précédents. Le client d'une entreprise devra, par exemple, fournir de nouveau son état civil et ses coordonnées lors de l'achat d'un nouveau produit ou lorsqu'il s'adresse à un point de vente différent. Un même client pourra être ainsi identifié plusieurs fois par l'entreprise avec différentes coordonnées, dans différents systèmes informatiques. Outre la perte de productivité métier liée aux tâches de re-saisie sans valeur ajoutée, l'intégrité et la cohérence de l'information n'est souvent pas garantie, et l'exploitation de l'information devient difficile.

Chaque base de données dispose de son propre dictionnaire qui spécifie la structure syntaxique de toutes les données qu'elle manipule : la donnée est-elle numérique ou non, quelle est sa longueur, sa composition, etc. Autant de bases de données, autant de risques de codifications différentes pour une même information. La transmission de l'information, d'un outil informatique vers un autre entraîne alors de complexes reformatages.

Une de nos expériences professionnelles dans une compagnie d'assurance, nous a fait assister aux conséquences de la mise en place d'un nouveau système de production-vente sans cohérence avec les systèmes aval de gestion des primes et de recouvrement. Le résultat fut que les numéros de police ne correspondaient pas ou étaient en doublon avec des polices déjà existantes, entraînant de fortes conséquences en surcoûts financiers. Il fallut réécrire de très nombreux programmes informatiques et mettre rapidement en place une structure pour corriger ce dysfonctionnement.

Nous avons dit que pour pallier ces risques, de nombreuses directions des systèmes d'information ont mis en œuvre des organisations d'administration de données, dont un des livrables est la mise au point d'un dictionnaire des données de l'entreprise, indiquant pour chacune d'elles, une définition sémantique et une description syntaxique. Elles établissent et maintiennent une cartographie indiquant pour chaque donnée quels sont les outils informatiques qui l'utilisent et spécifiquement, les outils qui enregistrent cette donnée. Cette administration assure une tâche pérenne au sein de la direction des systèmes d'information.

La fonction d'administration de données, et les travaux en profondeur qu'elle assure, sont nécessaires pour l'urbanisme du système d'information. Mais une attention toute particulière est portée sur ce que nous appellerons les **données référentielles de l'entreprise**.

Ce terme regroupe l'ensemble de données dont la signification, la structure et les valeurs sont partagées par plusieurs métiers, et considérées comme stratégiques pour l'entreprise en termes de cohérence et de pérennité.

Elles ont une forte commonalité métier c'est-à-dire qu'elles sont utilisées et partagées par plusieurs métiers dans leurs différentes activités. Pour l'urbanisme cela se traduit par une utilisation dans un grand nombre de domaines d'urbanisme et une grande majorité des blocs fonctionnels. Le nombre de ces informations est très restreint, généralement de l'ordre de vingt à cinquante. Selon l'entreprise, nous trouverons par exemple : le produit ou service vendu (la police d'assurance de l'exemple précédent) et sa description, les clients, la structure de l'entreprise, les salariés, les fournisseurs, le réseau de vente, les contrats ou abonnements, etc.

Le statut de donnée référentielle est le résultat d'une décision qui s'appuie sur la volonté de référence unique par les métiers et la direction des systèmes d'information. Les travaux ci-dessous doivent donc être des travaux conjoints DSI / urbanisme et métiers de l'entreprise et on pourra procéder à la mise en place d'une organisation pérenne, sous la responsabilité du métier principalement concerné, qui regroupera ces différents acteurs pour la réalisation, le suivi des évolutions et le pilotage de ces travaux.

Le premier travail consiste, en suivant les axes de commonalité décrits précédemment, à définir le périmètre sur lequel la donnée est considérée comme référentielle. La donnée est-elle considérée référentielle pour une branche d'activité spécifique ou toutes branches confondues, pour quel produit, quelle marque, quel marché, quel périmètre géographique. Ceci permet, par exemple, d'exprimer la volonté de l'entreprise et de ses métiers de partager ou non les informations client ou fournisseur pour toutes ses marques.

Le second travail est un travail de description. Il s'agit de décrire plus précisément la donnée référentielle sémantiquement et syntaxiquement. En règle générale, la structure de la donnée change très peu au cours du temps. Il n'est pas fréquent qu'une entreprise décide de changer la structure des matricules de ses salariés, ou les identifiants de ses polices d'assurance. Un point particulier concerne l'identifiant de la donnée et notamment la décision d'utiliser un identifiant significatif ou non. L'exemple connu est celui des entreprises fournissant des services téléphoniques, pour lesquelles le client est identifié par son numéro de téléphone. Ce choix amène des contraintes importantes dans le système d'information. Mais la donnée référentielle joue également un rôle charnière, et d'autres données s'articuleront autour d'elle. Par exemple les numéros de compte comptable, autour de la donnée client. Durant ce travail, on définira l'ensemble des données qui constituent réellement la donnée référentielle.

Le troisième travail est un travail de définition des règles de mises à jour ou de consultation de ces données référentielles. Un premier volet porte sur les règles d'intégrité de l'information. La donnée référentielle doit toujours, dans le système d'information, être complète et cohérente. Les questions auxquelles il convient de répondre porte donc sur cette complétude. Peut-on créer un nouveau client sans saisir le lien avec un des produits de l'entreprise ? Peut-on réceptionner des pièces d'un fournisseur, sans que celles-ci aient été spécifiées par le bureau d'études ? Les questions portent également sur les codifications à utiliser pour une information (norme nationale ? internationale ? interne à l'entreprise ?). Un second volet porte sur les habilitations de mise à jour. Il ne s'agit pas de définir quelles sont les personnes physiques habilitées à créer ou modifier les données référentielles, mais de recenser les seules activités métier qui sont sources de ces modifications potentielles.

Nous avons dit que ces données référentielles étaient partagées par plusieurs métiers. Ceci a pour conséquence une exigence de fraîcheur et de disponibilité forte. Pour répondre à ce besoin, et également assurer la cohérence et l'intégrité évoquées précédemment, l'urbanisme préconise la mise en place d'un outil informatique dédié uniquement à la gestion de cette donnée référentielle. En développant un outil unique pour la saisie, la mise à jour et la consultation de la donnée référentielle, on garantit la cohérence des règles de gestion et on en facilite les évolutions. Cela permet également de supprimer, petit à petit, dans les systèmes informatiques existants, les traitements consacrés à cette gestion et de les remplacer par cet outil unique. Ainsi, en assurant la cohérence des données référentielles, la direction des systèmes d'information rationalise son parc applicatif et accroît sa performance économique.

Enfin, un dernier travail est celui de la publication et de la communication pour que ces définitions et ces règles soient partagées par l'entreprise.

2.3.2. Piloter les flux d'informations

L'analyse des flux d'information par l'urbanisme est un premier regard porté sur les processus de l'entreprise. Les processus sont vus comme un enchaînement d'activités dont l'information est à la fois une des ressources et un des résultats. Les flux d'informations sont une des matérialisations des échanges entre ces activités et, au-delà, entre les systèmes informatiques. Aborder ces flux d'information c'est aborder ce qu'il est convenu d'appeler l'intégration d'applications c'est-à-dire l'interconnexion des outils informatiques que l'urbanisme a organisés dans les différents domaines et blocs fonctionnels.

Ceci nécessite de recenser et de cartographier ces flux, puis de les classifier pour pouvoir définir des règles d'échanges qui vont compléter la structuration du système d'information et vont permettre de définir un paysage informatique urbanisé cible.

Les fonctions d'interfaces sont aujourd'hui majoritairement incluses dans les applications informatiques. Chaque système de gestion a en charge le transfert des informations qu'il crée vers d'autres applications et il n'est pas rare de voir les principaux logiciels des grandes entreprises gérer plus d'une vingtaine de liens vers d'autres outils. La cartographie de ces liens montre également qu'une même information peut transiter d'une application à une autre et perdre dans ces rebonds successifs de sa fraîcheur voire de son contenu sémantique.

Du point de vue de l'urbanisme, les applications informatiques ne doivent traiter que l'activité métier pour laquelle elles ont été conçues. Le transport de l'information d'une application à une autre doit être réalisé par un ou plusieurs outils spécialisés et dédiés uniquement à la gestion des flux. Lorsqu'une activité métier crée une information, une nouvelle vente client par exemple, cette nouvelle information doit devenir immédiatement disponible pour l'ensemble du système d'information de l'entreprise. Outre la base de donnée principale sur laquelle elle est stockée, l'information devient disponible sur une plaque d'échanges où des outils de distribution vont pouvoir la transférer directement à toutes les activités impactées (comptabilité, gestion de stock, etc.), en supprimant les rebonds successifs, et en fournissant la même information sémantique avec la même fraîcheur.

En extrayant des outils informatiques dédiés aux activités métier les tâches de transport, on facilite l'évolutivité du système d'information. Lorsqu'un changement de processus métier modifie un lien ou crée de nouveaux liens entre activités métier, les modifications peuvent être prises en compte dans cet outil d'échange, et bien sûr, dans l'outil de l'activité réceptrice. L'impact de l'introduction d'un nouvel outil informatique ou l'évolution d'un outil existant, est ainsi minimisé.

Ces outils de transfert ont en général les fonctions suivantes[12] :

– garantir l'autonomie des activités métier,

– garantir la sécurité sur les informations transportées,

– garantir la cohérence du flux (synchronisation des informations à transmettre),

– garantir la distribution de l'information, et la prise en compte par les outils destinataires,

– garantir la sémantique de l'information et, le cas échéant, une traduction de l'information pour que celle-ci soit compréhensible par les différentes activités réceptrices.

12 Ces fonctions sont souvent supportées par des outils d'EAI, évoqués dans le chapitre technique.

En observant avec recul le système d'information de l'entreprise, on s'aperçoit que ces interconnexions sont de deux ordres : internes, elles relient un outil informatique A à un outil informatique B, tous deux parties intégrantes du système d'information de l'entreprise. Externes, ces interconnexions relient un outil informatique A de l'entreprise à un outil informatique B d'un partenaire.

Dans les deux cas, les outils informatiques A et B automatisent en tout ou partie une activité métier, réalisée par un acteur différent d'un même processus. Le protocole d'échange, c'est-à-dire son support, sa syntaxe et le contenu du flux, a été déterminé en fonction de ces acteurs et de leurs activités. Nous pouvons définir une première classification des flux selon ces deux types d'acteurs :

– les acteurs directs : salariés de l'entreprise, ou d'une de ses structures (*business unit*, filiale majoritaire) ou organisations (département, direction, service). Il s'agit également des acteurs externes mais dont les liens avec l'entreprise sont fortement et durablement contractualisés et dont la mission principale est essentiellement adossée à l'entreprise. C'est le cas, par exemple, des réseaux de vente exclusifs, des distributeurs, des concessionnaires, etc. Les modes opératoires des activités réalisées par ce type d'acteur sont fixés par l'entreprise.

– les acteurs indirects, dont le lien avec l'entreprise est ponctuel et qui gardent leur représentativité, leur indépendance et leurs méthodes. On identifie ainsi les alliances, *joint ventures*, partenariats, administrations publiques ainsi que les fournisseurs non exclusifs. De la même manière le client de l'entreprise est considéré comme un partenaire externe. Les activités réalisées par ces partenaires indirects obéissent à des modes opératoires qui ne peuvent être fixés unilatéralement par l'entreprise.

Dans la terminologie *e-business*, le premier cas correspond schématiquement à ce qu'il est convenu d'appeler l'*application to application*, le *business to employees* et une partie du *business to business* ; le second cas recouvre les aspects de *business to business*, *business to government* et *business to consumers*.

On distinguera également, entre ces activités, deux grands types de liens :

– les échanges ponctuels non intrusifs entre les activités concernées. C'est le cas lorsqu'une activité *x* envoie une information de type courrier, mail, à une activité *y*. L'acteur de l'activité y n'intervient pas directement dans l'activité source ;

– les échanges participatifs où l'acteur de l'activité *y* collabore activement avec l'activité *x*. Ce sera le cas de l'ingénierie collaborative, de développement croisé, etc.

A partir d'une classification de ce type (type d'acteurs / type de liens), il est possible de définir un certain nombre de règles qui vont permettre de définir un paysage cible informatique pour l'entreprise. Nous indiquerons quelques exemples de ces règles dans la prochaine section 2.4.

2.3.3. L'utilisation des données

Lorsqu'un métier décide de rationaliser ses façons de faire une même activité, il change le positionnement de l'activité sur les axes de commonalité précédemment décrits. La conséquence est une standardisation sémantique et syntaxique des informations produites par cette activité. En effet, pour réaliser une activité de la même manière il est nécessaire d'utiliser les mêmes règles formelles et le même et unique vocabulaire. Quand, par exemple, une entreprise choisit de traiter ses ventes produits d'une même manière (même processus de facturation, même type de commandes, etc.) sur trois de ses principaux pays, l'urbanisme va considérer que les données créées par ces activités doivent respecter la même sémantique et les mêmes structures formelles : identifiant unique pour les factures, pour les clients et même contenu informationnel. Ceci ne sera, bien sûr, vrai que sur les trois pays concernés et les autres pays pourront utiliser un vocabulaire différent pour cette même activité, réalisée selon d'autres règles.

Poursuivons notre exemple, avec une autre activité : tenir la comptabilité client, et supposons que pour cette autre activité, l'objectif du métier est la standardisation à un niveau mondial. Cette activité à besoin pour s'exercer des données client et factures créées de manière homogène pour trois pays, et de manière diverse dans les autres pays. Des études spécifiques doivent permettre de définir si cette standardisation de l'information peut être réalisée par les activités amont ou par les outils de gestion des flux.

On voit ainsi que la standardisation de l'information peut être le résultat de la standardisation des activités qui en sont à l'origine, mais que cette standardisation peut également être imposée par une activité utilisatrice de l'information. La commonalité de l'information, selon les axes définis, est égale au plus haut niveau de commonalité des activités qui l'utilisent.

Une utilisation très importante des données est celle dite du décisionnel ou *business intelligence*. Ces termes, que nous considérerons ici comme synonymes, couvrent l'ensemble des concepts et technologies qui permettent à l'entreprise et à ses décideurs de prendre des décisions stratégiques.

Le décisionnel repose sur une collecte des informations opérationnelles, une historisation et une agrégation de ces informations, puis des traitements, plus ou moins complexes, rapprochent ces informations suivant plusieurs axes[13] et permettent par exemple d'analyser un chiffre d'affaire par catégorie de client, par type de produit et pays et d'affiner la stratégie marketing à mettre en oeuvre.

---

[13] On parle de traitement *multi-dimensionel*, sur des cubes OLAP (*On-Line Analytical Processing*). où les informations sont organisées sur plusieurs axes.

Les informations, issues des différentes applications, sont collectées dans un entrepôt de données (*data warehouse*) centralisé où elles sont organisées par thèmes, puis redistribuées à des entrepôts dédiés aux différents secteurs de l'entreprise, selon les centres d'intérêts.

La présence d'un entrepôt de données dans les entreprises est bien souvent antérieure à une démarche d'urbanisme formalisée. C'est, de fait, une des toutes premières actions d'urbanisation du système d'information. L'entrepôt de données matérialise les principes d'urbanisme sur les données exposés précédemment :

– la qualité sémantique de l'information : les données à fédérer étant issues de sources très hétérogènes, l'entrepôt de données est associé à un dictionnaire global qui décrit l'ensemble des informations ainsi que les règles qui leurs sont attachées. Dès lors, il n'existe qu'une seule définition, une seule description et qu'une seule règle de gestion pour chacune des informations de l'entrepôt ;

– la disponibilité de l'information : par sa nature même, l'entrepôt de données est un point centralisé capable de diffuser l'information à l'ensemble du système d'information ;

– la restitution et l'exploitabilité des informations : la consolidation réalisée dans l'entrepôt garantit une sémantique unique pour une même information.

L'urbanisme s'appuie sur la mise en place de cet entrepôt de données pour étendre les actions d'intégration à l'ensemble du système d'information de l'entreprise.

2.4. Elaborer des règles d'urbanisme

La structuration du système d'information ne peut être stable dans le temps que si les évolutions et interactions de ses composants ne la transgressent pas et ne compromettent pas ainsi sa capacité à obtenir une cible urbanisée, compatible avec les objectifs de l'entreprise, des métiers et de la direction des systèmes d'information.

Il est donc nécessaire de définir ce que nous appellerons des règles d'urbanisme pour les implantations et les évolutions des différents composants du système d'information : activités, outils informatiques et informations. Ces règles seront bien sûr fonction de la modélisation fonctionnelle et des axes de commonalité définis. A partir de ces règles, et en fonction des stratégies métier, il doit être possible de définir, dans les grandes lignes, quel sera le paysage cible informatique de l'entreprise.

Ces règles doivent refléter la politique de l'entreprise sur son système d'information. Elles nécessitent, au-delà de la direction des systèmes d'information, de fédérer l'ensemble des acteurs du système d'information. Chacun d'eux doit donc participer à leur élaboration pour définir cette sorte de constituante. Les règles d'urbanisme sont un des instruments de la gouvernance du système d'information. Elles sont le reflet d'une politique que l'entreprise, dans son ensemble, souhaite mettre en œuvre pour son système d'information. Les règles d'urbanisme seront donc spécifiques à chaque entreprise, en fonction de cette politique.

Il est fondamental que ces règles soient simples, de bon sens et peu nombreuses. Elles seront ainsi plus facilement communicables et tout un chacun pourra aisément s'y référer. On trouvera, ci dessous quelques exemples de règles d'urbanisme et quelques commentaires associés.

– Tout nouveau système informatique doit définir clairement les activités métier qu'il doit automatiser, ainsi que leur niveau de standardisation.

Il s'agit là, en premier lieu, de maintenir le recensement des activités métier de l'entreprise. En second lieu de connaître la stratégie de standardisation que le métier souhaite prendre sur ces activités, exprimée selon les axes de commonalité. Enfin, d'analyser la couverture du futur outil informatique vis-à-vis de cette cible métier.

– Les indicateurs de performance définis pour une activité métier doivent être utilisés pour mesurer la rentabilité des outils informatiques associés.

L'objectif est ici de mesurer les plus-values *business* des outils informatiques. Ces plus-values sont fonction de la performance atteinte.

– On privilégiera, en cible, l'utilisation d'un outil informatique unique pour l'automatisation d'une activité standardisée.

Cette règle vise à éliminer la diversité des outils informatiques, lorsque ceux-ci automatisent une même activité exercée en différents endroits de l'entreprise avec les mêmes règles, la même procédure.

– Lorsque deux activités, de même commonalité, échangent des informations, elles utilisent une sémantique et une syntaxe commune.

L'objectif est ici de faire partager un même langage au sein de l'entreprise. A un même niveau de commonalité, l'information fournisseur ne peut avoir qu'une seule structure (longueur de zone, numérique ou non, codification, etc.) et qu'un seul contenu informationnel.

Selon les acteurs participant à l'élaboration de ces règles et selon leur volonté, d'autres règles pourront aborder des points stratégiques du système d'information :

– la sécurité du système d'information : identifiant des utilisateurs et mots de passe, partage d'outils informatiques avec des partenaires externes à l'entreprise, etc.

– la stratégie technique : faut-il imposer des standards techniques, faut-il maîtriser la diversité technologique, etc.

– les contraintes en qualité, coût et délai des projets informatiques : faut-il imposer des retours sur investissement court ou moyen terme, faut-il exiger des mises en œuvre opérationnelles des nouveaux outils informatiques dans des délais précis ?

Les règles d'urbanisme doivent indiquer clairement à l'ensemble de l'entreprise, comment coexistent les intérêts des différents métiers et secteurs, au sein de cet espace global qu'est le système d'information. Toutes les évolutions du système d'information, nouveaux projets informatiques ou évolutions d'un existant, devront être analysées vis-à-vis de ces règles et leur degré de conformité permettra de prendre les décisions de mise en œuvre.

Chapitre 3

Préparer l'urbanisme du système d'information de l'entreprise

« Change is the law of the life. And those who look only on the past or the present are sure to miss the future ».

John Fitzgerald KENNEDY

L'urbanisme du système d'information est une fonction pérenne qui a besoin pour s'exercer d'un ensemble d'outils, informatisés ou non, pour lui permettre d'exécuter ses différents travaux et de produire ses livrables. La conception et la mise en œuvre de ces outils sont des étapes préalables au déploiement de l'urbanisme.

Nous avons déjà évoqué le premier de ces outils de l'urbanisme qui est la représentation graphique des domaines d'urbanisme et des blocs fonctionnels, et nous l'avons appelé fond de carte du système d'information. Sur la base de ce fond de carte, d'autres représentations graphiques peuvent être superposées : le périmètre fonctionnel d'un nouvel outil informatique, la répartition du nombre d'outils informatiques par blocs fonctionnels avec leurs indicateurs de complexité et de qualité, les indicateurs des objectifs métier, les processus transverses de l'entreprise traversant plusieurs domaines d'urbanisme et plusieurs blocs fonctionnels, etc.

Il s'agit avant tout d'un outil de communication qui doit être spécifiquement adapté à chaque entreprise. Nous avons pris le parti de ne pas lui consacrer un chapitre spécifique, mais dans la suite de cet ouvrage, nous évoquerons quelques exemples d'utilisation.

3.1. Cartographier le système d'information

L'outil de base de l'urbanisme, est la cartographie. Elle répond à un double objectif dont le premier est celui d'inventaire. Le système d'information est une des richesses de l'entreprise. Il se doit donc d'être parfaitement répertorié. C'est la facette topographie de l'outil dans ce qu'il contient de la documentation de l'existant. Il permet un partage de la connaissance et tous les acteurs du système d'information, bien au-delà de l'urbanisme, peuvent s'y référer. Nous appellerons cet outil le **référentiel cartographique** du système d'information de l'entreprise.

Nous avons déjà évoqué un certain nombre des éléments qu'il doit contenir :
- le recensement des activités métier,
- les outils informatiques,
- les données et informations,
- les flux entre les activités métier et entre les outils informatiques.

Le recensement de ces éléments et des liens qui les unissent, permet ainsi de connaître le patrimoine applicatif de l'entreprise, de décrire les processus métier, de voir la circulation d'une information au sein du système d'information, de connaître la définition et la structure des informations et données.

Cette liste n'est, bien sûr, pas limitative, et, selon les besoins documentaires de l'entreprise, d'autres éléments pourront être intégrés. Le niveau de documentation de chacun de ces éléments est également fonction des besoins de l'entreprise. Un métier de l'entreprise cherchera à formaliser ses processus et à décrire les différents acteurs et procédures (règles de travail, outils à utiliser, etc.), dans le cadre par exemple d'une certification ISO. Un responsable de projet informatique décrira les fonctionnalités et les informations et données de son futur système et définira ses futures interfaces. La personne en charge d'un développement voudra établir la documentation des interfaces et des traitements qu'elle développe. Les responsables de données référentielles voudront décrire et publier les définitions et structures de leurs données.

Le second objectif de l'outil de cartographie est de permettre des analyses critiques et des simulations d'évolution en analysant les conséquences sur l'existant. C'est un volet topologie de l'outil, dans ce qu'il permet de mesurer les conséquences d'une évolution sur l'environnement existant. Comment optimiser un processus métier, quelles conséquences sur les acteurs des activités impactées ? Quel sera l'impact de la modification de structure d'une donnée ? Comment intégrer un nouvel outil informatique ?

Enfin, cette cartographie doit pouvoir être analysée selon les concepts de l'urbanisme, c'est-à-dire suivant les domaines d'urbanisme, blocs fonctionnels et selon les axes de commonalité. Sur la base de cette cartographie représentant une vision structurée du système d'information existant, on pourra, avec l'urbanisme, proposer des paysages cibles.

3.2. Définir une méthode pour conduire des études d'urbanisme

Avant d'engager des évolutions sur un point particulier du système d'information, un secteur de l'entreprise peut souhaiter avoir une vision globale de son périmètre de responsabilité, tant en existant qu'en cible. Cette vision plus large, lui permettra de définir comment sa propre stratégie s'intègrera avec celle de l'entreprise, à moyen et long terme dans le système d'information. Compte tenu de ce paysage cible, des solutions informatiques pourront être élaborées qui prendront en compte les concepts et règles d'urbanisme. La définition de cette cible et des actions nécessaires à son achèvement, peut être obtenue par une étude d'urbanisme. Le secteur de l'entreprise, responsable de ce périmètre, pourra ensuite décider et planifier les évolutions à entreprendre pour les faire converger vers cet état futur souhaitable.

La méthode de conduite d'étude d'urbanisme va définir précisément les différents livrables et va guider les différents intervenants durant les différentes étapes, en lien avec les concepts et outils détaillés précédemment.

Chaque étude d'urbanisme, de même que les actions d'évolutions du système d'information dont nous parlerons dans le chapitre suivant, seront consolidées pour s'assurer de leur cohérence relative et de leur complémentarité naturelle. Cette consolidation constitue ce que nous appelons le plan d'urbanisme du système d'information, détaillé dans le prochain chapitre.

Le résultat d'une étude d'urbanisme est à un niveau macroscopique. Il ne spécifie pas, par exemple, les interfaces utilisateurs ou les composants techniques des futures applications, mais définit leur couverture fonctionnelle, leur niveau de commonalité et les actions nécessaires pour passer de la situation actuelle à cette cible. On s'attachera donc particulièrement à la maîtrise du délai d'une étude d'urbanisme et à la communication.

Schématiquement, la méthode de conduite d'étude d'urbanisme va définir les étapes suivantes :

1– déterminer et analyser le périmètre d'une étude d'urbanisme :
- définir le périmètre fonctionnel de l'étude,
- recenser l'existant informatique,
- recenser les données et informations,
- recueillir les dysfonctionnements métier et informatiques.

2– définir une cible d'urbanisme :
- recueillir les enjeux métier, entreprise et DSI,
- déterminer la stratégie métier,
- définir la cible informatique à partir des règles d'urbanisme,
- analyser les actions nécessaires pour atteindre la cible informatique.

Afin d'éviter l'effet tunnel, bien connu malheureusement des études informatiques, il est important, que la durée d'une étude d'urbanisme soit courte et strictement définie et ce, avant son démarrage. Idéalement, l'ensemble de ces étapes doit se dérouler sur une période de dix à vingt semaines. Il s'agit bien sûr d'un délai théorique, et comme tout élément théorique, il doit être adapté à la réalité de l'entreprise. Cependant, il nous paraît fondamental de fixer une durée maximale à toute étude d'urbanisme. Une contrainte de temps imposée aux membres de l'équipe permet de se focaliser sur l'essentiel et d'éviter le piège d'une analyse trop détaillée de l'existant ou de la cible. Il s'agit là, à notre sens, du principal écueil d'une étude d'urbanisme. Le souci de la précision et du détail est très certainement louable mais il est très consommateur de temps. Il s'éloigne de l'objectif principal de l'étude d'urbanisme qui est de donner une vision macroscopique de l'existant et de la cible et de permettre de prendre les décisions d'évolutions nécessaires.

Les étapes et tâches d'une étude d'urbanisme sont présentées ci-après de manière séquentielle. Toutefois, elles peuvent s'effectuer dans un ordre parfois différent, lorsque la disponibilité des intervenants l'impose. Elles peuvent également s'exécuter en parallèle de manière à s'enrichir mutuellement.

3.2.1. Définir le périmètre d'une étude d'urbanisme et analyser l'existant

Cette étape a pour objectif de délimiter précisément le périmètre fonctionnel de l'étude au sein du système d'information global de l'entreprise et de recenser les moyens informatiques utilisés dans ce périmètre. La citation de M.Kundera, en exergue du premier chapitre, doit nous inspirer dans cette analyse de l'existant qui n'a d'autre ambition que de constater. Il ne peut en être tiré aucune appréciation ou jugement tant qu'aucune cible n'a été définie. La synthèse de l'existant doit chercher en premier lieu à montrer et à faire partager une vision de synthèse de l'existant. Dans un second temps elle permettra d'analyser les écarts entre les outils nécessaires à la stratégie des métiers et de l'entreprise et ceux existants.

3.2.1.1. Définir le périmètre fonctionnel d'une étude

Le périmètre d'une étude d'urbanisme s'exprime par le recensement des activités des métiers concernés. Encore une fois, une étude d'urbanisme doit rester à un niveau macroscopique. Ceci sous-entend que les activités du type : « réceptionner les courriers de réclamation client » et « réceptionner les appels téléphoniques de réclamation client », ne sont très certainement pas d'un niveau pertinent pour une étude d'urbanisme. Elles font bien sûr appel à des ressources technologiques et humaines différentes, parfois lourdes et complexes (*call center*, centres de tris et d'archivage, etc.) et ne sont certes pas à négliger. Cependant pour un projet d'urbanisme, elles sont vraisemblablement à inclure dans une activité de niveau supérieur du type : « traiter les réclamations client ». En effet, l'élément essentiel pour l'urbanisme est de définir le niveau de commonalité d'une activité, c'est-à-dire le niveau de standardisation de cette activité exprimé suivant les axes précédemment définis. Lorsqu'il est possible d'exprimer ce niveau de standardisation actuel ou futur pour une activité, il est inutile de la détailler. La démarche sera donc de préférence *top down* en partant d'une activité très macroscopique, puis en affinant jusqu'à ce que la réponse au degré de standardisation puisse être apportée.

Par exemple, l'activité gérer les ressources humaines de l'entreprise est très souvent une activité pour laquelle il n'est pas possible de déterminer un niveau unique de standardisation. C'est une activité beaucoup trop complexe et une seule et unique réponse ne peut être apportée. En détaillant cette activité, on peut, très schématiquement la décomposer selon les activités suivantes :

– gérer l'organigramme de l'entreprise,
– gérer les dossiers administratifs du personnel,
– gérer le temps de travail du personnel,
– gérer la rémunération du personnel,
– gérer la formation et les compétences du personnel,
– piloter les ressources humaines (analyse de masses salariales par exemple).

Sur ces activités, il est sans doute beaucoup plus facile de déterminer le niveau de standardisation actuel ou futur. Rappelons que la standardisation porte sur les règles de l'activité, la façon de la réaliser et non sur la réalisation elle-même de l'activité. Ainsi pour la gestion de l'organigramme de l'entreprise doit on s'attacher à savoir si l'entreprise a décidé d'une standardisation de son organisation selon des unités structurelles de même type (hiérarchique et/ou transverse), de même nature (direction, service, département, projet, *business unit*, etc.) et de ressources comparables. Dans notre exemple, la gestion de l'organigramme pourra être standardisée pour l'ensemble de l'entreprise, la gestion administrative pourra être standardisée par pays, la gestion des formations et des compétences pourra être standardisée par produit, la gestion de la rémunération pourra ne pas être standardisée tandis que piloter les ressources humaines le sera au niveau mondial pour toute l'entreprise. Ce sont ces six activités qui doivent être retenues pour l' étude d'urbanisme.

A la fois en entrée et en sortie de ce travail de définition de périmètre fonctionnel on utilisera et complétera l'inventaire des activités dont nous avons parlé dans le chapitre précédent. Cette capitalisation, stockée dans le référentiel cartographique, permet au fur et à mesure des études d'urbanisme (entre autres) de disposer de l'intégralité des activités de l'entreprise et permettra de gagner un temps précieux dans les futures études.

Les activités identifiées doivent ensuite être affectées à un des blocs fonctionnels qui auront été définis dans la représentation graphique du système d'information. Cette affectation réalisée, il est possible de représenter le périmètre de l'étude sur le fond de carte du système d'information. Cette représentation est communicante et pourra être présentée aux différents correspondants et responsables de l'étude et permettra de situer l'étude d'urbanisme dans le système d'information de l'entreprise.

3.2.1.2. Recenser l'existant informatique

Pour chacune des activités métier recensées précédemment doivent être associés les outils informatiques utilisés dans le cadre de cette activité. Cet inventaire doit être le plus exhaustif possible. Bien souvent, pour une même activité deux acteurs du système d'information utiliseront des outils différents chacun appartenant, par exemple, à une filiale différente ou travaillant dans deux pays différents. Certains acteurs, dans de petites entités, utiliseront des outils de type bureautique alors que dans des entités importantes, on utilisera des progiciels ou des applications réalisées en interne.

Dans certains cas, l'activité métier peut n'être que très partiellement supportée par des systèmes informatiques, voire pas du tout. Lors de la définition de la cible, il conviendra de déterminer si oui ou non il est important de fournir un outil informatique en tout ou partie pour cette activité.

Dans un second temps, il convient de définir le niveau de commonalité de ces applications suivant les axes stratégiques précédemment définis. Il s'agit du périmètre couvert par l'application. Par exemple, si l'un des axes de commonalité est l'axe géographique et si l'application est utilisée pour l'ensemble des sites d'un pays l'application sera de niveau pays, de niveau site dans le cas contraire, et de niveau monde si elle est utilisée pour tous les pays de l'entreprise. Si l'un des axes de commonalité est l'axe produit, l'application sera qualifiée selon les produits qu'elle couvre. L'application sera qualifiée de la même manière pour tous les axes définis. Il convient de ne pas confondre le périmètre couvert par une application et la localisation des utilisateurs de cette application. Si une entreprise internationale dispose d'un seul et unique site d'ingénierie, les applications dédiées auront un périmètre géographique mondial.

3.2.1.3. Recenser les informations et les données

Dernière étape de cette analyse de l'existant, le recensement des informations et des données du périmètre du projet.

L'information est une ressource nécessaire à la réalisation d'une activité. Le vendeur a besoin des informations « client » pour réaliser ses activités de ventes, le fournisseur des informations « commandes » pour préparer ses expéditions, etc. Pour les activités définissant le périmètre de l'étude, l'objectif est de recenser les principales informations utilisées, qu'elles soient ou non gérées dans un système informatique. Comme dans toute la démarche d'urbanisme, il est important de rester à un niveau macroscopique. L'information « commande » est suffisante, sans avoir à la détailler en lignes de commande ni faire mention des adresses de livraison, prix, etc. Dans une étude d'urbanisme, le nombre d'informations est généralement de l'ordre d'une dizaine, de manière à pouvoir se concentrer sur les informations réellement majeures.

Ce recensement réalisé, nous identifierons quels sont les logiciels en charge de la gestion de ces informations, c'est-à-dire assurant la saisie et les modifications de ces informations. Ces logiciels peuvent ou non avoir été précédemment recensés dans l'étape précédente et faire déjà partie du périmètre de l'étude. Un des aspects complexes et délicats des systèmes informatiques est celui de la réutilisation multiple d'une même donnée dans différentes applications. Pour des raisons bien souvent technologiques, ces réutilisations sont réalisées par la mise en place d'interfaces et de recopies de ces données. L'absence ou la mauvaise synchronisation des mises à jour de ces données, dans leurs différents lieux de stockage, conduisent souvent, graduellement, à des incohérences dans le système d'information. Il est donc important de déterminer quel système informatique est la source « officielle » de la donnée pour pouvoir s'appuyer sur ce système dans l'élaboration de la cible.

3.2.1.4. Recueillir les dysfonctionnements métier et informatiques

Le système d'information doit évoluer non seulement pour s'adapter à de nouveaux enjeux, mais parfois également, du fait de la non-adéquation des outils actuels à la situation et aux attentes présentes. Cette non-concordance a souvent deux impacts, le premier sur la performance globale immédiate, le second sur les freins qui obèrent les capacités d'évolution et d'adaptation.

Le recueil des dysfonctionnements doit permettre de mettre en évidence les faiblesses actuelles dans les activités elles-mêmes ou dans leur enchaînement en processus opérationnels (comme les processus d'approvisionnement de pièces de fabrication, la distribution des produits, ou autres), ou dans les processus de pilotage nécessaires aux analyses et aux prises de décision.

On recueillera également les dysfonctionnements des outils informatiques identifiés dans le périmètre. On recensera notamment les problèmes liés à la non-qualité des outils, l'obsolescence de plates-formes techniques ou des outils eux-mêmes, entraînant des difficultés et des coûts de maintenance importants. La non-capacité d'un système informatique à traiter plusieurs langues ou plusieurs devises monétaires, peut être considérée comme un dysfonctionnement puisqu'elle empêche bien souvent une utilisation internationale. L'automatisation partielle d'une activité métier par un système informatique peut également être considérée, dans certains cas, comme un dysfonctionnement.

Enfin, d'autres dysfonctionnements, plus généraux, peuvent également être considérés comme liés aux systèmes informatiques :

– l'absence d'une politique ou de règles claires sur les outils décisionnels, l'absence ou la non complétude d'un entrepôt de données,

– la mise en place des systèmes informatiques dans les filiales et sites de l'entreprise impose souvent des changements importants. Une stratégie claire de déploiement doit chercher à minimiser ces changements et limiter les perturbations de ces sites, par exemple en définissant les périodes à laquelle peuvent s'effectuer ces mises en place et en les ordonnant les unes par rapport aux autres. De la même manière, le déploiement de systèmes centraux dans de petites entités de l'entreprise entraîne souvent des efforts disproportionnés, humainement ou financièrement. L'absence de solutions alternatives destinées à ces petites entités peut parfois être considérée comme un dysfonctionnement.

Ces dysfonctionnements seront pris en compte lors de la définition de la cible du système d'information et les actions d'urbanisme devront pallier ces dysfonctionnements.

3.2.2. Construire une cible d'urbanisme

3.2.2.1. Recueillir les enjeux métier, entreprise et DSI

Les enjeux de l'entreprise, lorsqu'ils sont exprimés, sont par définition, connus de tous. Ils doivent toujours être présents à l'esprit de l'équipe en charge de l'étude d'urbanisme. Le résultat d'une étude d'urbanisme fournit un plan d'action à entreprendre pour passer de la situation actuelle à la situation cible. Chacune des actions doit être jugée par rapport aux contributions qu'elle apporte non seulement aux métiers principalement concernés par l'étude mais également aux objectifs de la DSI ainsi qu'aux objectifs globaux de l'entreprise.

Les enjeux sous-tendent les stratégies métier, mais l'expression de ces stratégies est parfois peu explicite. Augmenter la qualité des produits, satisfaire le client, réduire les coûts, augmenter les bénéfices sont certes des enjeux majeurs. Mais on peut raisonnablement penser que ces enjeux sont déjà présents dans toutes les entreprises et constituent une préoccupation quotidienne de tous ses acteurs, du salarié à l'actionnaire. Exprimés ainsi, ces enjeux ne montrent aucune stratégie.

Fondamentalement, ces enjeux devraient pouvoir être résumés de manière simple, en peu de phrases indiquant, chiffres à l'appui, la situation cible voulue par le métier. L'augmentation de qualité peut ainsi être précisée en indiquant le pourcentage de produits retournés, ou le plafond du budget garantie souhaité, la satisfaction client pouvant se juger au nombre de réclamations ou au taux de fidélisation client.

Les enjeux métier ainsi définis et quantifiés, la contribution des actions d'urbanisme à ces enjeux pourra être plus facilement et surtout plus objectivement mesurée. Le poids relatif de chacun des enjeux permet leur classification et permet également d'apprécier la hauteur de l'investissement informatique nécessaire. La contribution de l'informatique aux enjeux métier est alors possible et mesurable.

3.2.2.2. Déterminer la stratégie métier

Les enjeux métier ayant été exprimés, il reste à déterminer la stratégie, c'est-à-dire le plan d'action que les métiers souhaitent mettre en œuvre à court ou moyen terme pour atteindre leurs objectifs et enjeux.

Nous avons défini précédemment les axes de commonalité en alignement avec la stratégie globale que l'entreprise met en œuvre pour atteindre ces objectifs de croissance : fusion ou acquisition, diversification de secteurs d'activité, produits et marques, couverture géographique, internationalisation etc. L'objectif de cette étape est d'exprimer la stratégie des métiers, par rapport à ces axes d'alignement stratégique de l'entreprise.

Nous analysons cette stratégie métier dans ce qu'elle comporte de volonté de standardiser ou non les procédures ou façons de faire ses activités. Il ne s'agit pas ici d'analyser le déroulement opérationnel de l'activité ou la localisation de ses acteurs, mais bien la standardisation des procédés d'exécution de cette activité. Cette standardisation correspond à une volonté d'étendre, sur un périmètre de l'entreprise, une procédure considérée comme *best practice*, offrant la meilleure efficacité en terme de qualité, de coût ou de délai d'exécution.

Seul l'aspect de standardisation est à prendre en compte, indépendamment du fait que cette standardisation soit accompagnée ou non par la mise en œuvre d'une organisation centralisée ayant la responsabilité de l'activité. En d'autres termes, une standardisation des procédures d'achats tertiaires dans les différents sites internationaux d'une entreprise peut être réalisée sans pour autant qu'une direction internationale des achats soit créée.

Pour chacune des activités incluses dans le périmètre du projet, on indiquera le niveau de standardisation souhaité, selon les axes de commonalité qui auront été choisis. Si l'axe produit a été choisi comme axe stratégique de commonalité, on cherchera si l'activité d'achat tertiaire ou de commande client doit être, en cible, réalisée de la même manière, avec la même procédure quel que soit le produit vendu par l'entreprise. Si l'axe géographique a été retenu, on cherchera si l'activité d'achat tertiaire ou de commande client doit être standardisée dans tous les pays. Les mêmes questions doivent être posées pour chacun des axes stratégiques entreprise. Ceci doit permettre d'obtenir la vision, à plus ou moins long terme, de la stratégie des métiers, en alignement avec la stratégie de l'entreprise.

La standardisation des procédés d'une activité implique de fait la standardisation des résultats de cette activité. Standardiser l'activité d'appel d'offre fournisseur, par exemple, permet de standardiser les informations fournisseurs et cahiers des charges. Les résultats, standardisés, de cette activité vont pouvoir être utilisés par d'autres activités métier, notamment celle permettant un pilotage global de la performance. Lorsqu'une entreprise internationale souhaite avoir une vision et une maîtrise globale de ses coûts d'achats tertiaires, la standardisation des informations fournisseurs est souvent un préalable. Ceci conduit à définir également le positionnement cible des informations nécessaires aux activités. Le positionnement de l'activité créant l'information peut être différent de celui des activités en aval, mais, à minima, les résultats de l'activité doivent être standardisés pour permettre les activités utilisatrices. De même lorsque l'activité n'est pas réalisée par l'entreprise elle-même, mais par un fournisseur, par exemple, ou lorsque l'entreprise souhaite externaliser cette activité, seule la standardisation des résultats doit être obtenue pour permettre leur intégration dans le système d'information de l'entreprise.

Il est bien évident que les métiers, pour atteindre leurs objectifs, mettent en œuvre d'autres stratégies parallèlement à cette standardisation des procédures. Cependant c'est, en grande partie, cette stratégie de standardisation qui va définir la stratégie et l'organisation du système d'information, dans notre étude d'urbanisme

3.2.2.3. Définir la cible informatique à partir des règles d'urbanisme

La stratégie de l'entreprise a permis d'établir les axes de commonalité de l'urbanisme. La stratégie des métiers a été exprimée, activité par activité, en indiquant leur niveau cible de standardisation, selon ces axes. C'est naturellement en fonction de ces deux éléments que sera définie la stratégie informatique. Ainsi l'alignement des trois stratégies : entreprise, métier et informatique, permettra de définir la cible du système d'information.

Les règles d'urbanisme qui ont été élaborées précédemment vont être l'élément principal pour cette étape. Elles expriment la volonté de la DSI et des différents acteurs du système d'information, pour sa maîtrise et sa performance. Selon leurs exigences, ces règles devront être appliquées avec discipline, ou donneront lieu à des questionnements et des réflexions. La prise en compte de ces règles doit permettre d'élaborer un portefeuille d'actions à entreprendre pour passer de la situation actuelle à la cible définie.

Un premier type d'action porte sur la commonalité des systèmes informatiques. Pour réduire le nombre de systèmes informatiques de l'entreprise, une règle d'urbanisme, citée précédemment, indiquait : « on privilégiera, en cible, l'utilisation d'un outil informatique unique pour l'automatisation d'une activité standardisée ». En suivant cette règle, on pourra définir qu'une activité doit être outillée en cible par un système informatique unique, sur l'ensemble du périmètre sur lequel cette activité est standardisée. Si ce périmètre est mondial, la cible informatique sera d'obtenir un et un seul outil informatique pour cette activité dans l'entreprise. Ainsi, l'utilisation d'un même outil informatique participe à la stratégie métier de standardisation de ses activités. En complément, sur le périmètre non couvert par la standardisation métier, la solution informatique pourra être basée sur un outil distinct ou un outil commun à même d'automatiser une même activité avec des règles différentes.

Dans tous les cas, l'outil cible peut être sélectionné parmi les outils déjà existants, lorsque l'un d'eux possède l'évolutivité nécessaire pour que son utilisation puisse être étendue (plus grand nombre d'utilisateurs, capacité à être international, multimarques, multiproduits, multisociétés, etc.). Dans le cas contraire, l'action d'urbanisme sera de préconiser la mise en place d'un nouvel outil informatique. Cette cible informatique ne sera très vraisemblablement atteinte que par étapes successives, mais permettra de supprimer progressivement la diversité inutile, au profit de solutions *corporate*.

Les règles d'urbanisme, établies sur la base de la structuration du système d'information en domaines et blocs fonctionnels, doivent permettre d'assurer la cohérence et l'autonomie relative de ceux-ci. La couverture par un même système informatique d'activités appartenant à des blocs ou domaines fonctionnels différents devra être analysée pour déterminer si ce système ne doit pas être découpé afin de ne pas rompre la structuration. Les flux d'informations entre les activités d'un même bloc fonctionnel sont à privilégier vis-à-vis des flux entre blocs fonctionnels.

Un second type d'actions d'urbanisme est la normalisation des données, produites ou utilisées par les différentes activités. Elles permettront la mise en place d'un langage commun qui facilitera les échanges entre les différentes activités des métiers au sein de l'entreprise ou en externe, mais également un pilotage plus global de ces activités.

Enfin, il s'agit là d'un troisième type d'actions d'urbanisme, la définition de cette cible doit être l'occasion à la fois de s'interroger sur l'opportunité d'outiller par des systèmes informatiques les activités métier ou les informations actuellement non couvertes, et également sur l'apport de nouvelles technologies informatiques au sein de l'entreprise.

A la fin de cette étape, une cible urbanisme du projet a été établie et les actions nécessaires pour atteindre cette cible ont été répertoriées. Leur mise en œuvre établira un paysage informatique cible :

– rationalisé : les redondances inutiles ont été supprimées. Une activité n'est plus outillée que par un seul système informatique sur le périmètre sur lequel elle est standardisée, les outils redondants devant être intégrés ;

– cohérent : les informations nécessaires aux activités de pilotage et opérationnelles, ont une définition commune ;

– flexible : un système d'information, sans redondance de système informatique et utilisant des référentiels de données comme langage commun peut plus facilement s'adapter aux évolutions des métiers et de l'entreprise.

– performant : les systèmes informatiques en surabondance pour couvrir une même activité métier sont un coût très important pour une DSI. Leur rationalisation va permettre une économie d'échelle conséquente. La rationalisation des informations va supprimer bon nombre de re-saisies et d'incohérence de résultats dans les processus métier ;

– en accord avec la stratégie de l'entreprise qui a permis d'établir les axes de standardisation. En alignement avec la stratégie des métiers qui a défini le niveau de standardisation de ces activités selon ces mêmes axes, et avec la stratégie de la DSI pour la définition des solutions informatiques.

Ce paysage cible permettra une meilleure performance économique du système d'information et doit guider l'ensemble de ses évolutions vers l'atteinte de cette cible. Le portefeuille des actions qui ont été recensées doit à présent être analysé pour déterminer le plan de mise en œuvre.

3.2.2.4. Analyser les actions nécessaires pour atteindre cette cible

L'objectif de cette dernière étape d'une étude d'urbanisme est de présenter le portefeuille des actions d'urbanisme de manière synthétique pour permettre les décisions d'élaboration d'un plan de mise en œuvre. Il est donc nécessaire de qualifier chacune de ces actions de manière à offrir les critères de choix les plus pertinents. Trois critères principaux vont permettre d'établir cette qualification :

– le premier est celui de la plus-value des actions d'urbanisme pour les métiers et plus généralement pour l'entreprise. Sur la base des enjeux métier recueillis et des dysfonctionnements métier recensés, on déterminera l'importance de la contribution de chacune des actions d'urbanisme ;

– le second est la contribution aux enjeux de la DSI ou à la réduction des dysfonctionnements informatiques,

– enfin, le troisième est celui de la criticité de l'action et sa complexité de mise en œuvre, tant du point de vue informatique que métier.

Ainsi qualifiées, les actions pourront être représentées sur un graphique montrant, par exemple, sur l'axe des abscisses la plus value métier, sur l'axe des ordonnées, la plus value pour la DSI, et par le biais d'une couleur la complexité ou les risques de mise en œuvre de chacune.

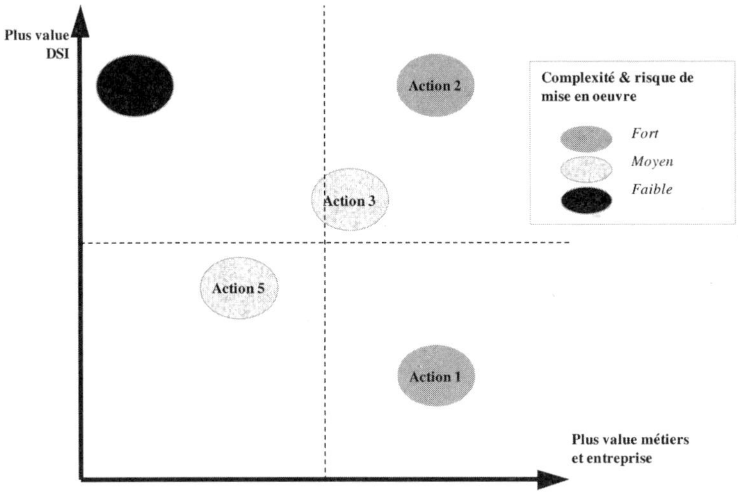

Figure 3.1. *Qualification des actions d'urbanisme*

La qualification des actions est un exercice délicat. Il ne peut y avoir, dans le cadre de ce niveau macroscopique d'étude, une estimation très détaillée des coûts, des risques et des gains apportés par chacune des actions d'urbanisme. Les intervenants de l'étude d'urbanisme doivent posséder un excellent degré d'expertise, tant informatique que métier sur le domaine, afin de pouvoir fournir les estimations les meilleures.

Cette qualification des actions n'est pas le seul critère permettant la planification de la mise en œuvre de l'étude d'urbanisme et de nombreux autres facteurs rentrent en ligne de compte. Toute standardisation d'une activité métier, quel que soit l'outil informatique qui l'accompagne, nécessite un effort organisationnel et humain important, que seuls les métiers peuvent planifier et organiser. Les enjeux métier, analysés dans l'étude d'urbanisme, sont à rapprocher des enjeux des autres métiers ou domaines de l'entreprise et peuvent donner lieu à une « priorisation » relative, globale au sein de l'entreprise. Enfin, les budgets, annuels et triennaux, imposent une sélection rigoureuse des actions envisageables à court et moyen terme.

Chapitre 4

Intégrer l'urbanisme à la gestion du système d'information de l'entreprise

« ... la combinaison ne s'en fera pas moins, et en conséquence l'identité, la continuité ... »

Denis DIDEROT, *Le rêve de d'Alembert*

Il n'est, sauf à de très rares exceptions, pas possible de bâtir en une seule fois la cible urbanisée pour la totalité du système d'information de l'entreprise. L'urbanisation s'effectue sur un paysage existant, comportant de nombreux systèmes informatiques qui répondent aux besoins quotidiens d'un grand nombre d'utilisateurs. Entreprendre en une seule grande opération, des refontes ou aménagements sur l'ensemble de ces systèmes est inimaginable. L'atteinte d'une cible urbanisée ne peut avoir lieu que dans la durée et se doit nécessairement d'intégrer les contraintes d'une réalisation étalée dans le temps. Avant d'atteindre cette cible, de nouveaux systèmes informatiques seront mis en œuvre et des aménagements de systèmes existants seront réalisés pour permettre une adaptation aux nouvelles exigences des métiers et de l'entreprise.

Dès lors, il convient d'analyser comment chacune de ces évolutions et adaptations du système d'information peut converger vers la construction d'une cible globale urbanisée, dans le cadre d'une démarche permanente, agissant par étapes successives.

C'est une des conditions de la réussite de l'urbanisme que de parvenir à intégrer ses concepts et ses outils dans les tâches quotidiennes des acteurs du système d'information, durant l'étude de nouveaux projets informatiques, ou, en aval, dans les tâches de maintenance et d'évolution.

Nous détaillerons également dans ce chapitre, comment l'urbanisme s'intègre à la stratégie technique et à la stratégie sécurité du système d'information, deux éléments fondamentaux qui interviennent durant l'ensemble du cycle de vie des systèmes informatiques.

4.1. Urbanisme et nouveaux projets informatiques

La terminologie utilisée pour définir les différentes étapes et jalons des projets informatiques varie dans les entreprises selon les méthodologies et les cultures internes. Pour les besoins de notre exposé, nous détaillerons schématiquement le cycle de vie d'un projet informatique avec le vocabulaire ci-dessous.

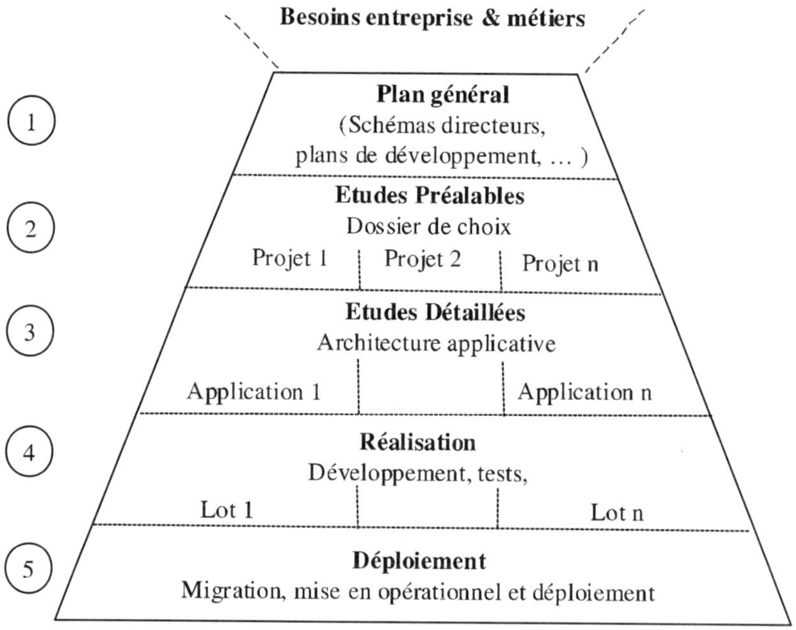

Figure 4.1. *Cycle de mise en œuvre de systèmes informatiques*

Les phases 1 et 2 constituent ce que nous appellerons l'avant-projet des systèmes informatiques. Généralement un métier précis, en vue de l'atteinte d'objectifs stratégiques propres, en assure la maîtrise d'ouvrage d'une manière autonome. Durant ces phases, on procède généralement à une description des objectifs métier, une définition du périmètre fonctionnel, une présentation des problèmes et blocages actuels. Sur la base de ces éléments, un ou plusieurs projets d'évolution sont proposés et les coûts économiques et humains de chacun des scénarios seront valorisés de manière à permettre une décision d'orientation.

Les phases 3 à 5 sont dans cet exposé, limitées au seul volet informatique. Elles constituent la partie projet, et vont, suivant un découpage par lots, analyser en détail, puis réaliser et mettre en œuvre les solutions retenues à l'issue de l'avant-projet. L'intégration de l'urbanisme dans ces phases sera abordée dans le chapitre suivant.

Les conclusions d'un avant-projet, définissent un système d'information cible, sur un court et moyen terme, généralement de trois à cinq ans. Ce plan d'action peut agir sur quatre leviers pour réussir le changement[14] :

– l'organisation de l'entreprise, qui doit être adaptée aux nouveaux enjeux,

– les processus, c'est-à-dire l'enchaînement des activités métier, qui seront optimisés,

– les ressources humaines, acteurs de ces processus, dont les compétences doivent être en adéquation avec les objectifs, et qui devront être accompagnées lors de la mise en œuvre des nouvelles organisations et processus de travail,

– le système d'information et plus spécifiquement les systèmes informatiques cibles qui vont permettre et accompagner cette transformation.

La cible pour les systèmes informatiques, nous l'avons vu dans le chapitre précédent, peut également être définie lors d'une étude d'urbanisme. Cependant l'approche et les objectifs de ces deux démarches sont différents.

Le périmètre d'un avant-projet est, généralement, contraint par le périmètre de responsabilité de son maître d'ouvrage. Dans une étude d'urbanisme, l'accent est mis sur les activités métier et la volonté de standardiser ces activités, quelles que soient les organisations qui en ont la charge. Une étude d'urbanisme vise à définir le système d'information cible, éventuellement sur le long terme, et, de manière macroscopique, les actions informatiques nécessaires pour atteindre ces cibles. L'étude détaillée des solutions informatiques cibles, la planification et la mise en œuvre du plan d'action ne sont pas incluses dans l'étude d'urbanisme telle que nous l'avons présentée, alors qu'elles sont l'objectif principal d'un avant-projet, qui peut ainsi poursuivre une étude d'urbanisme.

[14] Ces quatre éléments composent habituellement les études de type schéma directeur.

Toutefois, de nombreuses tâches sont similaires dans les deux démarches et l'urbanisme doit s'incorporer naturellement dans une démarche d'avant-projet. Le périmètre fonctionnel d'un avant-projet, exprimé sous la forme d'une liste d'activités métier, peut être représenté sur le fond de carte du système d'information de l'entreprise. Intégrer les concepts d'urbanisme revient à éclairer la stratégie métier en exprimant sa volonté de standardiser les règles de leurs activités selon les axes de commonalité. La cible système informatique pourra ainsi être définie à partir de cette stratégie métier, en fonction des règles d'urbanisme et de la structuration du système d'information.

Au final, comme pour les études d'urbanisme, les résultats d'un avant-projet doivent être consolidés et mis en cohérence. D'une part pour permettre la mise à jour du référentiel cartographique avec le recensement des activités métier, systèmes informatiques et données, réalisé durant l'avant-projet. D'autre part pour permettre la mise en perspective d'une cible globale pour l'ensemble du système d'information et la consolidation de toutes les actions nécessaires pour atteindre cette cible. C'est la construction du plan d'urbanisme du système d'information. Ce dernier, fondamental, permet aux acteurs du système d'information d'avoir une vision globale et cohérente des différentes cibles et, pour les décideurs, selon les priorités, de définir et piloter les actions à mettre en œuvre.

4.2. Urbanisme et architecture applicative

La phase 3 de notre schéma (figure 4.1), est celle où se déroule principalement la tâche d'architecture applicative. Celle ci se définit comme l'organisation des éléments structurants d'un programme ou d'un système informatique, incluant l'ensemble de ses composants, leur propriété externe, ainsi que leurs relations entre eux. La propriété d'un élément est le mode d'utilisation que l'on peut en faire : le service qu'il rend, sa capacité à traiter des erreurs, le degré d'universalité de son utilisation.[15] L'architecture applicative définit précisément les composants des cibles définies, en accord avec les règles d'urbanisme énoncées et leur intégration dans le paysage informatique existant.

Plusieurs axes majeurs guident une architecture applicative :

– la performance du processus métier, à travers :

- la performance intrinsèque des outils mis à la disposition des acteurs d'une activité. Ceci suppose la connaissance de ces acteurs, leurs localisations tant géographique que dans ou hors de la structure de l'entreprise, ainsi que leur niveau d'intervention et leurs habilitations ;

---

[15] Tiré de l'ouvrage, *Software Architecture in Practice (2nd edition 2003)*, L. Bass, P. Clements, R. Kazman; Addison-Wesley

- la performance des échanges entre les activités métier et plus généralement la performance des flux au sein du système informatique global de l'entreprise ;

– les données :

- la cohérence et l'intégrité des données, non seulement pour les activités étudiées mais pour l'ensemble du système informatique ;

- leur disponibilité à l'ensemble du système informatique. Cela prend en compte à la fois la disponibilité pour les fonctionnalités liées aux processus opérationnels comme la gestion des commandes, gestion des fabrications, etc., mais également pour les processus de pilotage qui doivent avoir une vue globale et transversale sur l'ensemble de l'entreprise ;

– la performance du système informatique de l'entreprise :

- en définissant les composants techniques respectant les contraintes et standards techniques de l'entreprise : capacité à être développé, capacité à être exploité ;

- l'architecture applicative doit tirer parti du patrimoine existant en réutilisant au maximum les fonctionnalités déjà développées par ailleurs. La création de nouvelles fonctionnalités, doit être réalisée en s'assurant qu'elles pourront être réutilisées par d'autres acteurs, d'autres systèmes informatiques ;

- toute fonctionnalité informatique doit pouvoir communiquer, sans ambiguïté, au sein du système informatique global.

Ces derniers points visent à assurer la modularité et l'interopérabilité des fonctionnalités d'un système informatique. Ces qualités sont indispensables au sein du système informatique de l'entreprise où coexistent de très nombreux logiciels ou progiciels, et de nombreuses technologies, qui doivent tous communiquer entre eux. Elles nécessitent que le système informatique soit bâti autour de composants réutilisables qui vont permettre de mettre en œuvre ou de faire évoluer plus rapidement de nouveaux systèmes informatiques et d'assurer la cohérence par la standardisation. Autour de ces composants, des règles et normes d'échanges mutuels clairement établies permettront une communication efficace.

L'urbanisme du système d'information se situe en amont des travaux d'architecture applicative. La structuration du système d'information en domaines et blocs fonctionnels et l'alignement des applications et des données sur les mêmes axes stratégiques que les activités métier sont les premiers pas vers cette étape de construction d'un système d'information[16]. Sur la base de cette décomposition fonctionnelle, les travaux d'urbanisme ont défini précisément quels devaient être les systèmes informatiques cible de l'entreprise et les activités et informations qu'ils devraient couvrir, ainsi que les actions pour atteindre cette cible. Les principales

---

[16] G. LAPASSAT, *Architecture fonctionnelle des logiciels*, et *Urbanisme informatique et architecture applicative*.

informations et données du système d'information ont, sans entrer dans le détail, été analysées et décrites dans leurs cas d'utilisations et de gestion. Enfin, des règles d'urbanisme ont été établies pour la construction et la gestion des éléments structurant du système d'information.

La transition entre urbanisme et architecture applicative peut être schématisée comme ci-dessous. Chaque activité métier peut être automatisée par de grandes fonctions informatiques et chacune d'elles utilisera des composants (les services dont nous reparlerons dans le chapitre suivant), pouvant être également utilisés par d'autres grandes fonctions. Ces services vont effectuer les traitements (sélection de pièces, réalisation de la demande d'approvisionnement, etc.) en fonction du contexte, selon le standard de la procédure de l'activité. Associé aux données (articles, fournisseurs, sites de consommations) un certain nombre de services, dédiés spécifiquement à leur gestion, permettront les différentes opérations de création, de lecture et autres, assurant ainsi la cohérence de l'information.

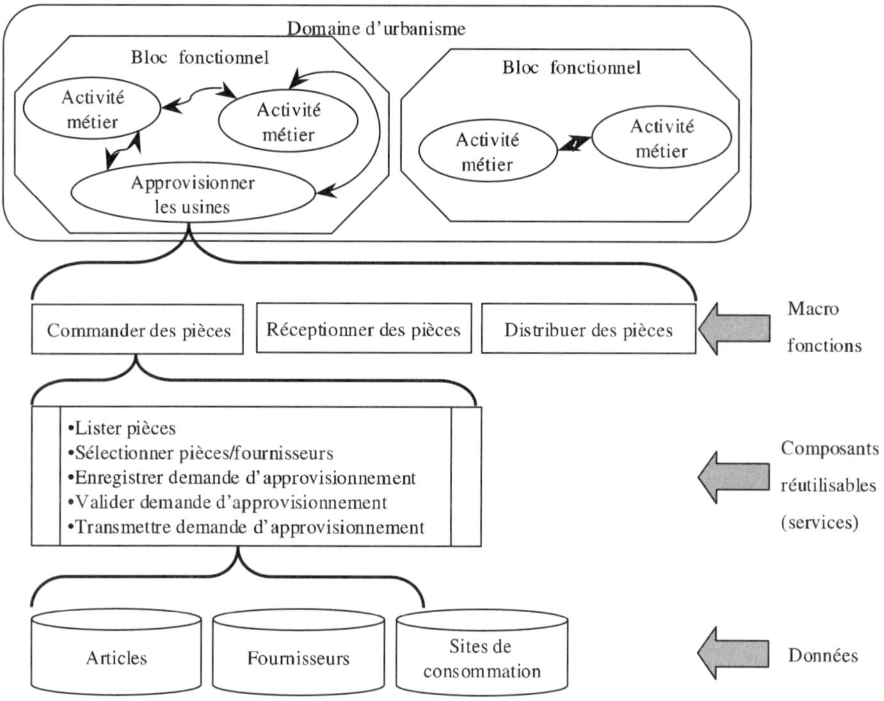

Figure 4.2. *Urbanisme et architecture applicative*

4.3. Urbanisme et stratégie technique

Certains aspects de la stratégique technique d'une DSI d'entreprise, sont plus éloignés de l'urbanisme, et sont donc hors du propos de cet ouvrage. Il s'agit essentiellement des aspects d'infrastructure technique, tels que les choix technologiques de bases de données, de réseau, ou des constructeurs de plates-formes techniques. Cependant, le choix, par exemple, de logiciels dits libres peut parfois être présenté comme un signe majeur de la volonté de l'entreprise de rendre son système interopérable, leur caractère public et ouvert permettant plus facilement de les connecter au système d'information global de l'entreprise. De manière générale, les règles d'urbanisme, peuvent permettre d'affirmer plus clairement cette stratégie technique. Les actions d'urbanisme sont, nous l'avons vu dans le paragraphe 3.2.2.2 Définir la cible Informatique à partir des règles d'urbanisme, qualifiées selon les plus-values apportées à la stratégie de la DSI, qui inclut ce volet stratégie technique.

Directement lié à l'urbanisme et à ses objectifs, se trouvent les technologies permettant de bâtir un système d'information rationalisé, modulaire et communicant.

4.3.1. Les outils d'intégration d'applications

La première de ces technologies est l'EAI, *Enterprise Application Integration*. Son objectif est de gérer efficacement les flux entre les différents logiciels de l'entreprise. Lorsqu'un système de facturation client émet une facture, il doit également transférer l'information à un système comptable et, par exemple, un système de distribution. Des interfaces sont donc nécessaires entre ces différents systèmes. Ces interfaces sont prises en charge par l'application émettrice et très souvent, chaque interface est spécifique. A l'échelle d'une entreprise, ce nombre d'interfaces, entre tous les systèmes, est considérable. L'objectif de l'EAI est de décharger l'application émettrice de ces fonctions d'échange. Elle ne fera que créer un évènement « Création de facture », l'outil d'EAI assurant sa distribution aux applications concernées.

L'EAI regroupe un ensemble de méthodes, technologies et outils qui lui permettent de se positionner comme un concentrateur des flux informatiques et de coordonner l'ensemble des relations entre logiciels hétérogènes, ces logiciels pouvant être, le cas échéant, externes à l'entreprise.

L'EAI assure, schématiquement, trois fonctions :

– le transport : ensemble des fonctions qui lui permettent d'assurer efficacement le transport d'un flux d'un point à un autre ;

– les données : Pour que les données soient compréhensibles par le logiciel récepteur du flux, une traduction de la donnée doit parfois être exécutée. Cette traduction peut aussi bien concerner le changement de format d'une donnée (exemple un numéro de client passant de cinq caractères à huit caractères), que des algorithmes plus complexes, comme dans le cas d'une facture client engendrant plusieurs écritures comptables ;

– des fonctions de pilotage des flux, qui lui permettent d'assurer, selon l'identification du flux, la détermination du ou des logiciels destinataires, mais plus encore, la cinématique du flux c'est-à-dire l'enchaînement des destinataires. Il s'agit là des moteurs de *workflow*, permettant, par exemple, l'automatisation des tâches et les échanges nécessaires à la validation, par un circuit défini, d'un document.

L'ensemble de ces fonctions, et plus spécifiquement celle de pilotage des flux, nécessite une modélisation des processus de l'entreprise. Des fonctions de modélisation de ces processus (BPM : *Business Process Modeling*) sont ainsi souvent associées aux outils d'EAI et permettent à la fois une description (aux différents niveaux métier, fonctionnels et techniques), et un contrôle de l'exécution des flux.

Dans de nombreuses entreprises, la maîtrise de la gestion de ces échanges entre applications est le point central de l'urbanisme. La mise en œuvre d'EAI est alors leur action majeure. La plaque d'échange que nous avons évoquée dans les concepts d'urbanisme (section 2.3) peut être assuré par la mise en œuvre de cet EAI, qui concourt à une urbanisation du système d'information de l'entreprise[17].

4.3.2. L'architecture orientée services

En amont et en aval de ces flux peuvent se trouver soit des applications équipées de connecteurs spécifiques et préparées à ce type d'échange standard, soit une seconde offre technologique, directement liée à l'urbanisme du système d'information, que le Gartner a appelé SOA (*Service Oriented Architecture*).

Cette nouvelle offre vise à construire le système informatique d'une entreprise avec des briques logicielles de granularité différentes, appelées services, composants ou méthodes, toutes indépendantes les unes des autres. L'objectif est de remplacer ainsi, progressivement, les applications informatiques traditionnelles, par des

17 Voir J. Sassoon, *l'Urbanisme du système d'information*.

collections de services, s'enchaînant les uns les autres selon les processus métier, sur la base d'un protocole bien connu des internautes : HTTP. On pourra par exemple, trouver des services de type facture fournisseur, avec, un certain nombre de méthodes associées, comme la consultation, l'enregistrement, l'envoi, etc.

De nombreux outils sont d'ores et déjà présents sur le marché foisonnant de l'informatique pour construire cette nouvelle offre. De nombreux éditeurs de solutions progicielles ouvrent leurs produits pour les rendre interopérables avec le système d'information de l'entreprise. C'est le cas de SAP, de Siebel, mais également sur l'internet, d'acteurs comme Google.

Cependant, le principal problème reste celui de la définition des standards qui vont permettre une réelle universalité de ces services. Cette normalisation s'effectue sur plusieurs niveaux :

– le transport de l'information : comme dans les techniques d'EDI (Echanges de Données Informatisées), présentes depuis de nombreuses années dans les entreprises, la structure des messages échangés est normalisée. Chaque service est publié avec son format d'échange défini selon cette norme ;

– la gestion des processus qui implique l'enchaînement de plusieurs services tous accessibles sur l'internet. Encore une fois ces processus doivent avoir été définis et modélisés avec des outils de modélisation. D'autres outils sont dédiés au *business activities monitoring*, c'est-à-dire qu'ils supervisent la performance d'un processus en fonction de sa criticité vis-à-vis de l'entreprise ;

– des normes techniques prennent en charge les aspects de sécurité de gestion d'authentification et de droits d'accès ;

– l'interface utilisateur, à travers un portail internet ou autre, comme le WAP, pour permettre à l'utilisateur de rester connecté au système d'information de l'entreprise depuis un téléphone portable ou un assistant personnel.

Théoriquement, cette modularité offre de très nombreux avantages :

– chaque service peut être développé séparément. Il est donc plus facile à mettre au point, et surtout à faire évoluer. Le système informatique est donc beaucoup plus facilement adaptable ;

– il peut être écrit avec un langage spécifique et être stocké sur une plate-forme matérielle différente de celle du service appelant. L'hétérogénéité n'est donc plus un problème ;

– tous les services d'une entreprise sont référencés dans un annuaire (UDDI) et peuvent être appelés de n'importe où. Certains annuaires sont en partie publique, c'est-à-dire externes à l'entreprise et donc utilisables par ou depuis un partenaire. Le service facture fournisseur, ainsi disponible sur cet annuaire, sera systématiquement réutilisé pour remplir ses fonctions, garantissant ainsi qu'une même fonction n'est remplie que par un seul service ;

– l'interface utilisateur est une interface web, intégrable dans un portail. Elle est donc standardisée ;

– enfin, les nombreuses normalisations qui entourent ces services, doivent conduire à leur universalité, et permettre des communications entre les éditeurs de solutions et les développements internes de l'entreprise ou de ses partenaires, facilitant ainsi les échanges *business to business*.

SOA et urbanisme du système d'information ont une même philosophie et partagent les même objectifs : rendre modulaire le système d'information, maîtriser sa diversité, standardiser, partout où cela est nécessaire, les activités métier, assurer la cohérence et aboutir à un système d'information performant et évolutif. L'architecture orientée services constitue en quelque sorte, le volet technologique de l'urbanisme, mais c'est toujours la manière de penser et non la technologie qui rend possible ces objectifs.

4.4. Urbanisme et stratégie sécurité

Selon une enquête récente[18], le budget alloué à la sécurité informatique par les entreprises varie entre 2 et 20 % de leur budget global informatique, incluant les frais de personnel, de logiciels et matériels, et de gestion de projets. Même s'il reste encore des progrès à faire, on voit que le regard porté par les entreprises et les DSI, évolue et de nombreuses entreprises adoptent aujourd'hui une politique proactive sur la sécurité.

La sécurité du système d'information est un très vaste sujet, comportant de nombreuses facettes : pannes internes, virus informatiques, défaillances de services, actes malveillants ou tout simplement erreurs dans les traitements informatiques. Différentes actions de protection permettent de couvrir ces différents dangers.

La norme ISO 17799, relative à la sécurité, porte schématiquement sur trois aspects :

– aspect organisationnel : structures en place (pour veille, audit, etc.), personnel, continuité d'activité,

– aspect logique : autorisation d'utilisateurs informatiques (droit d'accès, mot de passe), gestion des sauvegardes, développement et maintenance des systèmes informatiques,

[18] Source *01 DSI* du 26/09/03, rapportant une enquête du GigaGroup

– aspect physique : sécurité physique et environnementale, périmètre de sécurité, contrôle d'accès physique.

Ce chapitre n'a pas pour vocation de détailler les mises en œuvre possibles de cette politique sur ces différents aspects, mais de tenter de montrer quelques points communs ou complémentaires entre la politique sécurité et la politique d'urbanisation du système d'information de l'entreprise.

Ces deux politiques nécessitent une approche globale. Même si la mise en œuvre de l'urbanisation ou de la sécurité s'effectue par paliers, ou se focalise sur les domaines jugés les plus critiques, la vision exhaustive du système d'information est nécessaire. La vision globale, de l'existant comme de la cible, du système d'information, fournie par l'urbanisme, est un outil pour la politique sécurité, et participe à la définition de sa stratégie. Ces deux approches globales, couvrant l'ensemble des éléments du système d'information, concourent à définir une stratégie d'ensemble et à une transparence de la gouvernance du système d'information.

L'urbanisme a pour objectif de rationaliser le parc applicatif d'une entreprise et de maîtriser sa complexité, par une structuration en domaines d'urbanisme / blocs fonctionnels et en alignant la stratégie informatique sur la stratégie de l'entreprise et de ses métiers. La réduction de la diversité applicative et la centralisation des flux, obtenues suite à des actions d'urbanisme, vont également permettre de mieux maîtriser les risques informatiques de l'entreprise et de mettre en place des moyens plus efficaces. Les coûts et la complexité de mise en œuvre de moyens techniques ou humains pour sécuriser un système d'information et garantir la continuité des processus de l'entreprise sont généralement liés au nombre de systèmes informatiques et de leurs échanges concernés.

Dans ses déclinaisons opérationnelles, une des étapes d'une politique de sécurité consiste généralement à établir un tableau précisant pour chaque activité de l'entreprise et selon une typologie de risques possibles, quel est le niveau d'exposition de l'activité. Elle définit ensuite, activité par activité, le niveau de risque acceptable et les moyens à mettre en œuvre pour le garantir. La volonté d'un métier, exprimée lors d'une étude préalable ou d'une étude d'urbanisme, de standardiser, selon les axes d'urbanisme, une de ses activités, est très importante lors de cette évaluation. La sécurité s'assure ensuite, que les processus utilisant ces activités ont un niveau de risque acceptable. Les activités étant les briques principales de l'urbanisme, leur recensement conjoint, à la fois par l'urbanisme et la sécurité, permet de garantir un langage commun au sein de l'entreprise.

Une autre étape de la déclinaison opérationnelle de la sécurité porte sur les informations de l'entreprise, également élément de base de l'urbanisme. Cette étape vise à définir, pour chaque information majeure de l'entreprise ses différents niveaux de :

– disponibilité : chaque activité métier doit, pour pouvoir s'exécuter, être sûre de pouvoir disposer de l'information,

– validité : l'information doit être exacte, complète et cohérente au sein de l'entreprise,

– confidentialité : les règles d'accès à cette information, tant pour sa lecture que pour sa mise à jour doivent avoir été définies, pour les utilisateurs internes et les salariés de l'entreprise, pour les fournisseurs, les partenaires et au-delà.

Le travail sur les informations, les données et les flux, détaillé dans la section 2.3 est indissociable de cette phase de la sécurité. La mise en œuvre de référentiels d'entreprise a pour objectif de garantir la validité des informations par la mise en place d'un lieu unique de mise à jour, et ainsi d'assurer sa cohérence. Cette centralisation permet de mettre en place une gestion unique de confidentialité associée à la donnée et vise également à rendre la donnée disponible, sous une même forme, à tous les systèmes informatiques. La mise en œuvre de référentiels de données participe fortement à cette étape de la sécurité. A l'inverse, il ne peut y avoir de mise en place complète d'un référentiel de données, sans une analyse sécurité.

Pour que la stratégie sécurité du système d'information soit mise en œuvre efficacement, elle doit être diffusée, connue et partagée par tous les acteurs. Elle doit être suivie et appliquée lors de toute action sur les systèmes informatiques, en phase d'étude, d'abord et avant tout, et notamment dans la phase d'architecture dont nous avons parlé précédemment, mais également en phase d'évolution et de maintenance, pour que soit bâti et maintenu un système d'information qui garantisse à l'entreprise et à ses actionnaires le niveau de sécurité décidé.

Nous rejoignons là les règles d'urbanisme. Etablies pour servir de guide pour la construction et la gestion du système d'information, ou parfois pour dire la loi, ces règles d'urbanisme peuvent inclure un volet sécurité. Une publication unique de ces règles, mêlant urbanisme et sécurité, est une opportunité d'homogénéiser les communications de ces deux approches. Urbanisme et sécurité ont également en commun cette nécessité de sensibiliser et de communiquer au sein de l'entreprise.

Tout comme l'urbanisme, la mise en œuvre d'une stratégie sécurité nécessite la mise en place de tableaux de bords de suivi. Le fond de carte du système d'information de l'urbanisme est un des supports possibles. Encore une fois, homogénéiser les outils de communication donne souvent plus de lisibilité et plus de cohérence pour les différents acteurs responsables du système d'information. De très nombreux indicateurs sont, bien entendu, spécifiques à la sécurité. Il peut par exemple être pertinent de montrer sur ce fond de carte, par domaine d'urbanisme ou blocs fonctionnels, à la fois un niveau de risque informatique, un taux de vulnérabilité et le taux d'urbanisation.

La sécurité du système d'information nécessite de nombreuses actions, et l'urbanisme n'est pas le seul moyen de diminuer la vulnérabilité et de garantir l'intégrité du système d'information de l'entreprise. Cependant l'urbanisme contribue fortement à cette exigence. Le rapprochement des tableaux de bord de suivi des actions d'urbanisme avec ceux associés aux actions de sécurité permet de mettre en évidence leurs contributions mutuelles.

4.5. Urbanisme et systèmes existants

Selon certaines estimations, le budget informatique d'une entreprise est à 75 % consacré à la maintenance de son parc applicatif existant. Ce chiffre, même s'il doit être analysé en détail, montre l'importance de l'effort consacré par les directions des systèmes d'information à la gestion courante de leur patrimoine informatique. Ces tâches de maintenance peuvent être classées en deux grandes catégories.

La première est liée à la qualité du logiciel et du service offert. Elle comporte les tâches d'analyse et de correction des défauts constatés par les utilisateurs du logiciel, ainsi que les actions préventives pour limiter ces défauts et accroître la qualité du service offert, incluant les tâches d'assistance à ces utilisateurs.

La seconde catégorie comporte les tâches associées aux évolutions du logiciel. Certaines évolutions nécessitent des investissements importants. Elles répondent à de nouvelles exigences fonctionnelles des métiers et nécessitent des adaptations fortes dans les outils existants. Elles sont alors traitées comme des projets informatiques à part entière. D'autres évolutions peuvent être dites légères et ne nécessiter qu'un faible investissement des équipes informatiques. Il existe actuellement une forte tendance dans les directions des systèmes d'information, pour maîtriser la gestion de ces évolutions et, tout en gardant la réactivité attendue par les utilisateurs, réaliser ces évolutions par lots, afin de limiter l'instabilité et donc la fragilité du système.

Les différentes étapes d'une étude d'urbanisme, telles que nous les avons décrites précédemment, ne peuvent pas être mises en œuvre lors de l'étude préalable à la réalisation de ces évolutions. Le délai est incompatible avec la réactivité nécessaire aux maintenances évolutives. L'urbanisme du système d'information peut, cependant, intervenir sur plusieurs points et apporter des plus-values dans ces tâches de maintenance ou dans leur pilotage. Dans le même temps, toute action d'évolution agit sur le système d'information et doit être prise en compte dans le plan d'urbanisme.

Le logiciel concerné par l'opération de maintenance, remplit un certain nombre de fonctionnalités (calcul de paie, traitement de facture, de sortie de stock, etc.), correspondant à une automatisation partielle ou totale d'activités métier. Ces activités sont rattachées à un ou plusieurs blocs fonctionnels d'un ou plusieurs domaines d'urbanisme. Cette localisation permet de situer, par une représentation topographique le logiciel dans le système d'information de l'entreprise. La commonalité actuelle du logiciel, c'est-à-dire le périmètre des informations qu'il traite, défini selon les axes stratégiques de l'entreprise (produit concerné, marché, organisation, géographie, etc.), vient préciser cette localisation. Toutes les actions d'évolution sont des opportunités de vérifier l'exactitude et mettre à jour l'outil de cartographie qui doit contenir toutes ces informations de localisation. Les acteurs de cette maintenance évolutive y trouveront un intérêt de formalisation qui leur permettra d'apprécier l'écart entre la situation actuelle et la situation après la réalisation des opérations de maintenance. L'ensemble des acteurs du système d'information y trouvera un intérêt dans l'exactitude et la fraîcheur de la cartographie.

Dans le plan d'urbanisme global, des cibles et actions d'urbanisme ont pu être définies pour le périmètre concerné et sont, bien entendu, à prendre en compte. Faire une évolution lourde sur un logiciel, alors que la cible d'urbanisme prévoit son remplacement par un nouveau système doit être attentivement analysé. Pour prendre une image caricaturale, il est difficile d'imaginer de se lancer dans des travaux sur un immeuble frappé d'alignement, sauf si ces travaux répondent, par exemple, à des exigences légales ou de sécurité. Les actions de maintenance doivent donc être analysées vis-à-vis des cibles et des actions d'urbanisme existant sur le périmètre en précisant leur contribution à l'atteinte de ces cibles. De la même manière, le plan d'urbanisme peut préciser les cibles pour des systèmes informatiques en amont ou en aval d'échanges avec le logiciel sur lequel porte l'action d'évolution. Le plan d'urbanisme apporte ainsi un éclairage du contexte et de sa stratégie qui doit être pris en compte dans l'analyse des actions d'évolution pour en assurer leur cohérence et leur pérennité.

Les maintenances évolutives sont, en général, peu propices à des interrogations sur la stratégie métier et la volonté de standardiser, en cible, des activités ou des informations. Le périmètre très ciblé d'une action d'évolution, son caractère d'urgence, le niveau de responsabilité des acteurs impliqués, sont des critères peu adaptés au déroulement des différentes étapes d'un projet d'urbanisme. Un certain nombre de questions reste cependant pertinent. En premier lieu sur le futur périmètre fonctionnel du logiciel. S'agit-il d'une extension de ses fonctionnalités sur d'autres activités métier et lesquelles ? Ces activités sont-elles déjà automatisées par des outils informatiques ? S'agit-il d'une extension du périmètre d'utilisation du logiciel sur un ou plusieurs des axes stratégiques d'urbanisme (déploiement sur un autre pays, à une autre structure de l'entreprise, utilisation pour un autre produit/marché, etc.) ? Les réponses à ces questions devront alimenter le plan d'urbanisme global afin d'être partagées par l'ensemble des acteurs du système d'information de l'entreprise.

Enfin, lors de l'étude de l'opération de maintenance, et notamment dans le volet architecture applicative, puis dans sa réalisation informatique, les règles d'urbanisme seront prises en considération afin de garantir la cohérence et la non redondance de composants du système d'information.

Toutes les actions de maintenance doivent concourir à une plus grande efficacité du système d'information et à la performance de l'entreprise, que ce soit en palliant des dysfonctionnements, en réduisant des coûts, en augmentant l'efficacité d'un processus, ou en ouvrant de nouvelles possibilités. De plus en plus d'entreprises mettent aujourd'hui en œuvre des métriques afin d'analyser les plus-values des actions de maintenance pour établir un tableau de bord de pilotage. L'urbanisme du système d'information partage cet objectif et les concepts et outils que nous avons présentés, contribuent à cette démarche.

L'association entre, d'une part les systèmes informatiques et leurs fonctionnalités et, d'autre part des activités métier précisément identifiées et répertoriées, peut par exemple, permettre d'établir des tableaux de bords de ce type :

	Existant		**Investissement**	**Cible**	
Activité métier	Effectifs réalisant cette activité et nombre d'heures mensuelles consacrées à cette activité Différents éléments de mesure de coût et de gain pour l'entreprise	Nombre d'utilisateurs informatiques Temps cumulé moyen d'utilisation % de couverture de l'activité métier par le système informatique	Métier Informatique …	Effectifs réalisant cette activité et nombre d'heures mensuelles consacrées à cette activité Différents éléments de mesure de coût et de gain pour l'entreprise	Nombre d'utilisateurs cibles Temps cumulé moyen d'utilisation % de couverture de l'activité métier par le système informatique
				Rentabilité métier	Rentabilité Informatique

Mettre ainsi en regard l'activité métier et le logiciel informatique, les coûts et les gains de chacun d'eux permet de montrer la plus-value de l'informatique pour l'entreprise, ce qui est un des grands objectifs de l'urbanisme. Le fond de carte fonctionnel, donnant du système d'information une vision structurée en domaines d'urbanisme et blocs fonctionnels regroupant ces activités métier, est un support permettant la représentation synthétique de ces opérations de maintenance, de leur coût et rentabilité.

Un autre élément pouvant être inclus dans l'analyse de la rentabilité de l'action de maintenance est sa contribution à une stratégie plus globale. Une opération de maintenance de type portage d'un logiciel d'une plate-forme technique vers une autre plate-forme, n'offre pas nécessairement de plus-value métier mais peut présenter pour l'informatique une diminution de risque et une meilleure efficacité de production sur le long terme. Les coûts de cette opération doivent être estimés alors selon les prises d'options qu'ils permettent pour le futur. Vis-à-vis de l'urbanisme, les actions de maintenance doivent également être analysées par rapport à leur contribution à la cible globale du système d'information. Une opération de maintenance évolutive concernant le déploiement dans un nouveau pays d'un système informatique contribue à la standardisation des activités métier qu'il automatise. Si le métier a exprimé sa volonté stratégique de standardiser ces activités pour l'ensemble des pays de l'entreprise, l'opération de maintenance y contribue. L'estimation des coûts et des bénéfices doit être réalisée en prenant en compte cette contribution.

On voit ainsi que l'urbanisme du système d'information n'est pas un outil dédié seulement au seul volet de définition de la stratégie du système d'information, mais qu'au contraire il se décline tout au long de son cycle de vie, de sa conception à sa maintenance. Outil au service d'une politique du système d'information, il permet de suivre cette politique de son expression à sa réalisation.

4.6. Le plan d'urbanisme, description d'une cible globale

Le plan d'urbanisme du système d'information de l'entreprise est un outil au service du pilotage global du système d'information. Destiné à tous les acteurs du système d'information, et plus principalement à ses responsables, ce plan d'urbanisme présente l'ensemble des éléments existants et des cibles définies et inclut les plans d'action nécessaires pour atteindre ces cibles. Il synthétise la stratégie de l'entreprise vis-à-vis de son système d'information

Le plan d'urbanisme doit être matérialisé par un document unique, généralement une publication annuelle, et porte sur un horizon de trois à sept ans. Sa structuration suit la structuration du système d'information définie par l'urbanisme.

Certaines cibles ont pu être définies, notamment à travers des études d'urbanisme, sur tout ou partie des domaines d'urbanisme et des blocs fonctionnels. Les études d'urbanisme visent à définir la cible d'un périmètre bien délimité au sein du système d'information. Les actions d'urbanisme qu'elles préconisent ne concernent que le périmètre étudié. Ces actions peuvent cependant, bien souvent, avoir un impact fort sur l'ensemble du système d'information. Les actions de mise en œuvre d'un référentiel de données par exemple, imposent la prise en compte de ce référentiel par l'ensemble de l'entreprise. De même la standardisation d'une activité d'achat va très certainement entraîner des adaptations dans les activités d'approvisionnement.

A l'inverse d'autres domaines d'urbanisme ou blocs fonctionnels n'ont pas de cible définie. Le plan d'urbanisme doit montrer cette situation. Il appartient aux décideurs du système d'information de juger et de décider de la nécessité d'études de cibles sur les domaines non couverts.

Il est donc nécessaire d'avoir la vision générale de l'ensemble des cibles et des actions d'évolutions à mettre en œuvre, issues ou non d'études d'urbanisme. Les décisions de mise en œuvre d'évolutions peuvent alors se déterminer en fonction des priorités que l'entreprise et l'ensemble de ses métiers souhaitent mettre en avant, en connaissant l'impact de ces évolutions, et dans le cadre d'une stratégie globale, claire, exprimée dans un plan d'urbanisme global.

Plusieurs principes et éléments participent à la constitution du plan d'urbanisme :

– être au service de tous les acteurs du système d'information, métiers et DSI. Son organisation et sa mise en forme doivent être communicantes pour chacun d'eux. La représentation graphique du découpage en domaines d'urbanisme et blocs fonctionnels peut être le fil conducteur du document. L'utilisation du fond de carte fonctionnel devenant ainsi un outil pédagogique ;

– rappeler la stratégie de l'entreprise qui a permis de définir les axes de commonalité et la nécessité éventuelle de leur adaptation lorsque l'entreprise décide, par exemple, la création d'un nouveau produit ou l'achat/revente d'une marque ou le rapprochement avec une autre société ;

– regrouper l'ensemble des enjeux et objectifs des métiers et de l'entreprise. Cette synthèse permet la connaissance mutuelle des éléments influant sur le système d'information. Elle sera un critère à prendre en compte lors de la définition du plan d'action à mettre en œuvre. A un instant donné, l'entreprise pourra ainsi souhaiter mettre en avant un enjeu métier considéré comme plus prioritaire ;

– montrer une vision globale du système d'information existant afin de partager cette vision et objectiver les enjeux associés ;

– regrouper et synthétiser l'ensemble des cibles métier qui auront été définies dans le cadre des études d'urbanisme et également durant le cadre d'études spécifiques, avant-projet, schéma directeur, de manière à pouvoir mettre en comparaison chacune d'entre elles et s'assurer de leur cohérence réciproque. Ces cibles montrent les stratégies que les différents métiers souhaitent mettre en œuvre pour atteindre leurs objectifs. Ces stratégies s'expriment par une volonté de standardiser des activités métier selon les axes de commonalité d'urbanisme ;

– regrouper l'ensemble des actions d'évolutions informatiques, en connaître le détail et notamment les enjeux métier ou DSI auxquels répondent ces actions. Cette connaissance permet à la fois, une priorisation des enjeux et l'analyse des impacts de chaque action.

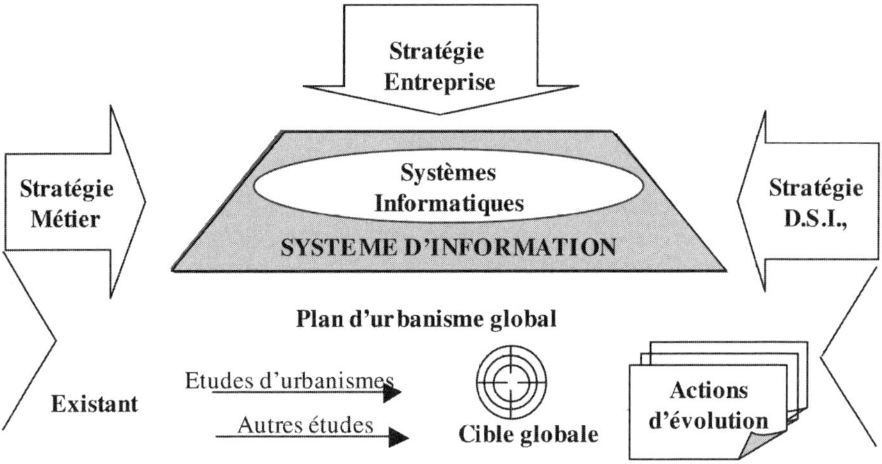

Figure 4.3. *Le plan d'urbanisme, vision globale de l'existant, de la cible et des actions d'évolutions*

En fonction des contraintes, qu'elles soient budgétaires, organisationnelles, ou de ressources, les acteurs responsables du système d'information de l'entreprise pourront, sur la base de ce document décider, en coordination, des transformations nécessaires.

A l'heure actuelle, bien souvent dans les entreprises, ces transformations sont décidées de manière bilatérale entre la DSI et un secteur de l'entreprise qui peut être une direction métier ou une *business unit.* C'est toujours, dans ce cas, un exercice difficile pour la DSI, tant tactiquement puisqu'il s'agit de ne pas mécontenter ses partenaires, que politiquement car la justification des choix est souvent délicate. Le plan d'urbanisme vise à rassembler l'ensemble des acteurs responsables du système d'information, à objectiver les orientations, et à offrir la transparence nécessaire à l'ensemble de l'entreprise. Il permet de montrer une vision globale long terme sur le système d'information et de placer les actions d'évolution en cohérence avec cette vision d'ensemble.

Chapitre 5

Missions et mise en place d'une direction de l'urbanisme

L'urbanisme est un voyage et non une destination.

Mettre en place une démarche d'urbanisation est un processus qui s'ancre dans la durée. Ce n'est pas quelque chose qui se décrète, quelque chose d'acquis mais une démarche à construire de toutes pièces. Cette démarche peut avoir deux origines :

– ce peut être une décision de la direction générale, car celle-ci est consciente des enjeux que représente le système d'information pour l'entreprise et souhaite piloter à son niveau ses grandes évolutions. Bien que cette décision vienne du plus haut niveau de l'entreprise, un travail de conviction va néanmoins être nécessaire pour mettre en place de façon opérationnelle au sein de toutes les directions métier de l'entreprise la démarche souhaitée ;

– elle peut être issue de la direction des systèmes d'information et dans ce cas le travail de conviction va devoir encore être plus important, les autres directions métier de l'entreprise attendant en général plus de la direction des systèmes d'information qu'elle traite les problèmes de qualité de service et d'excellence opérationnelle plutôt que les aspects d'urbanisation et d'organisation de leurs applications.

Nous nous attacherons à décrire plus particulièrement dans la suite du texte le cas où la démarche est initialisée par la direction des systèmes d'information.

Cependant, dans tous les cas cela va demander de mettre en place une structure chargée de construire, déployer et maintenir dans le temps cette démarche d'urbanisation.

5.1. Les missions de la direction de l'urbanisme

Qu'elle s'appelle cellule d'urbanisme, direction de l'urbanisme, direction de l'urbanisme et de l'architecture fonctionnelle, etc., cette appellation indique clairement le rôle stratégique qui lui est confié, car chacun connaît en général le rôle structurant et fondamental du service d'urbanisme d'une ville, tout en laissant plutôt perplexe celui qui entend pour la première fois cette appellation appliquée au système d'information. Il a déjà été dit précédemment que certains interlocuteurs allaient même jusqu'à sourire en entendant parler d'urbanisme car ils ne voient pas au premier abord en quoi le système d'information a à voir avec cette notion.

En fait, jusqu'à une date relativement proche, on parlait uniquement d'architecture et non d'urbanisme et très souvent les secteurs d'architecture étaient disséminés dans l'entreprise, chaque direction métier ayant souvent en vis-à-vis – voire intégré – un secteur informatique comprenant une équipe d'architecture. On peut dire qu'à cette époque on faisait de l'urbanisme par partie, avec de gros problèmes aux interfaces et des évolutions sans vision transversale à l'entreprise.

Certaines entreprises pouvaient avoir regroupé tout ou partie de ses secteurs d'architecture en un service central, bien souvent chargé entre autres de maintenir l'inventaire du parc applicatif, mais on ne parlait pas encore à cette époque d'urbanisme.

On peut dire que cette notion d'urbanisme des systèmes d'information a émergé en France à la fin des années 1990 et aujourd'hui on trouve dans beaucoup d'entreprises une entité responsable de cette activité.

Les missions de cette entité sont bien sûr variables d'une entreprise à l'autre. Certaines entreprises vont insister sur les aspects de cartographie, d'autres sur les aspects référentiels de données, d'autres encore sur le positionnement des nouveaux projets par rapport au cadre général du système d'information de l'entreprise.

Les missions d'une telle entité peuvent être classées de la façon suivante:

– missions stratégiques ou globales :

- définir les principes directeurs et les règles d'urbanisme,
- décliner en cibles d'urbanisme les grandes orientations stratégiques du système d'information permettant son alignement avec les évolutions des besoins métier et de l'entreprise,
- proposer des scenarii pour mettre en œuvre ces cibles,
- consolider ces cibles dans le plan d'urbanisme,

- faire de ces cibles un véritable outil donnant une vision globale des changements à accomplir pour le système d'information et permettant de prendre les décisions de lancer des plans d'évolution,

- définir et tenir à jour les référentiels de l'entreprise : données, entrepôt d'entreprise, normes, et être le garant de leur bonne utilisation.

– missions opérationnelles :

- participer activement au volet système d'information des schémas directeurs métier afin que les évolutions qu'ils prévoient soient conformes aux principes et règles d'urbanisme,

- participer aux avant-projets, en particulier en construisant des cibles d'architecture, de façon à ce que les futures applications aient un périmètre fonctionnel cohérent avec le reste du système d'information, contribuent à la mise en œuvre de la cible urbanisée, respectent la cohérence des données de l'entreprise et participent à la logique d'interopérabilité du système d'information,

- fournir le support d'architecture fonctionnelle aux projets dans leur phase de réalisation et participer aux instances décisionnelles des grands projets,

- valider le positionnement fonctionnel des progiciels,

- intégrer dans la définition de la stratégie applicative les dimensions d'alliances et de partenariats avec d'autres entreprises.

– missions de support :

- piloter la cohérence et la mise à jour de la cartographie des systèmes d'information et en faire un outil d'aide à la décision d'évolution du système d'information et de simplification du parc applicatif,

- développer le *benchmarking* sur les fonctions d'urbanisme et d'architecture pour accélérer la conception et la mise en oeuvre des principes et règles d'organisation fonctionnelle.

L'urbanisme du système d'information est une activité transversale à l'entreprise qui couvre le système d'information dans toutes ses dimensions : international, maison mère et filiales, toutes les lignes de produits, toutes les marques, tous les métiers de l'entreprise. Cette transversalité sera d'autant mieux assurée si l'ensemble des personnes chargées de cette activité est regroupé dans une seule entité positionnée transversalement dans l'organisation de l'entreprise – rattachée alors directement à la direction générale – ou dans l'organisation de la direction des systèmes d'information – rattachée dans ce cas directement au directeur des systèmes d'information.

Cependant, créer une entité chargée de l'urbanisation du système d'information est une chose. La rendre opérationnelle en est une autre. Même si les missions sont définies, validées, communiquées largement, il reste à donner corps au contenu, à donner une place à cette entité dans les processus de travail. Il lui faut acquérir du crédit par la valeur ajoutée qu'elle apporte au système d'information et aux acteurs chargés de le faire évoluer et de le piloter.

5.2. La place de la direction de l'urbanisme dans l'organisation

Les entreprises qui ont mis en place une direction de l'urbanisme ont fait le choix entre deux types de schéma :

– la direction de l'urbanisme est rattachée à la direction générale et fait partie d'une entité appelée maîtrise d'ouvrage. C'est en général le cas des entreprises dans lesquelles la démarche d'urbanisation vient d'une décision de la direction générale. La direction de l'urbanisme, comme la maîtrise d'ouvrage, est une entité unique qui couvre l'ensemble des sujets et est transversale à tous les métiers de l'entreprise ;

– la direction de l'urbanisme est rattachée au directeur des systèmes d'information. C'est le scénario courant quand l'initiative vient de la direction des systèmes d'information. Dans ce cas, c'est une entité en tant que telle qui est de la même façon que précédemment transversale à tout le système d'information. On pourra néanmoins trouver dans ce schéma deux types de configuration :

- la direction des systèmes d'information est composée d'une seule direction au sein de l'entreprise. Dans ce cas l'entité d'urbanisme est unique et centrale ;
- la direction des systèmes d'information est composée d'une direction centrale groupe et de plusieurs directions décentralisées (par métier, par filiale, etc.). Dans ce cas l'entité d'urbanisme sera rattachée à la direction groupe avec des relais dans chaque direction décentralisée lui rapportant fonctionnellement, de façon à avoir une seule politique et des pratiques identiques.

Quel que soit le type de schéma, la direction de l'urbanisme a un rôle charnière entre les directions métier et les entités de la direction des systèmes d'information au contact de ces directions métier, en particulier pour assurer la cohérence entre toutes les études et projets d'évolution. Sa principale valeur ajoutée est de donner la visibilité sur le système d'information existant, d'apporter la bonne connaissance qu'elle en a, de fournir un accompagnement méthodologique structuré prenant en compte des axes d'analyse identiques pour tous ainsi qu'un même référentiel fonctionnel, de construire des cibles d'urbanisme cohérentes répondant aux besoins des métiers et de consolider tous les résultats dans un plan d'urbanisme unique. De plus la position transversale de cette direction lui donne la légitimité pour faire prendre en compte les intérêts et les contraintes des entités connexes, qui seraient laissés de côté si ce regard transversal n'existait pas. Tout ceci explique pourquoi la mission de cette direction doit couvrir l'ensemble du système d'information dans toutes ses dimensions : toutes les branches de l'organisation (maison mère, filiales, etc.), tous les produits, toutes les marques, tous les sites et en particulier ceux à l'international.

5.3. Les membres de la direction de l'urbanisme

La direction de l'urbanisme est articulée autour de quatre types de rôle que nous allons décrire dans la suite de façon unitaire, sans présumer du nombre de personnes devant jouer ces rôles. Par la suite nous ferons une tentative pour estimer le nombre de personnes nécessaires pour chacun de ces rôles afin d'obtenir une direction de l'urbanisme opérationnelle.

5.3.1. L'urbaniste-architecte de domaine d'urbanisme

L'acteur qui constitue la plus grande partie de la direction de l'urbanisme est l'urbaniste-architecte des systèmes d'information. Même si certaines descriptions de fonction commencent à faire leur apparition dans le domaine public[19], on ne peut pas dire qu'une réelle filière de formation existe aujourd'hui dans les écoles d'ingénieurs françaises même avec une spécialité en informatique.

Ce métier est donc encore aujourd'hui principalement une création interne à l'entreprise basée sur un certain nombre de compétences et d'aptitudes énumérées ci-dessous :

– savoir-faire technologiques :
  - capacité à mettre en œuvre la méthodologie d'urbanisation et d'architecture fonctionnelle au niveau global de l'entreprise ou multi domaines,
  - capacité à mettre en œuvre la méthodologie d'urbanisation du système d'information au niveau domaine (bloc fonctionnel/référentiel, d'entreprise/schéma, directeur système d'information),
  - capacité à définir l'architecture fonctionnelle d'un projet applicatif (existant, règles d'architecture, cibles et scénarii d'évolution),
  - maîtrise des techniques et outils de modélisation,

– savoir-faire généraux :
  - connaissance de l'entreprise (processus, environnement, organisation et stratégie),
  - connaissance du parc applicatif de l'entreprise,
  - culture économique
  - culture qualité,
  - bon niveau d'anglais,

– principales aptitudes :
  - capacité de réflexion (capacité d'analyse, de synthèse, d'organisation),
  - facultés de communication, d'écoute, d'expression et de dialogue, d'animation et de pédagogie; capacité à entretenir un réseau relationnel,
  - capacité de négociation et de conviction,
  - capacité de *management* et d'animation transversale,
  - aptitude à résister aux pressions extérieures,
  - capacité de créativité et de force de proposition.

---

19 Exemple du CIGREF : www.cigref.fr

On ne dissociera pas pour cette personne les mots urbaniste et architecte. Elle a en effet une fonction d'urbaniste dans la promotion des règles d'urbanisme, le lancement d'études d'urbanisme dans son périmètre d'intervention, la construction de cibles d'urbanisme pour son domaine et des scenarii de mise en œuvre de ces cibles, le positionnement des nouveaux projets par rapport aux différents domaines d'urbanisme, c'est-à-dire un volet stratégie système d'information à un niveau macro. Elle a de plus à intervenir sur des études plus détaillées telles la définition de cibles d'architecture, la réalisation de cartes applicatives, la description de données et de l'échange de données interapplications liées à des projets, activité que nous qualifierons d'architecture du système d'information.

En fait, suivant le positionnement de la direction de l'urbanisme dans l'organisation, l'urbaniste-architecte aura une implication plus importante dans les volets cibles stratégiques système d'information et alignement *business* s'il appartient à la maîtrise d'ouvrage ou une implication plus importante vis-à-vis des projets s'il appartient à la direction de l'informatique, même si dans tous les cas il a une mission stratégique de production de cibles d'urbanisme et d'architecture.

Dans tous les cas, en fonction de la taille des différents domaines d'urbanisme, l'urbaniste-architecte sera responsable d'un ou plusieurs de ces domaines.

L'urbaniste-architecte sera très souvent une personne ayant déjà une bonne expérience dans le système d'information – expérience précédente de chef de projet, d'organisateur de système d'information, de responsable du système d'information d'un domaine – avec une bonne connaissance des métiers de l'entreprise. En effet, il est important pour l'urbaniste-architecte de connaître le vocabulaire et la problématique des métiers de l'entreprise, de façon à ce qu'il puisse s'intégrer plus facilement dans le domaine d'urbanisme dont il aura la charge et être rapidement un interlocuteur crédible.

Il sera également doté d'une grande capacité d'animation, de négociation et de conviction, l'urbaniste de système d'information ayant très souvent à promouvoir le décloisonnement entre projets ou équipes. Il ne sera en effet pas rare de voir partir deux projets en parallèle sur des périmètres connexes voire avec recouvrement, chacune des équipes projet ignorant en toute bonne foi l'existence de l'autre. Ce sera alors à l'urbaniste-architecte de réconcilier les projets et viser à ne faire qu'un seul projet englobant les attentes des deux secteurs.

Il aura aussi comme principale mission de promouvoir les règles d'urbanisme et d'architecture, de proposer de lancer des études d'urbanisme, de réaliser ces études en collaboration avec des représentants des directions métier et des entités de la direction des systèmes d'information concernées, et de définir des cibles d'urbanisme. L'urbaniste-architecte aura essentiellement un rôle de faiseur en ce sens qu'il aura à éclairer la route sur son domaine d'urbanisme au travers de ses études, projections, cibles, cartes et schémas. Tous ses travaux viendront d'ailleurs enrichir le contenu du référentiel cartographique de l'entreprise que nous évoquerons ultérieurement.

Il aura également un rôle nécessaire de contrôleur et de prescripteur de façon à s'assurer que les projets qui sont lancés respectent bien les principes fondamentaux d'urbanisme et d'architecture, tels que les règles d'urbanisme, l'interopérabilité, la non-redondance fonctionnelle, l'utilisation des données référentielles, etc.

Ce dernier rôle amènera dans certaines occasions l'urbaniste-architecte à donner un avis défavorable au lancement d'un projet – acte jugé dans la plupart des cas scandaleux par certains maîtres d'œuvre – quand celui-ci n'a pas pris en compte l'un des fondamentaux énumérés ci-dessus. On verra ultérieurement que l'urbaniste-architecte ne délivre ce genre d'avis que lorsqu'il juge que le projet s'engage dans une voie en impasse ou en contradiction irrémédiable et irréversible avec les règles d'usage et les cibles définies.

En revanche il pourra donner un avis favorable quand il s'agit d'une étape intermédiaire incontournable à cause d'une urgence du métier ou d'une opportunité, pour peu qu'elle soit ensuite suivie d'une deuxième étape, dans le cadre d'un plan d'action réellement construit et sérieux, où là on retrouvera la conformité aux diverses règles et cibles. Mais attention néanmoins à ne pas se laisser bercer par certains engagements sans fondement pris par les projets, qui rappelons-le n'engagent bien souvent que celui qui les écoute.

Il est évident que l'objectif de l'urbaniste-architecte est que tout projet soit construit de la bonne façon du premier coup et ce n'est pas de gaieté de cœur qu'il délivre un avis défavorable. Parfois cela déclenche des réactions passionnelles et des pressions excessives vis-à-vis de l'urbaniste-architecte, réactions que celui-ci devra savoir surmonter sans émotion ni sans changer d'avis dans la mesure où ses remarques sont fondées. D'où l'importance pour tout urbaniste-architecte de savoir résister aux pressions extérieures et de savoir dialoguer. Cela milite à confier ce type de poste plutôt à des personnes d'expérience qu'à des débutants dans la vie active.

Il peut cependant arriver que certaines personnes souhaitent démarrer dans ce métier comme première expérience professionnelle. Si la question de la connaissance de l'entreprise et de la capacité à être un interlocuteur crédible peut, pour un bon candidat, s'acquérir en quelques mois, les plus grandes difficultés seront d'une part le manque de connaissance de l'entreprise et de son parc applicatif entraînant un certain malaise à pouvoir conseiller et orienter ses interlocuteurs et d'autre part sa capacité à oser dire non quand cela s'avérera nécessaire. Mais tout cela s'apprend, l'objectif principal devant être de travailler le plus possible en amont et d'être suffisamment acteur dans son domaine pour ne pas découvrir les projets une fois qu'ils sont lancés.

Il faudra dans tous les cas être capable d'une grande humilité – peut-être finalement la principale aptitude à avoir pour un urbaniste-architecte – car l'urbanisme se construit dans la durée, pas à pas, grâce à l'énergie et à la conviction que l'urbaniste-architecte déploiera sur le terrain.

5.3.2. Le responsable de la cartographie

Une démarche d'urbanisme devra absolument s'appuyer sur un outil de cartographie. En effet, on a longuement expliqué dans les chapitres précédents l'importance de capitaliser les processus, les applications avec leurs liens, les données ainsi que les liens entre ces trois familles d'objets. Cette capitalisation, indispensable pour connaître et visualiser le patrimoine du système d'information de l'entreprise, pouvoir construire des cibles et disposer d'un outil d'aide à la décision doit être supportée par un outil de cartographie unique pour toute l'entreprise, regroupant l'ensemble des informations et administré en central.

Cet outil que nous appelons le référentiel cartographique de l'entreprise sera géré par le responsable de la cartographie.

Les missions du responsable de la cartographie seront les suivantes :

– définir les standards et les règles de représentation et de capitalisation de l'information,

– définir les règles de création, modification et suppression d'informations,

– être le garant de la cohérence et de la complétude de l'information dans le référentiel cartographique,

– assurer l'animation pour que le référentiel cartographique vive et s'enrichisse en permanence dans la durée.

Le responsable de la cartographie ne sera pas seul pour définir les règles et standards. Il disposera d'une *task force* cartographie, dont il sera l'animateur, équipe composée d'urbanistes-architectes, du responsable des données et du responsable du plan d'urbanisme. Il utilisera principalement cette *task force* du démarrage de la réflexion sur le référentiel cartographique jusqu'à sa mise en opérationnel. Cette *task force* aura cependant intérêt à être maintenue au-delà de la mise en opérationnel du référentiel cartographique, mais réunie à un rythme moins soutenu qu'en phase de construction, afin de travailler sur les évolutions ultérieures du référentiel – comme par exemple l'introduction d'un nouvel objet dans le référentiel cartographique – et sur la reconception de certaines procédures d'utilisation qui à l'usage se sont avérées trop lourdes – par exemple la mise à jour de certaines informations ou la représentation d'un certain type d'information.

Cette *task force* aura donc comme rôle de définir les règles de représentation et d'utilisation de l'information dans le référentiel cartographique. Elle définira la façon de nommer les objets du référentiel (règles pour nommer les applications, les données, les messages entre applications etc.), de dessiner les différentes cartes (processus, données, applicatives, etc.), de décrire les objets (applications, messages), d'organiser les informations pour pouvoir représenter l'existant et la cible. Elle aura également à écrire toutes les procédures de documentation du référentiel en création et en mise à jour. Elle devra par exemple définir les droits d'accès aux différentes informations, préciser les procédures de validation des informations, etc.

Ces règles et procédures de représentation et d'utilisation seront évidemment formalisées et validées avec une contribution des métiers et des autres entités de la direction des systèmes d'information, de façon à ce que le référentiel cartographique soit en final l'outil d'entreprise pour la capitalisation des informations concernant le système d'information et non l'outil exclusif de la direction de l'urbanisme utilisé par elle seule. Il est donc important que les spécifications du référentiel cartographique répondent au besoin des futurs utilisateurs qui seront dans un premier temps des consommateurs de l'information qu'il détiendra avant qu'ils deviennent ultérieurement des producteurs d'information quand il leur sera demandé, par exemple au cours des nouveaux projets, de compléter les informations et cartes existantes ou d'en créer de nouvelles.

Il restera à la charge du responsable de la cartographie de définir un plan de remplissage initial et de mise à jour du référentiel cartographique par les urbanistes-architectes, de piloter le déploiement de ce référentiel, de s'assurer en permanence que l'ensemble des informations accessibles est pertinent, de qualité et cohérent et de mettre en place l'animation nécessaire pour que le référentiel cartographique soit un outil qui vive dans le temps.

De plus, le responsable de la cartographie aura également un rôle de formateur vis-à-vis de toutes les personnes devant créer ou mettre à jour de l'information dans le référentiel cartographique. Afin d'obtenir que le référentiel cartographique soit rempli de façon cohérente et que la représentation des informations respecte les règles citées précédemment, le responsable de la cartographie aura intérêt à constituer un module de formation qu'il utilisera ensuite en animant des séances de prise en main du référentiel cartographique.

En fait qu'il s'agisse de la définition des règles et procédures, du plan de remplissage ou de toute évolution du contenu ou d'une procédure d'utilisation du référentiel cartographique, il s'agira de propositions élaborées par la *task force* cartographie qui seront présentées ensuite pour validation ou arbitrage au comité de direction de l'entité en charge de l'urbanisme. C'est ce comité qui sera l'instance finale de décision et qui validera également les principaux jalons du processus de mise en application.

Après mise en opérationnel, l'outil de cartographie sera en général accessible par deux canaux différents :

– une base de données unique, partagée entre toutes les personnes chargées de la création et de la mise à jour des informations, ce qui constituera en général une population relativement limitée. Chaque personne aura reçu du responsable de la cartographie les habilitations nécessaires à son périmètre de responsabilité et aura également été formée aux règles de bonne documentation et de bonne utilisation du référentiel cartographique,

– un intranet de consultation grand public, c'est-à-dire ouvert uniquement en lecture à l'ensemble de l'entreprise et permettant d'accéder à toutes les informations concernant à la fois l'existant et les cibles.

Le responsable de la cartographie a un rôle central dans le dispositif d'urbanisme car l'outil de cartographie contribue à rendre visibles tous les travaux d'urbanisme et d'architecture réalisés dans l'entreprise. Cette personne devra être dotée de multiples aptitudes depuis une forte capacité d'animation – pour définir les règles en faisant converger des points de vue parfois radicalement opposés et pour pousser le remplissage initial du référentiel cartographique par les urbanistes-architectes plus portés à travailler sur des cibles que de documenter l'existant – jusqu'à une bonne capacité de communication et de transparence car les règles devront être claires, connues et appliquées. Une plaquette énonçant les principales règles de fonctionnement et d'utilisation sera un outil indispensable à une bonne campagne de communication sur le référentiel cartographique.

Ce rôle ne sera pas facile à tenir car le responsable de la cartographie devra être à la fois prescripteur de règles d'utilisation et de formalisation de l'information, contrôleur de leur application, arbitre entre les différentes productions des urbanistes-architectes qui parfois seront contradictoires ou en recouvrement. Il devra être un bon animateur, un bon négociateur pour trouver toujours la position optimale entre les différents points de vue et un excellent communicateur. En effet, il ne pourra pas se permettre par exemple de décréter une règle sans l'avoir au minimum validée avec un certain nombre de personnes concernées. Cela lui demandera donc d'informer, d'anticiper, d'aller au-devant des autres, d'entretenir son réseau.

Le responsable de la cartographie devra également être pédagogue puisqu'il aura à former les utilisateurs du référentiel cartographique Il aura enfin à être réactif, dynamique et organisé car il aura en charge un outil stratégique dont les caractéristiques devront être la qualité, la justesse et la fraîcheur des informations qu'il contiendra.

5.3.3. Le responsable des données

Les informations du système d'information se matérialisent par les données manipulées tout au long des processus métier au travers des applications qui les automatisent. Ces données peuvent être classées en deux catégories :

– les données référentielles qui sont des données transversales à plusieurs domaines d'urbanisme – souvent l'ensemble des domaines – et qui composeront les référentiels de données de l'entreprise,

– les autres données qui par nature seront utilisées plus localement.

Les données référentielles devront être labellisées, c'est-à-dire caractérisées d'un point de vue sémantique avec la définition que l'on donne à la donnée et d'un point de vue syntaxique c'est-à-dire avec la description des attributs et des règles d'utilisation associées. Vu leur côté stratégique, ces données devront faire l'objet d'une surveillance particulière qui consistera à vérifier qu'elles sont effectivement utilisées systématiquement dans le bon format, conformément aux règles d'urbanisme.

Le travail d'identification des données référentielles et le contrôle du bon usage de ces données sont les missions du responsable des données. Le travail de labellisation de ces données pourra être réalisé soit sous l'animation et à l'initiative du responsable des données, soit par toute autre personne de la direction des systèmes d'information ou des métiers volontaires pour cette labellisation, personne avec laquelle le responsable des données devra travailler en étroite relation. Dans tous les cas cette labellisation se fera bien évidemment avec les personnes du métier concerné par ces données.

Afin que toutes les règles sur les données soient prises en compte dans le référentiel cartographique, le responsable des données sera membre de la *task force* cartographie. Il apportera ainsi ses exigences de représentation et d'appellation des données et celles concernant les liens de ces données avec les autres objets du référentiel cartographique.

Le responsable des données aura devant lui un vaste champ d'intervention qu'il devra appréhender avec méthode. Il sera quelqu'un à la fois de rigoureux et de méthodique mais également dynamique et entreprenant de façon à bousculer les habitudes et proposer des avancées sur un sujet ô combien stratégique pour la cohérence du système d'information mais qui ne rencontre pas toujours une grande motivation de la part des projets et des métiers pour aller vers une plus grande standardisation des données. L'important pour ce responsable sera de déclencher des victoires rapides, par exemple en commençant par des zones très limitées et faciles à standardiser et en montrant les bénéfices obtenus, de façon à entraîner une réaction boule de neige et aller pas à pas vers la mise en œuvre d'une réelle politique de données.

Le responsable des données devra également posséder le sens de l'animation, de la conviction et de la négociation car la définition d'un référentiel de données lui demandera de gérer des points de vue et intérêts différents voire contradictoires et divergents entre les protagonistes métier concernés par ce référentiel.

5.3.4. Le responsable de la démarche et du plan d'urbanisme

Il est tout d'abord responsable de la définition des fondamentaux de la démarche d'urbanisme c'est-à-dire la structuration des domaines d'urbanisme et des blocs fonctionnels, la définition des règles d'urbanisme et la construction de la démarche pour mener à bien une étude d'urbanisme. Mais il a également dans ses missions l'accompagnement méthodologique des différentes études d'urbanisme et la consolidation de leurs résultats dans un document unique qui est le plan d'urbanisme. Pour simplifier dans la suite de l'ouvrage, nous utiliserons, pour désigner cette personne, l'appellation responsable du plan d'urbanisme, de façon à rester centré sur le livrable fondamental dont elle a la charge, document reprenant l'ensemble des cibles définies, des plans d'action, etc., étant entendu que cette appellation couvre bien tous les rôles décrits précédemment.

Chaque urbaniste-architecte étant responsable d'un domaine d'urbanisme, le responsable du plan d'urbanisme sera le fédérateur des différents travaux d'urbanisme de façon à en donner une vision globale et cohérente et faire du plan d'urbanisme un document de référence, état de l'art à un instant donné de la vision stratégique que l'entreprise a de son système d'information cible.

Le responsable du plan d'urbanisme est donc le garant de la cohérence de l'ensemble de la démarche d'urbanisme et des travaux qui sont menés dans ce cadre. Au démarrage de la démarche, c'est lui qui définit les règles d'urbanisme, basée sur l'expérience des uns et des autres. Il définit également les axes de commonalité suivant lesquels va s'exprimer la démarche d'urbanisme. Il s'assure que ces axes permettront bien de traduire la stratégie métier en orientations pour le système d'information. Il a également à piloter la définition de ce qu'est une étude d'urbanisme : méthode, processus d'étude, durée, livrables, etc. C'est aussi lui qui sera le garant de toute évolution de la démarche souhaitée par l'un ou l'autre des acteurs concernés. Il aura enfin à mettre en place le dispositif qui permettra à la démarche de vivre et de s'enrichir dans le temps.

Le responsable du plan d'urbanisme est un membre majeur de la *task force* cartographie car il doit s'assurer que l'ensemble des concepts et règles d'urbanisme est bien intégré dans le référentiel cartographique. Ainsi par exemple si une règle d'urbanisme définit le découpage du système d'information en quartiers ou domaines d'urbanisme, ce découpage devra être la structure de base du référentiel cartographique. De la même façon si on a défini une liste d'activités métier dans le cadre de la démarche d'urbanisme, cette liste devra être l'unique support de la formalisation des processus dans le référentiel cartographique. Ce sera aussi le cas des axes de commonalité qui devront être également pris en compte dans la structuration du référentiel cartographique.

Bien entendu pour mener à bien sa mission, tout comme le responsable de la cartographie, le responsable du plan d'urbanisme n'agira pas seul. Il s'appuiera sur une *task force* urbanisme dont il sera l'animateur, équipe composée d'urbanistes-architectes et du responsable du référentiel cartographique. Il utilisera principalement cette *task force* du démarrage de la réflexion sur la démarche d'urbanisme jusqu'à son déploiement et c'est avec elle qu'il définira l'ensemble des composantes de la démarche.

Cette *task force* devra être maintenue au-delà du déploiement opérationnel de la démarche de façon à gérer tous les ajustements nécessaires à la démarche elle-même mais également toutes les évolutions et adaptations nécessaires pour prendre en compte les résultats des différentes études d'urbanisme (par exemple modification des intitulés de certains blocs fonctionnels suite à une étude d'urbanisme sur un certain domaine d'urbanisme). Mais c'est lui seul qui sera responsable que la démarche évolue de façon cohérente et partagée, parfois au prix de choix et de renoncements difficiles, car les points de vue des différents acteurs concernés ne seront pas toujours convergents.

Dans tous les cas, qu'il s'agisse de la définition des grands principes et fondamentaux de la démarche d'urbanisme, de ses règles et procédures d'application, du contenu des livrables, du processus de réalisation d'une étude d'urbanisme, des évolutions futures qu'on voudra apporter à une partie de la démarche ou de ses livrables, etc., il s'agira de propositions élaborées par la *task force* urbanisme qui seront présentées pour validation ou arbitrage au comité de direction de l'entité en charge de l'urbanisme.

Dans la mesure où il s'agit du même comité qui valide ou arbitre les différents points relatifs au référentiel cartographique, ce comité aura dans sa mission de s'assurer en permanence de la cohérence entre les deux volets de l'urbanisme que sont la démarche d'urbanisme et le référentiel cartographique. Cependant, on verra dans la suite de l'ouvrage que quelques-unes des décisions prises par ce comité et qui peuvent impacter d'autres secteurs de la direction des systèmes d'information, seront en fait présentées, pour validation finale, au comité d'urbanisme de la direction des systèmes d'information.

Le responsable du plan d'urbanisme aura un profil analogue à celui de l'urbaniste-architecte. Il devra posséder en particulier le sens de l'animation et de la rigueur. La première aptitude lui sera nécessaire pour animer les travaux de création de la démarche, de sa mise au point et de sa mise à jour et également pour piloter des études d'urbanisme ou contribuer au pilotage de groupes de travail des études d'urbanisme auxquels il participera. La rigueur sera très importante car il aura à veiller en permanence au respect des fondamentaux de la démarche par chacun des acteurs.

Le responsable du plan d'urbanisme aura également un rôle de formateur vis-à-vis de ses collègues urbanistes-architectes et de toutes les personnes participant à un chantier d'urbanisme. Sa mission sera de capitaliser la démarche et les bonnes pratiques dans un recueil qui servira en particulier de livret d'accueil dans la direction de l'urbanisme pour tout nouvel urbaniste-architecte. Ce document fera aussi partie de la panoplie à utiliser lors d'une formation indispensable avant le lancement de tout chantier d'urbanisme, formation que le responsable du plan d'urbanisme aura à créer et à animer. Il devra donc être, en plus de tout ce qui a été décrit précédemment, pédagogue, avoir un bon esprit de synthèse et une grande capacité d'animation.

5.3.5. Synthèse des rôles et des interactions entre les acteurs

Le tableau suivant résume les rôles principaux joués par les acteurs décrits précédemment:

Missions / Rôles	Stratégiques /globales	Opérationnelles	Support
Urbaniste-architecte	+++	+++	+++
Responsable cartographie		+	+++
Responsable données	+++	+++	+
responsable plan d'urbanisme	+++	++	+

Cependant il faut compléter la description de la place de chacun qui a été faite précédemment par la matrice des interactions que l'on trouve dans les pages suivantes.

Rôles vis-à-vis de	l'urbaniste-architecte	responsable de la cartographie
l'urbaniste-architecte		– fournit les règles d'alimentation et de description des informations (données, applications, processus, etc.) dans le référentiel cartographique – assure l'intégration cohérente des productions des urbanistes-architectes dans le référentiel cartographique
responsable de la cartographie	– fournit pour intégration dans le référentiel cartographique toutes les cartes applicatives, de processus et de données réalisées dans ses différentes études – respecte les règles de modélisation des informations du référentiel cartographique – peut être membre de la *task force* cartographie	missions propres du responsable de la cartographie : – définit les règles d'alimentation et de description des informations (données, applications, processus, etc.) dans le référentiel cartographique – anime la *task force* cartographie – pilote le remplissage du référentiel cartographique et s'assure de la qualité et de la cohérence de son contenu – fait évoluer dans la durée le référentiel cartographique
responsable des données	– identifie les données référentielles dans son périmètre d'intervention – met en œuvre les règles définies pour modéliser les données de ses études	– prend en compte les règles de représentation des données et des données référentielles pour les intégrer dans le référentiel cartographique – met à disposition l'accès aux données et aux référentiels de données
responsable du plan d'urbanisme	– prend en compte l'urbanisme dans ses différentes actions et dans ses études d'urbanisme – utilise le découpage en domaines d'urbanisme pour positionner les résultats de ses études – peut être membre de la *task force* urbanisme	– structure l'information dans le référentiel cartographique en tenant compte des principes d'urbanisme (domaines d'urbanisme, activités métier, etc.) – est membre de la *task force* urbanisme

Rôles vis-à-vis de	responsable des données	responsable du plan d'urbanisme
l'urbaniste-architecte	– fournit le mode de représentation des données et des données référentielles – assure le support pour la sélection des données référentielles – assure le support pour la modélisation des données	– fournit les règles et les axes d'urbanisme à prendre en compte dans les études d'urbanisme – accompagne les urbanistes-architectes dans la réalisation de leurs études – collecte les résultats de ces études pour réaliser le plan d'urbanisme
responsable de la cartographie	– fournit le mode de représentation des données et des données référentielles à prendre en compte dans le référentiel cartographique – fournit la liste des référentiels de données à intégrer dans le référentiel cartographique – est membre de la *task force* cartographie	– fournit la liste des domaines d'urbanisme, les axes d'urbanisme et les activités métier à prendre en compte dans le référentiel cartographique – est membre de la *task force* cartographie
responsable des données	missions propres du responsable des données : – définit les règles de modélisation des données – recense les données référentielles et les référentiels de données – s'assure de leur prise en compte par les projets	– fournit la liste des domaines d'urbanisme à prendre en compte pour visualiser le positionnement des données référentielles dans les différents domaines.
responsable du plan d'urbanisme	– positionne les référentiels de données dans le fond de carte fonctionnelle	missions propres du responsable du plan d'urbanisme : – définit les règles et les axes d'urbanisme à prendre en compte dans les études d'urbanisme – anime la *task force* urbanisme – consolide les résultats des études d'urbanisme dans le plan d'urbanisme – s'assure de la cohérence globale de toutes les études d'urbanisme

Chapitre 6

Construire et entretenir une dynamique d'équipe

« Unifier c'est nouer même les diversités particulières, non les effacer pour un ordre vain ».

Antoine DE SAINT-EXUPERY

Mettre en place une démarche d'urbanisation est à la fois un temps d'euphorie où la place est laissée à l'innovation et à la créativité et un temps d'inquiétude en particulier parce que le sujet traité est relativement nouveau et qu'il y a peu de monde pour guider les premiers pas et orienter dans la bonne direction. Il est donc important de structurer le processus de démarrage de façon à ne pas dissiper d'énergie inutilement. Il est également fondamental de profiter de cet événement pour créer une démarche collective au sein de la direction de l'urbanisme de façon à tirer parti de toutes les ressources et de toutes les idées de chacun, sans oublier les autres entités de la direction des systèmes d'information qui ont aussi une contribution à apporter à cette création. Ce sera l'occasion de vérifier une nouvelle fois que « travailler à plusieurs sur un sujet augmente la performance et les résultats de façon exponentielle ».

6.1. Structurer le processus de démarrage

De la même façon qu'on dit couramment que c'est la première impression qui compte, on peut dire que ce sont les premiers pas d'un projet qui le mettent ou non sur la trajectoire du succès. Il est donc fondamental de mettre la démarche d'urbanisation sur les bons rails dès le début et nous pensons qu'un des facteurs de réussite est de piloter cette démarche comme on pilote dans l'entreprise un projet informatique.

Tout va donc commencer par définir ou préciser les objectifs que l'on veut atteindre et que l'on peut attendre d'une telle démarche, par mener à bien un certain nombre de *benchmarks* de façon à conforter sa vision, par évaluer les gains attendus, les risques et à constituer tous les documents nécessaires à l'acceptation de ce projet par l'entreprise. Ce temps va être un moment privilégié de communication où il est impératif d'expliquer largement ce que l'on compte faire.

Dans ce genre de sujet d'innovation, il est tout à fait opportun de proposer de mener le projet par prototypage successif, à partir d'un premier socle méthodologique. Ainsi on peut imaginer le processus suivant :

– étape 1 : construction d'un socle méthodologique qui dans notre cas va contenir la structuration du système d'information (domaines d'urbanisme et blocs fonctionnels, axes de commonalité, etc.), le contenu et le processus d'une étude d'urbanisme, le processus de consolidation des différentes études dans le plan d'urbanisme, le positionnement du référentiel cartographique et des référentiels de données,

– étape 2 : application sur un certain nombre de sujets pilotes de façon à valider les hypothèses et les principes et les processus proposés,

– étape 3 : re-calibrage éventuel du socle méthodologique de façon à tenir compte des retours d'expérience sur les sujets pilotes et des plus-values mesurées,

– étape 4 : application industrielle sur tout sujet suivant les priorités métier avec accompagnement par la communication et les formations nécessaires au déploiement,

– étape 5 : progrès régulier de la démarche en tirant parti des retours d'expérience au fur et à mesure des différentes études réalisées et capitalisation des résultats et de leur valeur ajoutée.

Il est également important de fixer un *planning* montrant les principaux jalons et livrables qui seront obtenus ainsi que le dispositif de pilotage qui est envisagé tout au long de la mise en route de la démarche. Un volet communication accompagnera bien évidemment ce projet, de façon à donner de la visibilité sur son contenu et son avancement et ce avant, pendant et après chacune des étapes.

6.2. Créer une démarche collective dans la direction de l'urbanisme

Chaque membre de la direction de l'urbanisme doit se sentir associé à la construction de cette démarche. Il n'y a en effet rien de plus difficile à vivre que de faire partie d'un groupe dont une partie seulement travaille sur un projet de changement qui va concerner tout le monde et auquel on n'est pas associé. Rien de tel pour générer de l'inquiétude, de la colère et de la frustration qui vont en fait se traduire en opposition et en destruction vis-à-vis du groupe de travail et de sa production – ce qui se paiera ultérieurement en non-adhésion à la démarche – et par réaction sous forme de communication négative vers l'extérieur.

Or à ce point de la construction de la démarche, il est important que le projet soit vu et vécu dans une dynamique positive.

Pour associer chacun, on peut imaginer plusieurs façons complémentaires:

– travailler en petits groupes sur les missions de la direction de l'urbanisme pour les revisiter, les compléter et définir sur quels points la démarche d'urbanisme va s'ancrer,

– écrire ensemble une charte qui définisse une vision à 3-5 ans des principales ambitions collectives que l'on veut atteindre et de l'apport de l'urbanisme à l'entreprise et à la direction des systèmes d'information,

– créer des *task forces* par thème de travail : urbanisme, cartographie, données, etc., qui confrontent leurs idées de façon à construire progressivement des orientations qui seront ensuite fédérées en une démarche commune,

– faire par petits groupes des opérations de *benchmarking* pour enrichir l'état de l'art des réflexions internes par des apports extérieurs.

Ce qui est important c'est que chacun amène sa pierre pour construire l'édifice, même si certains ont une place plus importante dans la construction de la démarche, en particulier le responsable du plan d'urbanisme qui est évidemment la cheville ouvrière du dispositif.

La construction de la démarche d'urbanisme sera évidemment pilotée par le responsable de la direction de l'urbanisme et animée par délégation par le responsable du plan d'urbanisme. Il est vraisemblable que la création de la direction de l'urbanisme sera le point de départ de plusieurs projets concourrant à la construction de la démarche d'urbanisme tels que la mise en place d'un référentiel cartographique, celle d'un chantier sur les référentiels de données, etc., qui seront lancés et menés en parallèle. Certaines réalisations pourront être antérieures au lancement de la démarche d'urbanisme, auquel cas il s'agira de bâtir un plan pour leur réalignement progressif ou pour leur convergence avec la nouvelle démarche.

Il sera donc fondamental de préciser le rôle de chacun des acteurs, au-delà de ses missions propres, de façon à ne pas créer de frustrations entre les uns et les autres, notamment préciser là où commencent et s'arrêtent les rôles respectifs des responsables de la cartographie, des données et du plan d'urbanisme et qui est *leader* sur quoi. Ainsi par exemple si la structuration des informations dans le référentiel cartographique doit respecter le découpage en domaines d'urbanisme, le responsable de la démarche d'urbanisme sera le *leader* par rapport au responsable de la cartographie, vu qu'il est responsable de la définition du découpage en domaines.

Il faudra bien sûr s'assurer de la cohérence de l'ensemble de ces différents chantiers. Aussi sera-t-il important de définir des points de rencontre entre eux afin qu'en final cette cohérence soit assurée de façon totale et harmonieuse entre tous et que d'éventuelles tensions soient évitées, au cas où l'un des quelconques *leaders* soit tenté d'avancer dans sa propre direction. C'est la raison pour laquelle la présence des trois acteurs principaux est nécessaire dans les différentes *task forces* mentionnées dans le chapitre précédent.

Un point important consiste également à ancrer la démarche d'urbanisation en tenant compte de l'existant, en termes de pratiques habituelles, de sujets déjà étudiés de façon à ne pas plaquer la démarche et créer des frustrations chez les personnes qui ont déjà développé de l'innovation et qui auront le sentiment qu'on fait table rase de ce qu'ils ont pu apporter précédemment. Il faudra surtout éviter de penser que rien ne se faisait avant la démarche d'urbanisation. Cet état d'esprit n'est pas facile. La tentation existe en effet de faire table rase du passé et de penser et affirmer que la démarche d'urbanisation va tout révolutionner et que l'on trouvera l'*eldorado* et qu'il est étonnant qu'on n'y ait pas pensé avant. Cette attitude est à coup sûr un bon moyen de mener son projet tout seul.

Il faut également éviter la manipulation et la démagogie qui consisteraient à l'inverse à survaloriser la situation actuelle, ce qui empêcherait naturellement l'entrée dans une démarche d'urbanisation.

En fait, tout l'enjeu est de placer chaque acteur sur une trajectoire qui l'amène à participer à la construction de la cible tout en montrant en quoi ses productions passées sont une contribution ou un élément qui vont aider à l'atteinte de la cible. C'est tout l'intérêt de revisiter en petits groupes, comme indiqué précédemment, les missions et les livrables actuels de la direction de l'urbanisme de façon à construire ensemble les voies de progrès. Il est donc important que chacun trouve sa place, que ce soit en faisant partie d'une des *task forces* du projet, en participant à des groupes de validation, en apportant ses idées à partir de son expérience personnelle ou d'opérations de *benchmarking* ou en participant au comité de pilotage du projet.

Le temps de formation des membres de la direction de l'urbanisme avant le déploiement de la démarche sera également un moment privilégié pour associer tout le monde au projet et pour que chacun soit au même niveau de compétences et de savoir-faire.

Enfin rien n'est plus motivant que faire partie d'un projet car c'est un moment où une équipe bâtit ce qui a été imaginé en rêve. C'est également un moment où se vivent les émotions et où se renforcent et se solidifient les relations interpersonnelles. Aussi tous les membres de la direction de l'urbanisme doivent être associés à ce projet, en particulier dans les moments plus conviviaux où l'on fête par exemple un jalon ou une réussite.

6.3. Les principaux facteurs de succès

6.3.1. Avoir un **sponsor**

La création d'une direction de l'urbanisme et le lancement d'une démarche d'urbanisme ne sont pas des décisions naturelles pour une entreprise, d'une part parce que l'urbanisme est une activité relativement nouvelle et, d'autre part parce que les acteurs de l'entreprise sont souvent plus confrontés au court terme et à la recherche d'un gain immédiat que volontaires pour travailler sur une démarche d'ensemble et plus systémique, apportant un regard plus large et des retours sur investissement plus lointains.

Il faut donc qu'à un moment donné quelqu'un soit convaincu de la nécessité de créer une telle direction, de se lancer dans cette démarche et qu'il prenne la décision de le faire. On a vu précédemment que cette décision pouvait venir de la direction générale ou du directeur des systèmes d'information. Rien ne pourra donc se faire si l'un des deux ne prend pas la décision de se lancer dans cette voie et ne se positionne pas comme *sponsor* de l'opération.

Cependant décider simplement de lancer cette opération ne suffit pas. En effet il faut ensuite que le *sponsor* montre aux différentes directions sa volonté de réussir dans cette voie, qu'il explique son ambition, qu'il donne les moyens à la direction de l'urbanisme de réaliser cette ambition, qu'il apporte son soutien dans ce qu'elle va entreprendre et qu'il la guide dans les orientations et processus qu'elle propose. Il faut également qu'il accompagne la direction de l'urbanisme dans ses premières réalisations, qu'il accepte que les premiers résultats ne soient pas immédiats car l'urbanisme se bâtit dans la durée et qu'il soit convaincu de l'intérêt de l'urbanisme.

Enfin, cela demandera également au *sponsor*, une fois la démarche en régime de croisière, de veiller à positionner ses propres actions et ses propres décisions en accord avec le cadre de cohérence apporté par la démarche d'urbanisme, de s'assurer que la direction de l'urbanisme a les moyens et les ressources à la hauteur des ambitions souhaitées, d'alimenter la direction de l'urbanisme avec tous les sujets d'incohérence qui lui parviennent et qui concernent le système d'information et de présider et d'orienter un certain nombre d'instances de pilotage comme le comité d'urbanisme que nous évoquerons plus tard. En fin de compte rien ne pourra réussir sans l'appui d'un *sponsor* convaincu et motivé, capable de consacrer dans la durée le temps nécessaire et c'est bien sûr le premier facteur de succès.

6.3.2. Choisir le bon profil des acteurs

Cette décision étant prise, il faudra constituer l'équipe capable de créer la direction de l'urbanisme et de lancer les opérations concrètes décrites dans les chapitres précédents. Le deuxième facteur de succès concerne la capacité des membres de l'équipe et de son patron à imaginer et à mettre en place le dispositif attendu. Quatre schémas peuvent s'imaginer :

– un patron plutôt porté sur les méthodes et une équipe ayant une connaissance des métiers des utilisateurs,

– un patron plutôt proche des métiers des utilisateurs et une équipe plutôt portée sur les méthodes,

– un patron et une équipe orientés méthodes,

– un patron et une équipe orientés métiers.

Sans oublier de préciser que le patron de l'urbanisme devra avoir de préférence, dans tous les cas cités précédemment, une bonne vision du système d'information existant et de sa plus-value pour l'entreprise et une bonne vision du rôle et de la valeur ajoutée de l'urbanisme, lui permettant ainsi de tracer la voie à suivre et de positionner l'urbanisme au bon niveau.

De ces quatre scénarii volontairement caricaturaux, notre préférence ira au premier schéma car il nous apparaît comme celui qui fonctionnera le mieux.

En effet, il est important d'acquérir rapidement une crédibilité et rien ne sera plus précieux que la connaissance et une proximité déjà existantes avec les métiers pour ancrer chez eux les premières pratiques d'urbanisme, d'où l'importance que les membres de l'équipe d'urbanisme aient cette connaissance préalable. Il sera tout à fait nécessaire de se doter rapidement de méthodes de travail pour harmoniser les pratiques et montrer rapidement une cohérence d'ensemble. Si le patron de l'urbanisme possède cette sensibilité, il lui sera donc assez facile de promouvoir en permanence l'importance de méthodes de travail qui devront être construites ensemble et mises en œuvre progressivement, venant ainsi renforcer la cohérence et la pérennité des acquis et donnant encore plus d'efficacité dans la relation avec les métiers. D'où notre préférence pour ce scénario.

Le deuxième scénario sera plus risqué. En effet des personnes plutôt portées à la mise en place de méthodes auront tendance à reproduire ce qu'elles savent faire c'est à dire raisonner en terme de méthodes. Or mettre en place des méthodes alors que les métiers ont besoin d'avoir en face d'eux des interlocuteurs qui parlent leur langue, qui les comprennent et qui connaissent leur problématique amènera un décalage et une incompréhension. Le patron de l'urbanisme aura fort à faire pour convaincre qu'il est important d'acquérir la connaissance du métier de ses interlocuteurs et pour mettre en place le dispositif nécessaire pour y arriver, ce qui par ailleurs prendra un certain temps.

Les deux autres scenarii sont à éviter dans la mesure où l'homogénéité de pratiques et de sensibilité amène forcément un déséquilibre que personne ne sera tenté de prendre en main : le tout méthodes amènera vraisemblablement une incompréhension avec les métiers et un rejet dès le début de la démarche. Le tout métiers risquera de développer un clientélisme et de ne pas rechercher la mise en place d'un cadre de cohérence global empêchant une démarche d'urbanisme construite et homogène et laissant la place à un ensemble d'opérations isolées et opportunistes sans liaison les unes avec les autres.

6.3.3. Faire une étude de l'état de l'art

Il faudra impérativement réaliser un *benchmarking* au démarrage de toute initiative en matière d'urbanisme. Il est en effet fondamental d'aller voir comment les autres sociétés s'y sont prises. Quelles ont été leurs difficultés ? Leurs réussites ? Comment la démarche a-t-elle été lancée? Avec quels moyens financiers et quelles ressources ? Avec quel appui hiérarchique ? Quels sont les résultats obtenus ? Comment la démarche a-t-elle été acceptée par les différentes entités de l'entreprise ? Comment est-elle pilotée ? Quel retour sur investissement ? Quelle communication ? Etc. On pourra rencontrer d'une part des entreprises ayant déjà expérimenté une telle démarche mais également des consultants ou des sociétés de service ayant une expérience dans le domaine qui pourront également éclairer la route. Il faudra également regarder si des standards n'existent pas déjà ou ne sont pas en voie d'émerger. Cette étude de l'état de l'art permettra de se faire une bonne idée des grandes tendances, de se constituer sa propre philosophie et de commencer à construire un projet adapté à son entreprise.

6.3.4. S'appuyer au démarrage sur une société de services spécialisée en urbanisme

Au démarrage, on aura intérêt, pour gagner du temps et ne pas tout réinventer, à s'appuyer sur une société de services spécialisée dans les aspects urbanisme et architecture fonctionnelle. Ceci permettra d'avoir un appui méthodologique fondamental et également de faire jouer à cette société le rôle de miroir et de conseil par rapport à toutes les idées et initiatives internes à l'entreprise.

On ne conseillera que trop d'avoir construit sa propre philosophie et sa propre vision de là où on veut aller – d'où l'importance du *benchmarking* cité précédemment – avant de faire appel à une société de services et de l'utiliser comme une aide à la mise en place plutôt que d'acheter un service clef en main qui ne soit pas adapté à l'entreprise, à ses processus et à sa culture et qui soit plaqué au sein d'une équipe qui n'a pas réfléchi auparavant à la façon dont elle imagine sa mission d'urbaniste et d'architecte. C'est bien la direction de l'urbanisme qui tient les rênes et qui dit où elle veut aller et la société de services qui apporte ses conseils et non le contraire !

L'appel à une société de services nous semble un moyen incontournable, mais son utilisation doit être courte. Nous pensons que 6 mois sont suffisants pour construire une démarche, l'expérimenter sur un certain nombre de sujets pilotes et pouvoir ensuite voler de ses propres ailes.

6.3.5. Réaliser des chantiers pilotes

L'objectif de ces chantiers pilotes est de montrer rapidement (2 à 3 mois maximum) sur des cas réels mais couvrant un périmètre réduit que l'on obtient bien, en utilisant la démarche d'urbanisme, les résultats et la valeur ajoutée attendus. On tirera aussi parti de ces chantiers pour faire progresser la démarche en fonction des points forts et des difficultés qui auront été rencontrées lors de ces chantiers pilotes. Ces chantiers sont effectivement une première occasion de confronter la démarche d'urbanisme et ses outils aux représentants des métiers et des autres entités de la direction des systèmes d'information. Il s'agira d'être attentif à l'accueil qui sera fait à cette démarche, aux remarques, aux réactions et d'ajouter tout cela aux propres observations des membres de la direction de l'urbanisme pour enrichir l'approche et les outils en prévision de la phase de déploiement à plus grande échelle.

Deux à trois sujets de travail nous semblent nécessaires et suffisants pour atteindre l'objectif. Il faudra essayer de varier les genres, de façon à appliquer la démarche sous différents angles. Prendre ces sujets dans différents domaines d'activité de l'entreprise est une bonne idée car cela permet d'une part d'avoir un éventail plus large de problématiques à passer au tamis de la méthode et d'autre part d'impliquer des personnes dans des univers différents, ce qui d'emblée fera connaître plus largement la démarche et favorisera ultérieurement à son déploiement à grande échelle.

6.3.6. Affecter des moyens et des ressources

Un autre facteur de succès concerne le fait que l'entreprise mette à disposition les moyens et les ressources nécessaires à la mise en place d'une démarche. Il est difficile de donner de façon universelle un ordre de grandeur par taille d'entreprise du nombre de personnes et du budget à affecter pour créer une équipe d'urbanisme et lancer une démarche d'urbanisme. On peut cependant avancer que la taille de l'équipe peut aller de 3 à 5 personnes pour une petite entreprise à 40 à 50 personnes pour une grande entreprise (banque, industrie, etc.). Dans ce dernier cas, cela inclut l'ensemble des métiers décrits précédemment avec une répartition d'urbanistes-architectes d'environ 70 %, et d'environ 10 % pour chacun des trois autres métiers.

La taille de l'équipe mentionnée précédemment est une valeur qui concerne le régime de croisière. Il faudra faire un plan de marche réaliste pour constituer progressivement cette équipe qui grossira au fur et à mesure que la démarche prendra racine et que les demandes et les attentes des clients augmenteront. Au démarrage, on aura intérêt à mettre en place une équipe constituée de tous les métiers méthodes et de quelques urbanistes-architectes de façon à poser en même temps la base de tous les chantiers nécessaires (urbanisme, cartographie, données). Puis progressivement et en fonction des priorités et des sujets métiers on augmentera le nombre d'urbanistes-architectes de façon à se rapprocher du *ratio* indiqué précédemment.

Un budget sera nécessaire pour financer cette équipe et ces travaux. Nous pensons qu'un budget constant pourra être consacré d'une année sur l'autre, qu'il s'agisse de la phase de démarrage où l'on fera appel à une société extérieure et où l'on disposera d'une équipe réduite ou qu'il s'agisse d'une année en régime permanent où l'équipe sera opérationnelle avec un effectif quasiment à la cible.

6.3.7. Affecter un maximum de ressources internes

Un autre point concerne l'équilibre des ressources entre celles internes et celles extérieures. En effet, toute entreprise s'appuie régulièrement, dans ses activités informatiques, sur des forces de sous-traitance pour compléter son effectif interne en particulier dans des situations de démarrage d'une nouvelle activité, dans la mesure où elle ne dispose pas forcément de tout ou partie des ressources internes – voire des compétences – à affecter à cette nouvelle activité.

Nous considérons que l'urbanisme est une activité stratégique pour une entreprise. En effet, cette activité agit sur la cohérence, les stratégies d'évolution et la gouvernance du système d'information. Elle est fondée sur la connaissance et la maîtrise du patrimoine informatique de l'entreprise. Ce sont autant de volets qui exigent la pérennité de la connaissance et donc l'appartenance des personnes qui y travaillent au personnel de l'entreprise car il s'agit d'un *asset* de l'entreprise. Par cette opération l'entreprise réalise un réel investissement qu'il faut ensuite conserver et pérenniser dans le temps.

En conséquence nous sommes partisans d'une équipe d'urbanisme composée en régime permanent en quasi-totalité de personnel appartenant à l'entreprise (90 % minimum de personnel interne et idéalement 100 %). C'est un volet pour lequel le *sponsor* sera important car il aura la légitimité pour déclencher des transferts de personnel des autres équipes de la direction de l'informatique vers l'urbanisme et de positionner l'urbanisme comme métier prioritaire lors de campagnes d'embauche de personnel extérieur à l'entreprise.

En attendant d'avoir l'effectif interne, il faudra vraisemblablement faire appel à du personnel en sous-traitance pour réaliser certaines études d'urbanisme ou d'architecture urgentes. Il faudra néanmoins considérer que ce personnel est sollicité de façon provisoire et ne pas relâcher sa stratégie de muscler l'équipe d'urbanisme en ressources internes, quitte à embaucher certaines personnes en prestation extérieure quand elles s'avèrent performantes.

On peut néanmoins penser que 5 à 10 % de personnel extérieur en permanence peut être bénéfique, à condition qu'il s'agisse d'experts dans leur domaine, de façon à maintenir toujours un flux d'apport extérieur de connaissance et d'enrichissement des *best practices* qui viendront compléter la démarche d'urbanisme et ses outils afin que la direction de l'urbanisme soit toujours au meilleur niveau de ce qui se pratique à l'extérieur.

6.3.8. Créer la cohésion de l'équipe par la formation et la communication

Enfin comme il a été dit plus haut, il faudra donner une importance majeure à la cohésion de l'équipe d'urbanisme en phase de mise en place de la démarche. Deux vecteurs principaux de cette cohésion seront la formation de l'ensemble de l'équipe d'urbanisme à toutes les méthodes et à tous les outils mis en place et la communication permanente sur l'avancement des travaux. De ce fait les membres de l'équipe d'urbanisme deviendront eux-mêmes porteurs de la démarche, c'est-à-dire de vrais vendeurs et promoteurs auprès des directions métier de l'entreprise et du reste de la direction des systèmes d'information. On verra d'ailleurs plus loin combien il sera important de soigner la communication de ces secteurs de façon à gagner leur adhésion et pouvoir diffuser la démarche d'urbanisme dans toutes les branches de l'entreprise dans les meilleures conditions.

Un comité de pilotage de la construction de la démarche, interne à la direction de l'urbanisme, sera également un moyen de renforcer cette cohésion en donnant un caractère officiel et structuré à la conduite de ce projet. Ce sera l'occasion de faire le point sur l'avancement des différents chantiers et de renforcer leur cohérence.

Ce sera également une façon pour le patron de la direction de l'urbanisme d'entretenir et de susciter la dynamique de motivation indispensable pour que tous les acteurs engagés dans la démarche aient du plaisir dans leur travail quotidien, vivent pleinement l'enthousiasme du projet et réussissent dans leur mission.

6.4. Les difficultés

En contrepoids des facteurs de succès énumérés ci-dessus, il existe un certain nombre de difficultés inévitables qu'il va falloir gérer au mieux pour qu'elles ne mettent pas en péril le succès de l'opération.

6.4.1. Pendant les travaux, les projets continuent

Ce n'est pas parce qu'on décide de lancer une démarche d'urbanisme ou de créer une direction de l'urbanisme que l'entreprise va s'arrêter de tourner pour attendre que tout ce dispositif soit mis en place. Il faut donc accepter de vivre une période de transition où tout en continuant à faire comme avant on construise progressivement l'avenir. Cela demandera de faire un effort intellectuel, de vivre un temps de frustration où notre philosophie cartésienne sera mise à mal car on continuera à être sollicité pour de nouveaux projets ou pour donner des éclairages en matière d'architecture qu'on aimerait bien pouvoir délivrer dans le cadre de la démarche et des règles d'urbanisme qui sont encore à l'état de brouillon non validé et partagé.

De plus on sera beaucoup plus sensible à des imperfections ou insuffisances – utilisation de formats de données incohérents avec les formats standard, périmètre fonctionnel d'une nouvelle application insuffisant – qu'on n'aurait pas décelées autrefois mais qui se révèlent à travers les principes d'urbanisme et d'architecture nouvellement créés et qu'on a du mal à défendre dans le cadre d'une démarche d'urbanisme qui n'est pas encore déployée.

Il faut donc faire preuve d'humilité et de patience et accepter de laisser passer certaines malfaçons que l'on reprendra ultérieurement, ce qui ne veut pas dire qu'il ne faudra pas essayer de tirer parti de toutes les opportunités possibles pour commencer à travailler avec les nouveaux processus et standards que l'on compte mettre en œuvre dans le cadre de la démarche d'urbanisme.

6.4.2. Concomitance dans la construction de l'urbanisme, de la cartographie et de la modélisation des données

On a déjà mentionné précédemment que la mise en place d'une direction de l'urbanisme pouvait se matérialiser par la mise en place de plusieurs chantiers concomitants, en particulier la construction de la démarche d'urbanisme – qui est le sujet maître –, la mise en place d'un référentiel cartographique, la construction des règles de modélisation des données et plus particulièrement des données référentielles. La difficulté va consister dans le développement et le pilotage cohérents de ces différents chantiers qui ont des liaisons très fortes entre eux, le référentiel cartographique mettant en œuvre les règles et les principes définis dans les deux autres chantiers et le chantier données référentielles étant une brique des principes d'urbanisme. L'idéal serait de mettre en place successivement chacun de ces chantiers, la contrepartie étant un délai beaucoup plus long pour arriver à un cadre cohérent incluant ces trois dimensions, ce qui n'est pas compatible avec la volonté de récolter rapidement les premiers résultats de la démarche et des outils d'urbanisme.

Il faudra donc trouver le bon compromis de façon à mener les trois chantiers le plus en concomitance possible tout en minimisant les reprises et modifications à apporter à certains des chantiers par suite de changements ou d'évolutions apportés aux autres. L'idéal sera de donner un peu d'avance à celui de la démarche d'urbanisme par rapport aux deux autres. Cependant cela n'est pas toujours possible. Dans tous les cas il sera impératif de mettre en place une communication, une solidarité et une animation excellente entre les différents chantiers de façon à ce que tous les changements apportés à l'un soient immédiatement connus des autres. Il faut que chaque chef de chantier soit avec son équipe conscient qu'il agit et travaille dans un cadre collectif et qu'il n'y a pas de place pour l'individualisme et la défense d'un territoire.

Il se peut que le référentiel cartographique et les données référentielles existent déjà dans l'entreprise au moment où la démarche d'urbanisme va être lancée. Dans ce cas la démarche d'urbanisme induira vraisemblablement des modifications parfois majeures sur les deux autres composantes, modifications qu'il faudra piloter de la même façon que ce qui a été décrit précédemment.

6.4.3. L'urbanisme ne se met pas en œuvre en un jour

L'urbanisme est une démarche qui va demander quelques mois pour construire les principes, le cadre et les outils et puis des années pour concrétiser à grande échelle tout ce qui a été défini en le déployant au fur et à mesure sur des sujets métier concrets. On peut dire qu'il s'agit d'une véritable course de fond au cours de laquelle il va falloir entretenir la motivation des équipes et gérer les incontournables vagues de découragement dues à la difficulté de mettre en œuvre une nouvelle approche dans des secteurs qui n'ont pas demandé qu'on vienne bousculer leurs habitudes de travail.

Les premiers mois seront un temps où il va falloir gérer un contexte délicat parce que la création de la direction de l'urbanisme et les ambitions dont elle fait l'objet vont générer des attentes – en particulier de la direction générale ou du directeur des systèmes d'information qui vont attendre des retours rapides et visibles – et des interrogations voire des incompréhensions de la part des directions métier. Or les premiers résultats vont être limités soit parce que les fondamentaux de l'urbanisme sont encore en construction ou se mettent en place et donc n'apportent pas encore un réel résultat, soit parce que les premières études d'urbanisme ont un contour réduit afin de roder la façon de faire et dans ce cas les résultats tangibles sont des petits îlots de progrès indépendants amenant des gains évidemment dérisoires par rapport au discours volontariste du démarrage. Ces premiers résultats auront évidemment tendance à renforcer les attentes des uns et les interrogations des autres.

Petit à petit ces petits îlots de progrès vont commencer à grossir et à fournir les premiers résultats visibles qui, mis en perspective dans un même cadre de cohérence, vont permettre aux équipes d'urbanisme d'être un peu plus crédibles et du coup de gagner la confiance des uns et des autres. Les équipes d'urbanisme pourront alors s'appuyer sur ces résultats pour déployer plus largement la démarche sur d'autres sujets métier plus importants. Mais cela demandera du temps, de la ténacité et de l'humilité.

C'est en particulier dans ces moments de démarrage que la vision, le soutien et la confiance du *sponsor* auront toute leur place. Il lui faudra accepter de donner du temps au temps et de limiter les premiers objectifs qu'il fixera à la direction de l'urbanisme afin qu'ils soient réalistes tout en étant néanmoins ambitieux.

Il faut accepter que le monde ne soit pas reconstruit en une journée. L'urbanisme va prendre du temps, car c'est une démarche progressive et malgré la meilleure volonté des uns et des autres il ne sera pas possible de tout faire tout de suite. Il va falloir se donner des priorités, réaliser les études d'urbanisme à un rythme compatible avec la disponibilité des ressources, accepter que tout ne soit pas parfait du premier coup, accepter par exemple que certains projets concernant de nouvelles applications démarrent dans un contexte qui ne soit pas optimal parce que la vision d'ensemble du domaine d'urbanisme concerné n'a pas encore été travaillée.

Le risque serait de papillonner et d'attaquer dans toutes les directions pour chercher à maîtriser au plus vite l'ensemble des problèmes. Il faut donc impérativement se fixer des lignes directrices qui vont sous-tendre le travail des équipes pendant un certain temps et ne pas en dévier tant que les résultats apportés ne constituent pas un socle stable permettant d'enrichir le travail avec de nouveaux axes d'investigation.

6.4.4. Consacrer du temps à tracer l'existant pour mieux construire le futur

Le remplissage du référentiel cartographique est une bonne illustration du contexte paradoxal dans lequel va se placer l'urbaniste-architecte.

En effet, l'urbaniste-architecte est naturellement porté vers la construction de cibles d'urbanisme et d'architecture, vers la vérification que les nouveaux projets concourent bien à l'alignement du système d'information avec les objectifs métier, à la cohérence fonctionnelle d'ensemble du système d'information. L'urbaniste-architecte est plus porté à construire le futur, à imaginer comment le système d'information devrait évoluer pour apporter plus de performance au métier, quelle couverture fonctionnelle les différentes applications devraient avoir pour améliorer la flexibilité du système d'information. Il aura tendance à considérer qu'il faut privilégier la noble tâche de constructeur du futur à celle de consacrer du temps à rendre visible l'existant.

Or construire le futur demande avant tout de disposer d'une bonne connaissance de l'existant et donc de l'avoir tracé dans le référentiel cartographique, sinon l'urbaniste-architecte sera ensuite incapable de définir la *road map* permettant de passer de l'existant à la cible qu'il a bâtie. Aussi cette tâche d'inventaire et de représentation de l'existant fait également partie des missions de l'urbaniste-architecte, au moins au début de la vie du référentiel cartographique, car c'est lui qui a la meilleure connaissance du domaine d'urbanisme dont il a la charge. Ce rôle pourra d'ailleurs être ultérieurement transféré aux responsables des nouvelles applications informatiques pour toutes les opérations de mise à jour des informations les concernant.

Tout dépend bien sûr de ce que l'on cherche à faire et de la profondeur des informations que l'on voudra obtenir. Néanmoins on peut estimer que, quel que soit le niveau de détail, réaliser un inventaire du parc applicatif, dessiner des cartes représentant les liaisons interapplications, etc. va prendre pas mal de temps.

Il faudra donc aider l'urbaniste-architecte à trouver le bon équilibre entre répondre aux sollicitations des secteurs métier ou des maîtres d'œuvre des nouveaux projets pour construire des cibles d'urbanisme et d'architecture et prendre le temps de mettre dans le référentiel cartographique toutes les informations concernant l'existant des applications, des données, des processus métier de son domaine.

Les urbanistes-architectes pourront ressentir au début un manque de motivation à remplir le référentiel cartographique, motivation qui sera vite retrouvée dès que les premiers retours positifs des utilisateurs commenceront à se faire entendre, mettant en exergue en particulier l'importance de cette capitalisation d'informations de qualité, couvrant l'ensemble des domaines et apportant sur le système d'information une visibilité jusqu'alors inexistante Il faudra donc être à l'affût des *feed back* positifs des utilisateurs de façon à encourager les urbanistes-architectes à poursuivre ce remplissage et à mettre en place un processus d'entretien du contenu de façon à maintenir la qualité et la complétude des informations.

6.4.5. Ne pas faire de l'urbanisme pour l'urbanisme

On a déjà parlé de l'euphorie d'être membre d'une équipe travaillant sur un sujet nouveau car la place est laissée à l'innovation et à la créativité. Dans un tel moment on a tendance à développer sa bulle avec ses collègues de travail, son vocabulaire et à oublier que le reste du monde ne participe pas forcément à l'aventure ou en tout cas ne la voit pas avec les mêmes yeux.

C'est évidemment le risque lors du lancement d'une démarche d'urbanisme. On invente des concepts nouveaux, on s'intéresse à des dimensions qui pouvaient être délaissées précédemment. On lance des sujets pilotes qui sont les premières études d'urbanisme. On édicte des règles qui vont régir le système d'information. On met de plus en plus de choses derrière le mot urbanisme, qui d'ailleurs est parfois employé à tort pour des questions de mauvaise organisation ou de non-performance d'un processus. Et en final l'urbanisme risque progressivement de s'isoler dans une activité qui s'auto-alimente et n'a plus beaucoup de lien avec la réalité quotidienne du système d'information et des processus de travail de la direction des systèmes d'information et avec l'ambition première de contribution de l'urbanisme au système d'information et aux métiers de l'entreprise.

Il est donc important de toujours se rappeler que l'urbanisme est au service du système d'information pour le rendre plus cohérent et plus flexible, pour le simplifier et lui permettre de s'adapter en permanence aux évolutions de la stratégie et des enjeux des métiers de l'entreprise. Il faudra donc bien construire la démarche d'urbanisme dans cette optique.

Aussi il est fondamental de bien ancrer l'urbanisme dans les processus de la direction des systèmes d'information – dans le processus projet par exemple – et dans ceux des directions métier – par exemple dans l'accompagnement des études de schémas directeurs –, en tant que contributeur à la cohérence et à la pérennité des travaux menés par la direction des systèmes d'information tout en étant un cadre incontournable dans lequel tout projet et toute réflexion d'évolution doivent s'inscrire pour assurer la flexibilité et l'évolutivité du système d'information de l'entreprise.

C'est dans cet esprit que devront être définis les processus et les méthodes de travail que la direction de l'urbanisme mettra en place avec ses partenaires de travail dans et en dehors de la direction des systèmes d 'information.

6.5. Entretenir la dynamique et la créativité de l'équipe d'urbanisme

Les paragraphes précédents ont montré que la démarche d'urbanisme était lancée comme un projet avec beaucoup d'enthousiasme et de motivation de la part des acteurs de la direction de l'urbanisme. Beaucoup d'énergie a été dépensée pour construire cette démarche qui a été aussi l'occasion de beaucoup d'initiatives des uns et des autres et qui a donné à chacun un sentiment de pionnier et une opportunité de travailler avec des personnes qu'il ne connaissait pas auparavant et sur un périmètre plus large qu'à l'habitude. Comme dans tout projet, après la période de test, la mise en opérationnel de la démarche va marquer la fin de l'ère du projet pour passer en régime de fonctionnement courant. Ce sera alors le temps de la mise en œuvre à plus large échelle, sur des sujets métier, des principes, des règles, des outils d'urbanisme et du référentiel cartographique.

Ce deuxième temps va être lui aussi un moment très intéressant car les résultats concrets vont arriver au fur et à mesure que les études d'urbanisme seront réalisées, permettant ainsi leur consolidation dans des versions successives du plan d'urbanisme. Grâce à ce plan, une vision complète du système d'information cible à construire, évoluant au fur et à mesure des versions, sera bâtie grâce aux cibles d'urbanisme et aux plans d'action identifiés lors de ces études. La vue de ces résultats ainsi que le bon fonctionnement des processus de travail sur l'urbanisme donneront évidemment beaucoup de satisfaction aux membres de la direction de l'urbanisme, car ils constitueront un retour très positif vis-à-vis de leur travail et de leur implication et plus particulièrement pour ceux qui ont contribué à construire la démarche et ses outils.

Mais au-delà de la construction progressive de ces cibles d'urbanisme et des différentes versions du plan d'urbanisme, on comprend bien que la démarche d'urbanisme qui a été lancée n'aura de sens que si elle est entretenue dans la durée. Car on ne pourrait imaginer lancer une démarche d'urbanisme et la laisser tomber au bout de quelques mois, ce qui n'aurait pas de sens vis-à-vis de la mise en perspective et de la transformation cohérente du système d'information de l'entreprise. Aussi faudra-t-il chercher en permanence à entretenir et à soutenir deux des moteurs principaux de la démarche que sont la motivation et le dynamisme des membres de la direction de l'urbanisme.

Les urbanistes-architectes n'auront aucune difficulté à trouver la motivation dans la réalisation des études d'urbanisme aux côtés des métiers et des autres entités de la direction des systèmes d'information. En revanche les responsables de l'urbanisme, du référentiel cartographique et des données pourraient rapidement avoir le sentiment d'avoir accompli leur mission et se demander quel va être leur rôle maintenant que la démarche d'urbanisme est en place. C'est donc principalement sur eux que le soutien et l'attention mentionnés précédemment doivent être apportés.

En fait on se rendra compte après quelques retours d'expérience que la démarche d'urbanisme doit être complétée, enrichie, corrigée. Il faudra par exemple définir plus clairement comment constituer le plan d'urbanisme, ajouter certains aspects au référentiel cartographique qui n'ont pas été mis en œuvre à l'origine, revenir sur le découpage des domaines d'urbanisme, simplifier et aménager la liste des activités métier. La mobilisation de tous les membres de la direction de l'urbanisme sera nécessaire pour tous ces travaux complémentaires. Ceci explique pourquoi il avait été mentionné précédemment que les *task forces* urbanisme et référentiel cartographique devaient continuer à exister au-delà de la première implémentation.

Même une fois que la démarche est opérationnelle dans l'entreprise, il sera important de continuer à assurer une veille sur ce que d'autres entreprises font à l'extérieur dans le domaine de l'urbanisme. Il faudra donc pousser les responsables de l'urbanisme, du référentiel cartographique et des données à aller voir à l'extérieur, pour comparer, s'enrichir, prendre des idées nouvelles pour faire progresser la démarche dans son ensemble ou sur des points particuliers. Cet enrichissement sera d'autant plus important qu'il permettra de contribuer à se donner des ambitions nouvelles et de nouveaux challenges, des nouvelles façons d'utiliser l'urbanisme ou ses outils.

On pourra par exemple réfléchir à comment utiliser le découpage en domaines d'urbanisme pour représenter l'affectation des budgets informatiques annuels et triennaux et en faire un outil de pilotage stratégique. On pourra également regarder comment les autres entreprises utilisent la communication pour faire avancer l'urbanisme dans les directions métier. Chacun est en permanence invité à proposer des idées d'amélioration et à participer à sa mise en œuvre.

Un des facteurs de maintien de la démarche d'urbanisme dans le temps est la pérennité des ressources et des compétences dans la durée. La première condition à remplir est le maintien dans leur poste des personnes ayant bâti la démarche et ses outils, au moins pendant une période de 3 à 4 ans, de façon à participer à la construction de la démarche, à son lancement, à ses corrections, à ses évolutions et assurer ainsi une stabilité dans le déploiement et dans la dynamique de fonctionnement. Leur rôle sera également de former leurs successeurs, ce qui va nécessiter d'engager, rapidement après la mise en opérationnel de la démarche, un processus de renouvellement des personnes et de maintien de la compétence.

Cela signifiera entre autres qu'un recouvrement devra se réaliser entre la nouvelle personne et celle sur le départ, de façon à assurer une transition en douceur. Une façon de faciliter la noria de personnes sera également de développer la polyvalence entre toutes les personnes chargées de l'urbanisme, du référentiel cartographique et des données, le départ d'une des personnes fragilisant à ce moment-là de façon minimale la connaissance et les compétences de l'équipe.

Le *sponsor* jouera également un rôle important dans la motivation des membres de la direction de l'urbanisme par son soutien et par les objectifs ambitieux qu'il fixera chaque année à cette direction. Les membres de la direction des systèmes d'information seront effectivement sensibles aux moyens qui leur seront donnés dans la durée et attendront du *sponsor* que la conviction initiale qui l'a amené à mettre en place une démarche et une direction de l'urbanisme dans l'entreprise conserve toute sa force et sa volonté d'entraînement, conditions indispensables pour que la démarche lancée se perpétue.

Enfin tout aussi motivants et facteurs de dynamisme seront les retours positifs des entités de la direction des systèmes d'information et des directions métier sur l'apport de l'urbanisme et de ses outils quand ceux-ci apportent une meilleure compréhension du système d'information existant et une bonne vision grâce aux cibles d'urbanisme et à leur mise en perspective dans le plan d'urbanisme. Venant de leurs clients ces retours positifs seront bien évidemment les meilleurs gages de la valeur ajoutée des membres de la direction de l'urbanisme et une raison supplémentaire pour eux d'aller en permanence de l'avant.

Chapitre 7

Le travail de conviction avec les pairs et avec leurs équipes

« Il s'agit à tout moment de sacrifier ce que nous sommes à ce que nous pouvons devenir. »

Charles DU BOS

La direction de l'urbanisme, ayant par essence une mission qui couvre l'ensemble du système d'information, va devoir mettre en place un dispositif pour expliquer, montrer, convaincre et rallier progressivement tous les secteurs de l'entreprise – à commencer par ceux de la direction des systèmes d'information – de façon à ce qu'elle puisse jouer son rôle de mise en cohérence du système d'information, que ce soit dans son état existant ou dans son état futur, au travers des cibles d'urbanisme et d'architecture et du plan d'urbanisme. C'est donc un important travail de conviction que va déployer la direction de l'urbanisme en tirant parti de toutes les opportunités de travailler sur des sujets concrets avec les autres directions de l'entreprise et en communiquant sur les résultats obtenus de façon à utiliser ces résultats comme tremplin pour gagner de plus en plus de *supporters*.

Nous allons décrire dans la suite l'approche spécifique qui peut être mise en place pour atteindre ces objectifs vis-à-vis des pairs de la direction des systèmes d'information et vis-à-vis de leurs équipes.

Nous appellerons systématiquement pairs, les collègues du directeur de l'urbanisme, membres comme lui du comité de direction de la direction des systèmes d'information.

7.1. Construire avec les pairs et avec leurs équipes

7.1.1. Prendre place au sein de la direction des systèmes d'information

La création de la direction de l'urbanisme va faire naître des réactions et des interrogations de la part de beaucoup de secteurs de l'entreprise qui vont se demander en quoi peut bien consister l'urbanisme du système d'information et surtout en quoi il va impacter leurs habitudes et leurs processus de travail. Ces réactions seront vraisemblablement plus fortes au sein de la direction des systèmes d'information car il s'agit de leur environnement proche, même si beaucoup de personnes sont conscientes de la nécessité de mettre en place un cadre de cohérence pour un meilleur pilotage et une meilleure maîtrise du système d'information.

Tout l'enjeu pour le directeur de l'urbanisme va donc consister à montrer rapidement la valeur ajoutée que l'urbanisme va apporter à ce qui était fait jusqu'à maintenant, en apportant une dimension complémentaire de cohérence et de vision globale, et montrer que la mise en place de cette direction ne remet pas en cause la mission et le rôle des autres entités de la direction des systèmes d'information mais va contribuer à aider ces entités à lever certaines difficultés actuelles.

L'objectif pour le patron de la direction de l'urbanisme est que sa direction gagne rapidement la confiance des pairs et de leurs équipes pour arriver à mettre en place les différents volets de sa mission. Les membres de la direction de l'urbanisme auront donc intérêt à jouer l'humilité plutôt que l'arrogance, la collaboration plutôt que l'indépendance et la souplesse plutôt que l'intolérance. Ils chercheront à utiliser toutes les opportunités de progrès, à partir des situations d'incohérence qu'ils observeront et auxquelles ils apporteront leur contribution pour construire des solutions cibles, afin de montrer ce que la direction de l'urbanisme peut apporter et là où elle peut être utile et asseoir ainsi progressivement sa crédibilité.

C'est en tout cas un travail de proximité avec les pairs et leurs proches qu'il va falloir mener dans la durée pour parvenir à une démarche d'urbanisme partagée et mise en œuvre au quotidien dans les processus de travail de la direction des systèmes d'information.

7.1.2. Co-concevoir les composantes de la démarche d'urbanisme

Il n'y a pas meilleur *supporter* d'une action que celui qui a participé à sa préparation voire à sa mise en œuvre. C'est ce principe que nous préconisons d'appliquer dès le démarrage de la construction de la démarche d'urbanisme.

Nous avons mentionné au chapitre précédent qu'il était important de fédérer les membres de la direction de l'urbanisme autour du partage et de l'enrichissement des missions de cette direction ou bien en écrivant une charte qui décrive une vision à 3-5 ans du positionnement de l'urbanisme au sein de la direction des systèmes d'information et de l'entreprise.

Un travail de même nature est à faire avec les pairs, afin d'obtenir leur support, à partir d'un échange sur les missions de la direction de l'urbanisme et sur la vision à 3-5 ans. Ceci permettra d'avoir leur feed-back, de comprendre leur état d'esprit vis-à-vis de l'urbanisme, leurs attentes et de pouvoir d'une part faire évoluer la formulation des missions ou de la vision vers une formulation mieux comprise et partagée et d'autre part de dresser une première liste de sujets prioritaires. De ce fait, les portes s'ouvriront plus facilement pour commencer à agir.

Puis plus tard dans les phases de construction de la démarche d'urbanisme, il faudra renouveler plusieurs fois ce type de rencontre pour expliquer par exemple ce qui est en préparation concernant la démarche elle-même, le référentiel cartographique, les référentiels de données, etc.…de façon à glaner une fois de plus les réactions des pairs, leurs conseils, leurs propositions d'enrichissement. Il s'agira aussi de préciser avec eux quel sera leur rôle, leur responsabilité, les livrables à produire, quel est le partage des rôles dans la relation avec les directions métier. C'est dès cette phase amont de la construction de la démarche que se joue sa réussite managériale, c'est-à-dire l'adhésion et la prise d'une part du leadership par les autres entités de la direction des systèmes d'information. En effet si l'adhésion n'était pas réalisée à ce stade, la démarche d'urbanisme aurait peu de chance de faire partie des processus standard de la direction des systèmes d'information.

Enfin dans la mesure où certains des pairs auront à donner leur avis pour lancer effectivement et financièrement la réalisation de la démarche, le fait de les avoir associés dès l'amont fera également gagner à tous du temps et de la sérénité quand il s'agira d'obtenir leur approbation.

7.1.3. Piloter ensemble la construction de la démarche d'urbanisme

Il faudra bien sûr éviter l'effet tunnel bien connu dans le monde informatique, situation qui décrit le fait qu'une équipe projet a souvent tendance à s'isoler du demandeur pendant toute la durée de la réalisation et sort au bout de plusieurs mois une solution qui ne répond pas à son attente car fabriquée sans lui ou ne répond plus à son attente parce que son besoin a évolué entre-temps.

Il est donc fondamental de bâtir un processus où les pairs et leurs équipes soient associés régulièrement à la construction de l'urbanisme. Il faudra par exemple prévoir, au niveau du comité de direction de la direction des systèmes d'information, un comité de pilotage de la démarche qui se réunira régulièrement pour faire un point de l'avancement et infléchir le cas échéant sa trajectoire. Il faudra prendre ces réunions de pilotage comme de bonnes opportunités pour continuer à ancrer les principes et objectifs de l'urbanisme dans une communauté qui a découvert ce concept récemment et ne sait pas encore bien le déployer.

Participant à ces réunions et aux décisions issues de celles-ci, les pairs ne pourront plus ignorer ce que contient la démarche d'urbanisme et seront engagés dans la mise en œuvre des décisions prises. Ce sera donc pour l'équipe d'urbanisme un tremplin formidable pour agir.

Il a déjà été mentionné dans les chapitres précédents qu'il était important de s'appuyer sur deux à trois chantiers pilotes pour valider les principes et les apports de la démarche d'urbanisme. Ces sujets seront à choisir avec les pairs et leurs équipes, ce qui sera une nouvelle opportunité de les associer et de les responsabiliser sur l'objectif à atteindre. Pour chacun de ces chantiers un groupe projet sera constitué, composé en grande partie de membres de ces équipes. Quelques membres des directions métier concernés par ces sujets et quelques personnes de la direction de l'urbanisme participeront également ainsi que le responsable du plan d'urbanisme dont ce sera d'une certaine façon le baptême du feu car il aura en charge l'animation de ces chantiers et leur supervision.

Il sera important de créer pour chacun de ces chantiers un comité de pilotage placé sous la responsabilité du pair concerné de façon à s'assurer que l'étude se déroule suivant le *timing* souhaité et avec le bon niveau de ressources. Une fois de plus l'association avec les pairs et leurs équipes sera un gage de meilleure adhésion de leur part au projet d'urbanisme et chacun deviendra un peu plus porteur de ce projet grâce à sa contribution et à son implication.

Au-delà de l'implication des pairs et de leurs équipes dans les chantiers pilotes et du pilotage commun de ces chantiers avec eux, c'est bien sûr l'intérêt des résultats obtenus par ces chantiers qui sera le facteur essentiel d'adhésion et de satisfaction. C'est parce que ces premières études apporteront une vision nouvelle ou des résultats supplémentaires par rapport à d'habitude que les pairs et leurs équipes auront envie de poursuivre dans cette voie et deviendront encore plus promoteurs de la démarche.

7.2. Communiquer le plus largement possible au sein de la direction des systèmes d'information

7.2.1. Expliquer et faire accepter la démarche

Cependant, une fois écoulée la période de lancement de la démarche et sa validation sur les chantiers pilotes, force est de constater qu'à part le comité de direction des systèmes d'information et les personnes impliquées dans ces chantiers, pas grand monde n'est très au courant de ce qu'est l'urbanisme et de comment chacun va être concerné.

Alors commence un travail de démultiplication de l'information, un travail d'explication et de communication auprès des différentes équipes de la direction des systèmes d'information et pour cela le concours de chaque membre de la direction de l'urbanisme sera nécessaire.

Cela peut consister par exemple en une explication de la démarche en cours de construction à chaque responsable de service, de ses enjeux, de ses livrables, de ce qu'elle leur apportera et du rôle qu'ils auront à jouer. On pourra aussi imaginer toutes sortes de présentations dans les réunions de service, dans les réunions d'équipe pour annoncer et donner envie, et au passage traiter les objections et les craintes, de façon à déployer progressivement la communication dans toutes les entités au niveau du terrain.

Il sera plus efficace d'organiser d'abord ces présentations dans les secteurs qui présentent une opportunité de démarrer une étude d'urbanisme, ou ayant la nécessité de faire évoluer une partie du système d'information pour s'adapter à des évolutions de la stratégie ou des processus métier, ce qui est par nature le cœur de cible de l'urbanisme. Cela permettra d'être plus concret, de mieux personnaliser la présentation en l'illustrant par des exemples directement liés au problème à traiter. Cela donnera en principe plus d'appétit aux équipes pour mettre en œuvre la démarche, suite à cette présentation.

Il ne faudra pas limiter la communication à la partie de la direction des systèmes d'information en relation avec les directions métier sous le prétexte qu'elle est la plus concernée par l'urbanisme car à l'origine des demandes d'évolution du système d'information. Toutes les autres équipes sont également concernées, le contrôle de gestion qui pourra chercher à structurer le budget suivant les domaines d'urbanisme, les ressources humaines qui pourront utiliser ce même découpage pour piloter la répartition des ressources internes, l'architecture technique qui aura intérêt à aligner sa stratégie en tenant compte des domaines d'urbanisme, l'exploitation qui pourra utiliser ce même découpage pour représenter la répartition des matériels et des versions de logiciels, le développement qui devra connaître la démarche et les règles d'urbanisme pour que les futures applications soient parfaitement conformes aux principes et règles d'urbanisme.

L'objectif sera d'arriver à atteindre tout le monde dans le délai le plus court et faire s'engager chacun progressivement dans la démarche, car ce n'est que si tout le monde est orienté dans la même direction que l'efficacité pourra être portée à son niveau maximum. Il faudra donc en complément de ces présentations tirer parti de tous les canaux de communication disponibles et de toutes les opportunités pour parler et reparler de l'urbanisme et de ses apports, en essayant toujours d'adapter le vocabulaire, la communication et la formation à chaque catégorie d'acteurs.

7.2.2. Tirer parti de chaque opportunité pour communiquer sur l'urbanisme

Pour réussir, l'urbanisme doit entrer dans les habitudes et dans les processus de travail et être porté par chacun.

Plusieurs actions de communication peuvent être mises en œuvre pour contribuer et favoriser l'atteinte de cet objectif :

– bâtir un kit de communication, à partir des résultats des chantiers ayant le mieux marché, et s'appuyer sur ce kit pour montrer la valeur ajoutée que l'on peut attendre de l'urbanisme. On verra ultérieurement que cet outil de communication pourra être utilisé au delà de la direction des systèmes d'information quand il s'agira de convaincre les objectifs métier de l'intérêt de la démarche d'urbanisme ;

– bâtir des modules de formation à la méthode d'urbanisme et à la cartographie et mettre ces formations au catalogue de formation de l'entreprise. Ces modules seront d'abord nécessaires pour former toute équipe avant qu'elle ne commence une étude d'urbanisme ou qu'elle n'entame un travail de cartographie. Le premier intérêt de ces formations sera d'apporter un discours identique à tout le monde sur la démarche, ses enjeux, ses apports, ses règles de mise en œuvre. Ce sera également donner l'opportunité à toute personne de se former à l'urbanisme pour compléter ses connaissances indépendamment de participer à un chantier d'urbanisme. De plus ces formations permettront de toucher directement les membres des équipes de la direction des systèmes d'information, et concrétiser et compléter l'information vraisemblablement insuffisante que la hiérarchie aura pu donner sur ce sujet. Enfin elles seront immédiatement disponibles à tous, ce qui permettra à un interlocuteur nouveau et qui aurait besoin d'en savoir plus très rapidement sur le sujet, d'accéder à l'information et de pouvoir démarrer son travail dans les meilleures conditions ;

– parler urbanisme aux différentes manifestations institutionnelles (réunions annuelles de direction, comités de direction, réunions progrès, qualité, etc.) par exemple en montrant un indicateur de mesure de l'avancement de la démarche d'urbanisme, les meilleurs résultats des mois précédents, les nouveautés qui ont été apportées à la méthode et qui doivent être prises en compte par les projets et dans les études d'évolution des domaines d'urbanisme. Ceci permettra de montrer que l'urbanisme s'inscrit dans la durée et d'ancrer encore un peu plus l'urbanisme dans la conscience collective et le processus journalier de travail ;

– positionner dans le processus d'intégration des nouveaux arrivants à la direction des systèmes d'information, une séquence d'information sur l'urbanisme, son cadre et ses règles de mise en œuvre. C'est un bon moyen d'être sûr que l'on forme à la source les nouveaux entrants et que petit à petit, en s'appuyant d'une part sur cette action vis-à-vis des nouveaux entrants et d'autre part sur la formation du personnel déjà présent, chaque membre de la direction des systèmes d'information sache à terme de quoi il est question quand on parle d'urbanisme. Par ailleurs, les nouvelles recrues, par leur fraîcheur d'esprit, sont en général un excellent relais d'information qui va servir de force d'appoint pour amplifier et accélérer le déploiement de la démarche et la communication associée ;

– on pourra également créer un site dans l'intranet d'entreprise qui contienne l'ensemble des informations de vulgarisation et de démocratisation de l'urbanisme et de l'architecture fonctionnelle. Ce site pourra contenir les principales définitions, les principes et les règles concernant l'urbanisme et ses différentes composantes tels par exemple les référentiels de données. On pourra également y trouver les résultats des études d'urbanisme, le plan d'urbanisme, les documents de référence de l'urbanisme à utiliser dans le processus projet, les règles d'utilisation de l'entrepôt de données d'entreprise, les règles de modélisation dans le référentiel cartographique, les modèles de données des référentiels d'entreprise. On pourra aussi inclure un lien vers différents sites web comme celui du référentiel cartographique ou ceux de sites extérieurs à l'entreprise intéressants pour compléter la connaissance. Il faudra privilégier une information vivante, remise à jour régulièrement de façon à donner envie aux utilisateurs de visiter le site. En complément, les membres de la direction de l'urbanisme penseront à mettre par défaut en fin de leurs e-mails, une accroche indiquant l'adresse url du site de l'urbanisme de façon à inciter le lecteur à aller le consulter. En complément, ils prendront soin de mesurer par un indicateur l'accès à chaque grande rubrique d'information (référentiels de données, plan d'urbanisme, référentiel cartographique, démarche d'urbanisme, etc.) ;

– tirer parti de tous forums, portes ouvertes, expositions sur les systèmes d'information pour présenter des éléments d'urbanisme et d'architecture fonctionnelle. On pourra par exemple afficher un poster du découpage du système d'information en domaines d'urbanisme, afficher une cartographie applicative des applications majeures de l'entreprise, distribuer une plaquette sur les règles d'urbanisme, sur le référentiel cartographique, autant de moyens qui continueront à ancrer l'urbanisme et l'architecture fonctionnelle dans les fondamentaux de la direction des systèmes d'information.

7.3. Accompagner les pôles client dans la mise en œuvre de la démarche

7.3.1. Etre force de proposition au quotidien pour apporter de la cohérence et de la vision

Les paragraphes précédents ont montré l'importance qu'il fallait donner à la co-conception de la démarche avec les pairs et leurs équipes, à la communication, à la pédagogie et aux explications de ce que recouvraient l'urbanisme et l'urbanisation du système d'information. Mais il ne faut pas en rester là car rien ne va se passer si des cas concrets d'application ne sont pas mis en œuvre faisant force d'entraînement et d'apprentissage.

C'est principalement sur les épaules de l'urbaniste-architecte que repose cette mise en œuvre. En effet, étant en charge d'un ou de plusieurs domaines d'urbanisme, c'est lui qui va aider les entités de la direction des systèmes d'information qui sont au contact des directions métier, à détecter les sujets prioritaires sur lesquels appliquer la démarche d'urbanisme.

Nous appellerons dorénavant « pôles client » (voir figure suivante) les entités de la direction des systèmes d'information qui sont au contact des directions métier.

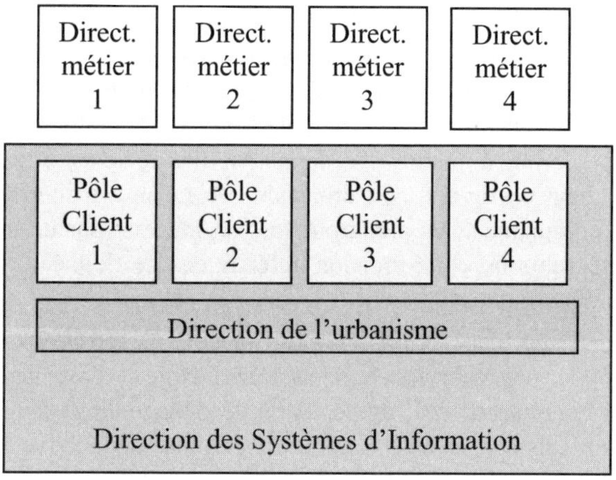

Figure 7.1. *Le positionnement des pôles client*

L'urbaniste-architecte pourra proposer comme cas concret d'application une partie de son périmètre d'intervention sur lequel il faut réduire la complexité du parc applicatif, ou bien sur laquelle la direction métier cherche à faire évoluer ses processus et où il est important de travailler la cible d'urbanisme ou bien encore sur laquelle il faut apporter de la cohérence entre les données ou entre les applications.

Comme le pôle clients aura naturellement tendance à faire ces travaux comme par le passé, la démarche d'urbanisme n'étant, en tout cas à ses débuts, pas encore entrée dans les mœurs, ce sera à l'urbaniste-architecte de faire en sorte que soient appliqués les principes et outils de l'urbanisme et d'amener progressivement le pôle clients à les mettre en œuvre systématiquement.

Ce sera également à l'urbaniste-architecte d'être pro-actif et d'initialiser lui-même certaines études de façon à ce que le pôle clients voit l'intérêt de suivre cette démarche. Aussi l'urbaniste-architecte pourra réaliser par lui-même les premières étapes de construction d'une cible urbanisée de son domaine de façon à donner envie à ses interlocuteurs d'aller plus loin ensemble dans la suite de l'étude.

L'urbaniste-architecte devra autant que possible traduire ses actions en valeur ajoutée. Car parler au pôle clients de modèle de données ou de cartographie applicative ne le motive pas immédiatement. En revanche, montrer le lien entre les données utilisées et celles d'un autre domaine et la nécessité de leur cohérence, montrer l'importance de définir avec les axes d'urbanisme le bon niveau de commonalité et le bon périmètre fonctionnel d'une nouvelle application, ce qui évitera des coûts futurs d'adaptation, montrer comment on peut simplifier la complexité de son domaine par réduction du nombre d'applications et du nombre d'interfaces lui parleront beaucoup plus et lui montreront plus concrètement la valeur ajoutée par l'urbanisme.

Une des dimensions qu'apportera également l'urbaniste-architecte sera la transversalité avec d'autres domaines d'urbanisme, élément de connaissance indispensable pour toute étude d'urbanisme d'un domaine. Grâce à sa connaissance fine de l'architecture et des applications des domaines dont il a la charge complétée d'un certain nombre d'informations concernant les domaines connexes, l'urbaniste-architecte sera à même d'apporter de la valeur ajoutée et un éclairage complémentaire au pôle clients et lui faire toucher du doigt les interactions à prendre en compte, que ce soit en terme de données, d'applications existantes ou de cibles d'urbanisme déjà réalisées sur les domaines voisins.

L'urbaniste-architecte aura également un rôle important dans la promotion du référentiel cartographique. Celui-ci doit devenir l'outil de base du pôle clients pour comprendre la situation existante et pour piloter la mise en œuvre des cibles d'urbanisme et d'architecture fonctionnelle.

7.3.2. Faire prendre le relais aux pôles client

Cependant les missions principales de l'urbaniste-architecte sont de construire des cibles d'urbanisme et d'architecture et les scenarii de mise en œuvre de ces cibles pour prendre en compte les besoins des directions métier, relayés par les pôles client, et de faire en sorte que les schémas directeurs lancés par les directions métier contribuent à la construction du plan d'urbanisme de l'entreprise. L'urbaniste-architecte n'a pas vocation à déclencher et à réaliser seul des études d'urbanisme sans l'implication des directions métier et des pôles client ou à maintenir à vie la cartographie applicative à la place des pôles client. L'urbaniste-architecte aura donc en particulier dans ses missions d'initialiser dans le référentiel cartographique la documentation du domaine d'urbanisme dont il a la charge et d'amener progressivement les acteurs des pôles client à prendre le relais et à devenir les responsables de la mise à jour de ses informations.

L'urbaniste-architecte devra donc rechercher en permanence à mobiliser et à motiver les pôles client pour qu'ils prennent progressivement le *leadership* pour l'utilisation de l'urbanisme comme méthode de travail dans leurs relations avec leurs interlocuteurs des directions métier et pour le pilotage de l'urbanisme de leurs domaines. L'expérience montre que ce passage de relais va nécessiter du temps avant que les pôles client aient compris le sens et la valeur ajoutée de la démarche d'urbanisme, en deviennent porteurs et se lancent concrètement dans la démarche.

Cet apprentissage se fera par domaine et par pôle clients, certains étant plus volontaires et plus réactifs que d'autres. Mesurer le nombre de secteurs ou d'actions qui s'appuient sur la démarche d'urbanisme sera un bon indicateur pour estimer le succès de la démarche en terme d'adhésion des différents acteurs et de prise de relais par eux et pour savoir s'il faut déclencher de nouvelles actions de formation ou de sensibilisation pour intensifier la vitesse de déploiement.

L'urbaniste-architecte a donc un rôle majeur, de promoteur, de catalyseur, de force de proposition pour amener progressivement le pôle clients à intégrer la démarche, les méthodes et outils dans ses pratiques quotidiennes. Il aura au début à faciliter la création de vision par la démarche qu'il apportera, à initialiser la capitalisation d'informations, avant idéalement de se retirer progressivement de ce registre, une fois que ses interlocuteurs auront pris le relais, pour se recentrer sur ses missions propres de créateur de cibles, de fournisseur de cohérence et de transversalité au service de ses interlocuteurs et de contrôleur et de prescripteur pour la mise en œuvre concrète par eux des principes et règles d'urbanisme.

Malgré tout, l'urbaniste-architecte devra continuer à assurer son rôle d'accompagnateur du pôle clients car il y aura toujours à veiller sur la cohérence de l'ensemble des travaux d'urbanisme, même une fois le pôle clients converti à l'application de la démarche.

7.4. Ancrer la démarche d'urbanisme dans les processus quotidiens

7.4.1. Positionner les principes et livrables d'urbanisme dans le jalonnement des projets informatiques

Une fois les composantes de la démarche d'urbanisme mises au point, il sera fondamental de mettre à jour rapidement la démarche et la documentation de réalisation de projet informatique, pour qu'elles prennent en compte la démarche d'urbanisme. Cela concernera principalement la documentation à fournir aux jalons de projet qui va s'enrichir des points spécifiques à l'urbanisme et à l'architecture fonctionnelle.

Cela pourra par exemple se traduire par la nécessité pour chaque nouveau projet de fournir avec la première expression du besoin, à partir de la cartographie applicative de l'existant issue du référentiel cartographique, le positionnement du projet par rapport au reste du système d'information, par rapport aux axes d'urbanisme (périmètre géographique, produits/services, organisation), les liens qu'a le projet avec les études d'urbanisme précédentes et les activités métier couvertes par le projet.

Cela pourra également consister en la fourniture en fin de phase de préétude d'une cartographie applicative cible, d'un modèle conceptuel des données utilisées en montrant en particulier si certaines données référentielles sont concernées, ces travaux étant en grande partie réalisés avec l'urbaniste-architecte.

Cela pourra aussi se traduire par la nécessité pour l'équipe projet de remettre à jour le référentiel cartographique, lors de la mise en opérationnel d'une nouvelle application, avec toutes les modifications apportées par cette nouvelle application et d'y intégrer également toutes les cartes et modèles de données nécessaires pour capitaliser l'information.

Il sera donc fondamental de compléter la *check list* de ce que chaque projet doit fournir aux différents jalons en ajoutant ces différents livrables propres à l'urbanisme.

Bien sûr comme il a été dit au chapitre précédent, l'urbaniste-architecte va participer, aux côtés du projet, à la réalisation de ces livrables, en apportant sa connaissance du domaine fonctionnel, son éclairage et ses conseils sur l'utilisation des données et les liens avec les applications existantes. Ce sera une occasion pour l'urbaniste-architecte de repréciser le pourquoi de la démarche d'urbanisme et de montrer en quoi le projet va contribuer à l'amélioration et la cohérence du système d'information, pour peu qu'il respecte les principes de cette démarche.

Afin d'aider les équipes projets à améliorer au quotidien leur prise en compte de l'urbanisme, la *check list* des livrables d'urbanisme évoqués précédemment pourra être publiée dans l'intranet de l'entreprise. Ainsi chaque projet aura une connaissance parfaite des points qu'il aura à documenter s'il veut avoir la validation de ses passages de jalons.

Il sera en parallèle important de faire un certain nombre de contrôles de conformité des projets sur les points d'urbanisme et d'architecture. Ceci pourra se faire par une revue du projet avant signature du dossier de lancement du projet, si la direction de l'urbanisme est systématiquement impliquée dans le circuit d'approbation du lancement d'un nouveau projet, et par la réalisation de revues à la fin de chaque phase d'un projet pour vérifier que tous les points nécessaires ont bien été documentés avec le bon niveau de qualité, puis bien mis en œuvre.

Tout ceci va aider à rendre l'urbanisme et l'architecture fonctionnelle plus naturels pour les projets et pour les pôles client. C'est bien sûr l'ancrage de l'urbanisme et de l'architecture fonctionnelle dans les pratiques quotidiennes qui est recherché. On pourra d'ailleurs mesurer sa progression en observant par exemple, dans le document de définition du besoin d'un nouveau projet, le paragraphe spécifique concernant le positionnement de ce projet par rapport aux principes d'urbanisme et aux cibles d'urbanisme déjà réalisées. La qualité de la documentation de ce paragraphe sera un excellent indicateur pour mesurer la maturité des équipes de projet sur ce sujet. Il faudra tenir compte de l'implication de l'urbaniste-architecte dans la documentation de ce paragraphe, car les résultats seront bien entendu non significatifs si c'est l'urbaniste-architecte qui a lui-même documenté ce paragraphe.

7.4.2. Mettre en place un comité d'urbanisme

Toutes les idées exposées précédemment permettent finalement de faire des avancées individuelles, dépendant de la plus ou moins grande réceptivité de tel ou tel pôle clients, de tel ou tel projet ou opportunité de faire une étude d'urbanisme sur un domaine, de la pertinence de faire une étude d'urbanisme pour répondre à telle question et de la capacité à convaincre de l'urbaniste-architecte en charge d'un domaine.

Il est donc important de mettre en place une instance de pilotage de l'urbanisation du système d'information, pour avoir une vue d'ensemble de tous ces travaux, pour montrer en quoi chacun contribue à construire un ensemble cohérent et pour poursuivre le travail d'adhésion et d'ancrage de chaque secteur de la direction des systèmes d'information dans la démarche et dans les pratiques d'urbanisme.

Nous appellerons comité d'urbanisme cette instance, composée des principaux membres du comité de direction de la direction des systèmes d'information et présidé par le directeur des systèmes d'information.

Nous préconisons que ce comité se réunisse au minimum deux fois par an.

Son rôle sera :

– de prioriser les études d'urbanisme demandées par les directions métier, de proposer le lancement d'études prioritaires et de vérifier que les ressources nécessaires sont bien mises en place ;

– de piloter l'avancement de l'urbanisation du système d'information à partir des résultats des études et des autres actions d'urbanisme, du suivi de l'indicateur de taux d'urbanisation du système d'information – qui sera décrit ultérieurement – et du contenu du plan d'urbanisme. Il s'agira également de repréciser les orientations stratégiques des grandes composantes de l'urbanisme (politique de référentiels de données et d'entrepôt de données) et de passer en revue leur déploiement ;

– de s'assurer, à partir des indicateurs de mesure du déploiement dans les différents domaines d'urbanisme, que progressivement chaque secteur est bien engagé dans la démarche et que les principes et outils d'urbanisme sont bien ancrés dans les pratiques quotidiennes. Il s'agira également de faire un point sur le contenu du référentiel cartographique ;

– de valider et d'officialiser les évolutions de la démarche d'urbanisme concernant par exemple le découpage des domaines d'urbanisme, les règles d'urbanisme, les livrables demandés aux projets ;

– de faire le point sur les opérations de communication déjà réalisées et de décider de lancer de nouvelles actions.

Idéalement, des représentants des directions métier participeront aussi à ce comité d'urbanisme. Nous proposons d'intégrer ces représentants qu'une fois la démarche un peu rôdée, de façon à ce qu'ils profitent d'une dynamique positive plutôt que de risquer de les voir rejeter l'urbanisme, parce que associés dès le début à une démarche encore un peu balbutiante.

7.5. La valeur ajoutée de l'urbanisme pour la direction des systèmes d'information

7.5.1. Elargir la problématique posée par une direction métier

Comme il a été déjà dit précédemment, la démarche d'urbanisme va apporter de la cohérence par le fait même qu'elle standardise à la fois les méthodes au travers de l'application de la démarche d'urbanisme mais aussi les objets qu'elle manipule comme les applications, les données, les fonctions, les activités, etc. Elle va également permettre aux pôles client de se placer dans une logique de pro-activité et d'anticipation vis-à-vis des directions métier en intégrant les axes d'urbanisme dans leurs réflexions.

En effet plutôt que de répondre simplement à un nouveau besoin tel qu'exprimé par une direction métier, le pôle clients, en utilisant le positionnement de ce besoin sur les axes produits, organisation et géographique, va permettre d'élargir la problématique posée, de construire une vision plus long terme et plus globale avec son client et d'élaborer ensuite une réponse qui soit mieux adaptée au besoin réel actuel et futur, évitant ainsi des coûts ultérieurs de correction de trajectoire parce que la vision aura été trop courte au départ.

7.5.2. Accroître la performance par la visibilité sur le système d'information

La démarche d'urbanisme rend également visible l'état actuel et la cible du système d'information, le patrimoine informatique, en particulier grâce au référentiel cartographique, et révèle les insuffisances, les défauts de conception du système d'information. La liste des applications est connue, centralisée. Chaque application est décrite sous forme d'informations textuelles et de cartes. Les cibles d'urbanisme par domaine sont définies. Les données et en particulier les données référentielles sont décrites.

Toutes ces informations sont accessibles par tous *via* l'intranet de l'entreprise ce qui fait gagner un temps précieux dès que l'on cherche une information sur le système d'information de l'entreprise. Fini le temps où chacun stockait sur son poste de travail les informations de son domaine et où il fallait faire le tour de dix personnes avant de reconstituer un puzzle pour retrouver l'information cherchée concernant un morceau du système d'information.

Cette mise à disposition partagée de l'information permet d'orienter toutes les évolutions du système d'information vers les cibles qui ont été décrites. Cela permet également de lancer des opérations de simplification du parc applicatif ou d'amélioration de l'architecture du système d'information afin d'éliminer les dysfonctionnements ou les redondances qui ont apparu dans le référentiel cartographique. Cela donne aussi la possibilité de réutiliser des composants existants, des applications et des données plutôt que de réinventer ou de créer des doublons. Donner de la visibilité sur le système d'information contribue donc à augmenter sa rentabilité, à réduire ses coûts d'entretien et d'évolution et globalement à rendre la direction des systèmes d'information plus performante.

7.5.3. Favoriser la transversalité entre les domaines d'urbanisme

De plus la démarche d'urbanisme apporte de la transversalité et renforce la cohérence entre les domaines d'urbanisme. Elle force en effet à regarder au-delà d'un domaine et à prendre en compte les interactions externes. Ceci est principalement vrai pour les données référentielles dans la mesure où ce sont des données qui sont transversales à toute l'entreprise et qui doivent être prises en compte par tout domaine d'urbanisme. La démarche d'urbanisme permet donc un décloisonnement des différentes équipes ce qui va aider à donner plus de flexibilité et de souplesse au système d'information et renforcer une fois encore sa cohérence.

7.5.4. Utiliser le découpage en domaines d'urbanisme pour le pilotage stratégique de la direction des systèmes d'information

Enfin le découpage des domaines d'urbanisme peut être utilisé comme référence pour l'analyse et le pilotage de certains volets stratégiques de la direction des systèmes d'information. On pourra par exemple utiliser ce découpage pour analyser la répartition de ses dépenses annuelles et affecter les budgets de l'année suivante, pour piloter la répartition de ses ressources par domaine, pour construire le plan triennal en le structurant par domaine d'urbanisme, pour améliorer l'organisation et l'efficacité internes de la direction des systèmes d'information en structurant son fonctionnement par domaine. Ce découpage par domaines d'urbanisme deviendra petit à petit un découpage de référence qui va également apporter de la cohérence au fonctionnement au quotidien de la direction des systèmes d'information.

7.6. Les difficultés

Le déploiement de la démarche d'urbanisme est un processus qui s'ancre dans la durée. Tout ne va donc pas se faire en un jour. Cependant pour arriver à pérenniser cette démarche, il va falloir contourner les difficultés qui peuvent se présenter.

7.6.1. Prendre en compte le court terme tout en visant le long terme

Nous avons déjà expliqué précédemment que l'urbaniste-architecte va devoir faire évoluer le pôle clients dans sa façon de travailler. En effet bien que cherchant à construire une vision long terme, le pôle clients a souvent tendance à vouloir fournir une réponse à ses clients dans les meilleurs délais, au détriment de la construction d'une cible plus lointaine qui mettra plus de temps à être construite. L'urbaniste-architecte a lui une volonté de construire une cible long terme, de façon à pouvoir s'assurer que les nouveaux projets s'inscrivent bien dans la cible définie.

Il y a donc matière à conflit d'intérêt et tout l'art de l'urbaniste-architecte sera d'arriver à concilier les points de vue de chacun. En effet, pour la pérennité, la cohérence et la flexibilité du système d'information, il faudra absolument jouer la carte de la vision long terme. Mais il n'est pas concevable de tenir une position où on pénaliserait en délai la fourniture de la réponse informatique au besoin exprimé par une direction métier sous prétexte que la vision long terme n'est pas établie. Car derrière tout besoin métier il y a en général du *cash* immédiat à récupérer par l'entreprise. L'urbaniste-architecte a donc comme difficile mission de convaincre le pôle clients de lancer rapidement avec les directions métier concernées la construction d'une cible pour son domaine mais aussi d'accepter que le nouveau projet démarre en précisant toutefois ce que ce projet doit prendre en compte et laisser de côté pour avoir toutes les chances d'être aligné à moindres frais sur la future cible à construire.

7.6.2. Faire cohabiter le local et le global

En parallèle du point précédent, le pôle clients a tendance à rester centré sur l'optimisation du périmètre dont il a la charge et a du mal à intégrer les contraintes extérieures provenant des périmètres connexes, soit parce qu'il ne les connaît pas, soit parce qu'il faut une nouvelle fois privilégier le délai de réponse à une expression de besoin client par rapport à une étude d'impact plus fine. Ainsi il peut être amené à définir ses propres données ou à créer une base de données propre à son périmètre, alors que ces mêmes données sont des données référentielles ou initialisées par un autre domaine. Il pourra également travailler sur une cible applicative sur son périmètre, sans s'apercevoir que certaines évolutions dans des périmètres voisins ont un impact fort sur le sien.

Or, comme nous l'avons dit précédemment, l'objectif majeur de l'urbanisme est d'assurer une cohérence transversale entre les différents domaines notamment en ce qui concerne les données et les flux entre les applications. L'urbaniste-architecte a lui une volonté de construire une cible globale, cohérente tenant compte des contraintes externes et des règles d'urbanisme définies. Il a l'objectif de s'assurer de la cohérence entre les données, les applications et les processus métier, particulièrement pour ceux qui traversent l'entreprise, de façon à pouvoir s'assurer que ce qui est bâti d'un côté n'apporte pas de préjudice aux autres parties du système d'information et ne va pas à l'encontre des plans d'évolutions futures.

L'urbaniste-architecte aura une nouvelle fois à jouer son rôle de médiateur vis-à-vis des pôles client. Il est clair qu'il faut toujours jouer la carte de la cohérence et montrer ce qui doit être mis en œuvre pour l'atteindre, en particulier s'appuyer sur les standards et réutiliser ce qui existe déjà. Mais viser systématiquement la mise en œuvre de la situation idéale et parfaitement cohérente n'est pas possible car cela peut amener à allonger considérablement les délais de lancement ou de réalisation d'un nouveau projet, ce qui décale d'autant l'instant où le métier pourra faire progresser son processus et apporter ainsi un surcroît de performance à l'entreprise. Mais le pôle clients doit comprendre que même si le projet se réalise, il doit engager en parallèle un plan de mise en cohérence du système d'information de son périmètre, ce qui commencera par la définition de la cible à atteindre.

7.6.3. *Faire lancer au pôle clients une étude d'urbanisme sur son périmètre*

A force de communication de la part de l'urbaniste-architecte sur l'intérêt de l'urbanisme, le pôle clients va comprendre la valeur ajoutée d'une telle démarche. Mais cela constitue bien souvent quelque chose à faire en plus plutôt qu'un apport de cohérence et de vision à son processus habituel de travail. L'urbaniste-architecte aura donc à pousser plus loin ses explications de façon à bien faire comprendre tout ce que la démarche peut apporter de connaissance sur l'existant et d'éclairage sur le futur.

Bien souvent et malgré cette implication et ces explications complémentaires de l'urbaniste-architecte, le pôle clients a toujours une difficulté à décider de lancer un chantier sur son périmètre de responsabilité. Plusieurs arguments peuvent appuyer cette hésitation : manque de ressources internes, pas d'implication ou d'adhésion des directions métier concernés, autres priorités actuelles. On est, dans ce cas, prisonnier d'un cercle infernal où le pôle clients, malgré les arguments précédents, accepterait de se jeter à l'eau s'il était sûr des résultats qu'il allait obtenir, résultats qu'il ne pourra mesurer que s'il lance une étude. Rien n'est plus difficile à vivre que cette situation.

Il faut absolument éviter d'atteindre un état où le pôle clients déciderait de lancer une étude pour se donner bonne conscience sans pour autant affecter des ressources, en faisant reposer alors tout le travail sur l'urbaniste-architecte. Car il est fondamental que ce chantier d'urbanisme soit piloté et réalisé par le pôle clients, évidemment avec le support et la connaissance de l'urbaniste-architecte, sinon les conclusions de ce chantier n'auront pas son adhésion et ne deviendront pas le cadre du futur plan d'évolution de son domaine.

Il est certain qu'avoir l'adhésion des directions métier sur le fait de lancer une étude d'urbanisme ou d'avoir une demande des directions métier de faire cette étude est un facteur déclenchant fort et c'est le cas idéal. Mais en l'absence de ce soutien fort, le pôle clients doit néanmoins être porteur d'une vision globale sur son périmètre, en termes de cohérence, de dysfonctionnements actuels, d'axes d'évolution. C'est donc un acte qui devrait être naturel et légitime, à partir du moment où les apports de la démarche d'urbanisme ont été compris, et c'est aussi une façon d'être pro-actif vis-à-vis des métiers, une attitude qu'on attend en général d'une direction des systèmes d'information.

L'urbaniste-architecte devra donc chercher ce qui pourrait aider le pôle clients à décider de lancer cette étude. La plupart du temps la réponse viendra par deux canaux :

– l'urbaniste-architecte étant associé à la phase amont de chacun des nouveaux projets, il est amené à mettre le doigt sur des incohérences d'utilisation de données, de contenu de flux entre deux applications ou de découpage fonctionnel d'une nouvelle application, autant de remarques qui lorsqu'elles sont mises bout à bout révèlent qu'il est important de prendre du recul au travers d'une étude plus globale ;

– vu sa connaissance approfondie des données, des flux et des applications du domaine d'urbanisme dont il est le garant, l'urbaniste-architecte est consulté régulièrement par le pôle clients pour connaître par exemple l'incidence d'une modification d'un processus métier sur le parc applicatif du domaine. Si la question est quelque peu délicate, l'urbaniste-architecte aura besoin de mener une étude un peu détaillée. Certaines questions peuvent amener l'urbaniste-architecte à demander d'élargir l'angle de vue au delà de la simple question posée et donc nécessiter une étude plus globale.

L'urbaniste-architecte est bien sûr fortement intéressé à la réalisation d'une étude d'urbanisme sur le domaine qu'il couvre dans la mesure où celle-ci va définir le cadre dans lequel devront évoluer ensuite tous les futurs projets du domaine. Cela permet donc d'avoir, avec le pôle clients, une vue partagée des orientations à suivre, des contraintes à prendre en compte, des actions futures d'évolution ou de mise en cohérence à lancer et donc à planifier.

7.6.4. Tenir le cap malgré des choix budgétaires en inadéquation avec les principes d'urbanisation

La mise en œuvre de l'urbanisme passe par le respect des règles d'urbanisme afin de progresser vers la cohérence et la flexibilité du système d'information. Mais tout ceci a un coût que certains secteurs pourront considérer comme une dépense alors que d'autres le considéreront comme un investissement pour le futur, car générateur d'économie, de temps et d'argent pour les projets futurs.

C'est en particulier le cas pour les référentiels de données et pour l'entrepôt de données, deux constituants importants de ce que l'on appellera ici l'infrastructure socle de l'urbanisme.

Dans le premier cas, on sait que si un référentiel de données existe, alors les données qu'il contient sont de qualité, ont une définition unique, une valeur identique dans toute l'entreprise. Par exemple si une entreprise met en place un référentiel clients ou fournisseurs, il n'y aura au sein de l'entreprise qu'une seule définition de ce qu'est un client ou un fournisseur et chacun pourra accéder à cette information en sachant qu'elle est juste, à jour et unique. Ainsi un client ne sera défini qu'une fois avec son nom, son adresse, etc., et on ne risquera pas d'avoir pour un même client deux noms ou adresses différents. C'est donc une économie future et un gage de qualité et de fiabilité pour tout projet qui aura ultérieurement à utiliser ces données et donc une économie pour l'entreprise. Mais c'est un coût pour le premier projet qui aura à financer la réalisation de ce référentiel de données, ce qui sera souvent difficile à faire accepter par le chef de ce projet. A moins que n'existe en central une ligne budgétaire pour traiter ces besoins, ce que nous évoquerons un peu plus loin, auquel cas la situation financière est plus simple.

Dans le cas de l'entrepôt de données, si on a défini une politique d'entreprise qui dit que cet entrepôt est le point de passage unique pour tous les besoins de calcul d'indicateur sur les données de production historisées, alors on attend de chaque projet qu'il alimente l'entrepôt avec les données nécessaires pour ses propres besoins ou qu'il sait utiles dans le futur pour le reste de l'entreprise. Et chaque projet sait que c'est en sortie de l'entrepôt de données qu'il doit aller chercher celles dont il a besoin pour sortir les tableaux de bord et indicateurs demandés par les directions métier, pour peu que leur alimentation dans l'entrepôt ait bien été prise en charge lors d'un précédent projet.

Dans ce cas construire de nouveaux indicateurs est peu coûteux car tout le travail de vérification de la qualité des données et de stockage dans l'entrepôt a déjà été fait. Le nouveau projet n'a plus qu'à se servir. C'est donc une économie importante pour l'entreprise car plutôt que de re-développer pour chaque indicateur autant de liens avec les applications dont on voudrait utiliser les données, il n'y a juste qu'à se lier à l'entrepôt de données et à activer les bonnes données. Mais cela a nécessité que le projet, qui a introduit la donnée dans l'entrepôt, ait dépensé de l'argent pour cette introduction, ce qui une nouvelle fois va demander de jouer collectif, surtout quand ce projet ne se servira pas lui-même de la donnée mais l'a introduite pour les besoins futurs des autres projets.

Dans les deux cas, on voit que suivre scrupuleusement les règles d'urbanisme va demander à chaque secteur de la direction des systèmes d'information de consacrer une partie de son budget pour la collectivité, soit par le développement de référentiels de données, soit par la mise à disposition de ses données dans l'entrepôt de données. Or bien souvent les enveloppes budgétaires sont définies sans savoir finement quels seront les besoins en évolutions vis-à-vis de l'infrastructure socle de l'urbanisme. Et s'il n' y a pas eu de ligne budgétaire transversale couvrant ces besoins ou si elle a été conjoncturellement réduite, personne ne voudra rogner une partie de son propre budget pour financer des opérations qui ne sont pas directement en rapport avec les besoins de la direction métier dont il a la charge.

Ou bien quand un secteur accepte d'inclure ces coûts de mise en œuvre dans un de ses projets, la rentabilité du projet s'en trouve réduite, vu qu'il n'y a pas directement pour ce projet de rentabilité de l'investissement qu'il aura réalisé dans l'infrastructure socle de l'urbanisme. Le risque sera alors que le projet soit refusé ou que la direction métier trouve qu'il prend trop d'importance par rapport à l'enveloppe budgétaire consacrée à son périmètre et qu'elle cherche à en diminuer le coût par réduction de sa couverture fonctionnelle, ce qui va amener irrémédiablement à éliminer du périmètre à étudier, la partie infrastructure socle de l'urbanisme, car n'étant pas directement nécessaire pour cette direction métier.

Ici également l'urbaniste-architecte aura à montrer en quoi il est fondamental d'avoir une vue transversale et combien il est important de jouer collectif pour progresser vers un système d'information cohérent et urbanisé. Cela prêche en tout cas pour disposer d'une ligne budgétaire transversale couvrant une partie des besoins d'évolution de l'infrastructure socle. Car nous n'avons pas mentionné le cas encore plus délicat d'un projet qui aurait besoin en sortie de l'entrepôt de certaines données qui ne sont pas encore dans l'entrepôt et qui sont de la responsabilité d'un autre domaine, qui lui n'a pas prévu dans son plan de travail annuel de les introduire. Dans ce cas, la solution sera inextricable si quelque part n'existe pas une ligne budgétaire transversale permettant de financer l'introduction dans l'entrepôt des données d'un secteur dont un autre a besoin.

D'où l'importance d'avoir inscrit une ligne dans le budget annuel de la direction des systèmes d'information, gérée ou non par la direction de l'urbanisme, spécialement disponible pour le financement de tous les travaux d'infrastructure socle de l'urbanisme.

7.6.5. Accepter que tout ne soit pas bon du premier coup

Nous avons déjà évoqué dans un chapitre antérieur que l'urbanisme ne se construisait pas en un jour et qu'il fallait considérer l'urbanisme plus comme une course de fond plutôt qu'un *sprint*. Nous avons écrit que l'urbanisme allait prendre du temps et que tout ne serait pas parfait du premier coup. Mais tout ceci a été écrit dans le contexte du démarrage de la démarche d'urbanisme.

Les paragraphes précédents montrent que même une fois la démarche entrée un peu plus profondément dans les habitudes et dans les références des équipes, des écarts demeurent au sein des scénarii mis en œuvre, écarts parfois importants avec ce qu'il faudrait idéalement faire pour avoir un système d'information flexible et urbanisé. L'expérience montre que très souvent la cible est partagée avec tous les acteurs, tout le monde est d'accord pour dire où et comment il faudrait y aller, mais désolé !, on doit faire encore cette fois-ci pas très propre et promis !, on met en œuvre la cible la prochaine fois.

Aussi décevant que ce constat puisse paraître, il est réconfortant de noter qu'on passe malgré tout progressivement, à force de s'appuyer sur les mêmes règles et principes de fonctionnement, d'un état où la culture du collectif et de la cohérence était peu existante à un état où celle-ci prend de plus en plus d'importance et où elle est de mieux en mieux entendue. Cela signifie que même si toutes les actions qu'il faudrait idéalement faire ne sont pas réalisées, la trajectoire qui est suivie en terme de comportements se rapproche malgré tout petit à petit de la trajectoire cible. Et c'est pour beaucoup au cadre défini par la démarche d'urbanisme et à toutes ses facettes qu'on doit cette évolution.

L'urbaniste-architecte a donc tout lieu d'être un peu satisfait de voir que sa ténacité donne des fruits. Il est donc important qu'il garde sa motivation à guider les acteurs, sur son domaine d'intervention, vers la mise en œuvre de façon de plus en plus complète de la démarche d'urbanisme, en les aidant à changer leurs comportements et habitudes. Il sera également fondamental qu'il renforce progressivement son niveau d'exigence par rapport à ses interlocuteurs de façon à ce que toute avancée de leur part fasse partie la fois suivante du processus normal de travail.

Même si le processus est long, on mesurera progressivement que les fondamentaux de l'urbanisme commencent à prendre leur place dans les processus de travail et dans le vocabulaire d'entreprise au quotidien. Il en sera ainsi du référentiel cartographique dès qu'il commencera à contenir une quantité intéressante d'information, de la démarche d'urbanisme dès que quelques études auront été réalisées, des référentiels de données et de l'entrepôt de données à force d'en parler lors de l'examen de tous les dossiers des nouveaux projets.

Face à l'ambition de rendre cohérent et flexible l'ensemble du système d'information, il faudra s'armer de patience et se dire que c'est un travail de longue haleine à étaler sur plusieurs années. La meilleure façon est sans doute de se fixer tous les ans un axe privilégié de travail parmi toutes les dimensions à mettre en œuvre dans le cadre de la démarche d'urbanisme et de changer cet axe chaque année tout en mettant en place le dispositif pour pérenniser les progrès qui auront été réalisés les années précédentes.

Chapitre 8

Le travail de conviction au sein des métiers de l'entreprise

« A force de remettre à plus tard, la vie nous dépasse. » SENEQUE

Nous avons expliqué dans les chapitres précédents que l'urbanisation du système d'information était au service de l'alignement stratégique du système d'information avec les enjeux et la stratégie de l'entreprise et de ses métiers. Nous avons aussi montré qu'un des principaux apports de la démarche d'urbanisation était l'analyse du positionnement des activités métier suivant les axes de commonalité, analyse qui ne pouvait être menée qu'avec les métiers, car eux seuls savaient à quel niveau leurs activités devaient être positionnées en existant et cible sur ces axes. De la même façon, seuls les métiers étant capables de lister de façon complète leurs activités, la liste des activités métier à prendre en compte pour une étude d'urbanisme ne pouvait être déterminée avec rigueur que par les directions métier de l'entreprise.

Cela veut donc dire qu'une étroite collaboration va être nécessaire entre la direction des systèmes d'information et chacun des métiers de l'entreprise afin de pouvoir réaliser cet alignement. Cela implique que chacun des métiers ait une bonne compréhension de ce qu'est l'urbanisme, en quoi consiste une étude d'urbanisme, de ce que cela va lui apporter et en quoi sa participation est nécessaire.

Nous avons également montré dans le chapitre précédent combien il était important de convaincre les pôles client du bien fondé de la démarche d'urbanisme et de les associer à la mise en place et au fonctionnement permanent de cette démarche de façon à ce qu'ils en deviennent les promoteurs. Ceci est d'autant plus important que ce sont eux qui sont au contact des directions métier de l'entreprise et donc ont à jouer un rôle tout à fait majeur dans le travail de conviction des directions métier.

Aussi, on peut dire que le déploiement de la démarche d'urbanisme dans une direction métier va être du côté de la direction des systèmes d'information une opération en binôme où le pôle clients va apporter d'une part, le bon niveau de relation qu'il a avec son client, la bonne connaissance qu'il a de son métier et de ses projets d'évolution et d'autre part, la volonté de mettre plus de cohérence à la partie du système d'information qui le concerne, et où la direction de l'urbanisme va apporter sa maîtrise de la démarche d'urbanisme et les outils la mettant en œuvre.

On peut distinguer deux étapes dans l'implication des directions métier de l'entreprise:

– la participation de quelques personnes des directions métier concernées par les deux à trois chantiers pilotes servant à valider les principes et les outils de la démarche d'urbanisme,

– la participation plus large des directions métier, une fois que la démarche est opérationnelle et qui sera mise en œuvre suivant les besoins et opportunités d'études d'urbanisme se présentant dans les directions métier.

Cette participation ne sera possible et bénéfique que si une démarche de communication et d'explication pédagogique est bâtie et mise en œuvre conjointement entre la direction de l'urbanisme et les pôles client auprès de toutes les directions métier.

8.1. Lancer la démarche d'urbanisation avec un nombre limité de directions métier

8.1.1. Expliquer pourquoi la direction des systèmes d'information introduit cette notion d'urbanisme

La démarche d'urbanisme, tout comme la création d'une direction de l'urbanisme, est une décision de la direction générale ou de la direction des systèmes d'information qui juge à un certain moment qu'il faut donner plus de cohérence et de performance au système d'information :

– parce qu'il devient difficilement maniable, avec beaucoup d'applications développées de façon indépendante et par couches successives, et comportant beaucoup d'interfaces et de liens entre ces applications,

– parce qu'il faut éliminer l'habitude qui souvent a été prise, de mettre en œuvre de nouveaux projets pour satisfaire un besoin spécifique sans toujours vérifier que ce besoin n'est pas partagé par d'autres secteurs de l'entreprise ou n'a pas de répercussion sur une autre partie du système d'information.

Cette décision va devoir être communiquée et expliquée à toutes les directions métier, qui ne connaissent que les méthodes de travail préconisées jusqu'à maintenant par la direction des systèmes d'information et qu'elles appliquent pour la mise en œuvre de leurs projets informatiques. Cette démarche de communication va commencer bien sûr par les directions métier qui vont être impliquées dans les chantiers pilotes.

Il sera important, dans la communication vers ces directions métier, de bien faire comprendre le pourquoi de l'urbanisme, les objectifs recherchés, le processus de mise en œuvre de la démarche et les livrables obtenus en fin d'une étude d'urbanisme. Le pourquoi de la démarche pourra s'appuyer sur la complexité du système d'information actuel illustré par exemple, par le nombre d'applications et d'interfaces pour traiter les activités métier d'un certain périmètre, sur le coût des évolutions, sur le délai et la difficulté de réalisation de ces évolutions, sur la redondance, observée sur l'ensemble du système d'information, d'applications rendant à peu près les mêmes services à deux directions différentes, sur la difficulté de déployer certaines applications à l'international parce qu'elles n'ont pas été conçues directement pour cette utilisation et du coup ont besoin d'évolutions importantes, etc.

Une photo de la répartition budgétaire entre les coûts de maintenance corrective et d'entretien des applications existantes, les coûts de leurs petites évolutions et les coûts des nouveaux projets pourra servir de support aux explications, en particulier si cette photo fait apparaître que la majorité du budget annuel de la direction des systèmes d'information est affectée à l'entretien et aux évolutions de l'existant, laissant peu de marges de manœuvre et d'opportunités pour réaliser de nouveaux projets.

Les objectifs de la démarche devront être présentés sur les aspects à long terme de cohérence, de simplification et de flexibilité du système d'information, tout en expliquant comment cela va se traduire sur le court terme. Il faudra en particulier rassurer en montrant qu'un équilibre sera recherché entre l'application de la démarche d'urbanisme, qui demandera que l'on prenne plus de temps à étudier les demandes d'évolution ou de nouveaux projets, et la prise en compte des attentes des utilisateurs. En effet, ceux-ci comptent en général le plus vite possible sur les évolutions et progrès du système d'information afin d'être vite plus performants dans leurs processus de travail et globalement contribuer plus fortement à la performance de l'entreprise. De ce point de vue l'urbanisme pourra apparaître en contradiction avec l'objectif de réactivité souhaité par les métiers.

On pourra expliquer que la démarche d'urbanisme vise à construire des cibles à 5 ou 10 ans s'appuyant sur les évolutions connues ou futures des enjeux et processus métier, cibles indispensables pour avoir une bonne maîtrise de l'évolution de son périmètre métier et de l'évolution du système d'information associé. Ces cibles permettront ensuite de construire les nouveaux projets avec le bon périmètre fonctionnel et de vérifier que toute évolution souhaitée du système d'information est bien dans la bonne trajectoire.

Cependant, tant que cette cible n'est pas construite, l'urbanisme ne pourra faire, en plus de s'assurer du respect des règles d'urbanisme, que quelques apports de bon sens aux projets en cours, essentiellement basés sur la cohérence entre ce qui est souhaité dans ces projets et le reste du système d'information. Ainsi la réalisation de ces projets ne sera pas retardée et cela contribuera à leur plus grande pérennité, sauf si une redondance ou une interaction était détectée avec un projet d'un autre domaine du système d'information, auquel cas les travaux d'urbanisme et d'architecture viseraient à proposer des solutions allant dans le sens de la cohérence et de la simplification.

Le plan de mise en œuvre qui sera exposé aux directions métier impliquées dans les chantiers pilotes, montrera à la fois la phase de validation de la démarche d'urbanisme basée sur les chantiers pilotes et celle du régime permanent réalisée au travers des études d'urbanisme, une fois la phase pilote terminée. Il faudra particulièrement insister sur la phase de validation, qui vise à vérifier que les principes et outils de la démarche sont judicieux et efficaces et pour laquelle l'implication de ces directions métier sera fondamentale. Il faudra également donner des éléments concernant la durée prévisionnelle de cette phase de validation, la durée d'une étude d'urbanisme, une fois la démarche opérationnelle, ainsi que la charge que représentera l'implication d'une direction métier, que ce soit sur un chantier pilote ou dans une étude d'urbanisme.

Enfin on expliquera que les principaux livrables de fin d'étude d'urbanisme consistent dans la description du système d'information cible, aligné sur les enjeux et stratégies métier tels qu'ils auront été définis par le métier, et de la liste des actions à accomplir pour atteindre cette cible. Il s'agira d'actions côté métier pour clarifier certaines positions ou décisions nécessaires à la bonne adéquation du système d'information avec les enjeux et stratégies métier mais aussi, et principalement, d'actions impliquant la direction des systèmes d'information concernant l'évolution d'applications existantes ou la création de nouvelles applications. La direction métier doit bien comprendre que l'étude d'urbanisme n'est pas une fin en soi mais le moyen d'inventorier puis de lancer toutes les actions nécessaires pour arriver à avoir un système d'information en adéquation avec ses enjeux et sa stratégie.

Ce qui est recherché en fin de compte c'est d'avoir l'adhésion des directions métier à cette démarche, adhésion qui sera d'autant plus facile à obtenir qu'elles trouvent pour elles un intérêt à ce travail de cohérence et de simplification et qu'elles sentent bien la difficulté vers laquelle l'entreprise s'achemine d'avoir à gérer un système d'information de plus en plus intégré à la vie de l'entreprise, déployé à une échelle mondiale et qui devient de plus en plus complexe. Mais l'adhésion d'une direction métier ne pourra vraiment s'obtenir qu'après qu'elle a mené à bien une première étude d'urbanisme et qu'elle a touché du doigt les résultats concrets. C'est ce qui rend encore plus difficile l'accord d'une direction métier pour s'engager dans un chantier pilote.

8.1.2 Définir un vocabulaire commun avec les directions métier

Certains interlocuteurs ne voient pas au premier abord en quoi le système d'information a à voir avec l'urbanisme, aussi il va être important de progressivement bien expliquer et faire comprendre en quoi consistent tous les objets que la démarche d'urbanisme manipule, en particulier les domaines d'urbanisme, les blocs fonctionnels et leur liaison avec les activités métier, les axes de commonalité, etc., car ce seront les termes qui reviendront souvent dans les échanges entre les personnes qui travailleront sur des études d'urbanisme.

Il pourra être parfois difficile de faire comprendre aux directions métier que les domaines d'urbanisme correspondent à un découpage du système d'information en grands blocs ou quartiers fonctionnels reflétant les grandes activités métier de l'entreprise et non qu'ils reflètent un découpage organisationnel de l'entreprise. Et malgré le discours répété pour montrer que cette représentation est indépendante de l'organisation, ceci n'empêchera pas, en tout cas au début, que chaque métier ait tendance à rechercher dans l'ensemble des blocs fonctionnels celui ou ceux dont il pense être le propriétaire, alors que très souvent un même domaine d'urbanisme peut être concerné par les activités de plusieurs directions métier.

Ce temps d'explication des composants de la démarche d'urbanisme permettra également de lister quelques termes courants tels que situation existante ou *as is*, situation cible ou *as wished* ou *to be model*, *road map*, etc. Il sera également important de préciser à quoi correspond l'étude d'urbanisme par rapport au schéma directeur qui est un mot plus usuel dans le vocabulaire des métiers et qui pour nous correspond plus à l'expression des enjeux et de la stratégie métier et du plan d'action métier à mettre en œuvre pour réaliser cette stratégie, l'étude d'urbanisme définissant, à partir de ces enjeux et des dysfonctionnements recensés, le plan d'action, principalement système d'information, à dérouler pour soutenir le plan d'action métier.

Il s'agira également d'en profiter pour montrer comment les différents composants de l'infrastructure socle de l'urbanisme, en particulier les référentiels de données et l'entrepôt de données, se positionnent dans le dispositif global et sont pris en compte dans la démarche d'urbanisme. Ce sera l'occasion de rappeler les rôles respectifs de ces composants, les règles qui les concernent et plus généralement de présenter les règles principales d'urbanisme qui régiront le pilotage du système d'information.

C'est en fait l'occasion de mettre en lumière la transversalité qu'il faut développer entre tous les acteurs du système d'information permettant ainsi d'obtenir à terme un système d'information plus simple, plus réactif et mieux organisé. Si ce message arrive à être entendu par le plus grand nombre, alors on pourra arriver à ce qu'une responsabilité transversale nouvelle soit partagée par tous au sein de l'entreprise. Les études d'urbanisme ultérieures ainsi que les futurs projets de systèmes informatiques seront autant d'occasion d'ancrer un peu plus profondément ces principes dans la conscience collective.

8.1.3. Choisir avec soin les chantiers pilotes

Nous avons écrit dans un chapitre précédent que les chantiers pilotes étaient choisis au sein de la direction des systèmes d'information avec les pairs du directeur de l'urbanisme. En fait, ce sont principalement les pôles client qui vont proposer des sujets qui ne seront retenus de façon définitive que lorsque ces propositions seront validées par les directions métier concernées.

Or, à moins qu'il ne s'agisse d'une direction friande d'innovation et de nouveauté, une direction métier ne va pas s'engager comme cela dans la démarche même sur un chantier pilote. Même après avoir reçu les explications et la communication précédentes, elle va avoir besoin d'être rassurée que ce chantier va lui servir à quelque chose, qu'il ne s'agit pas juste de la dernière invention de la direction des systèmes d'information, que cette démarche sera bien déployée ensuite dans tous les domaines de l'entreprise et que cette expérience ne va pas tirer trop fortement sur ses ressources et son budget car elle a d'autres priorités et d'autres sujets d'importance.

Les sujets proposés devront donc prendre en compte toutes ces interrogations et réticences possibles tout en contribuant à atteindre les objectifs de la direction des systèmes d'information dans sa quête de validation de sa démarche d'urbanisme. Il est donc nécessaire de trouver des sujets qui correspondent à un réel besoin métier, par exemple la résolution d'un dysfonctionnement sur un processus majeur du métier ou la construction d'un plan d'évolution à 3 ans du système d'information dans une fonction métier, et qui soient de complexité raisonnable. On a déjà indiqué qu'un chantier pilote devait fournir des résultats en deux à trois mois maximum.

Cela signifie qu'il ne faut pas se lancer, pour cette phase de validation, dans des sujets trop complexes ou de périmètre trop important, le cas d'un sujet faisant intervenir en même temps des acteurs de beaucoup de métiers n'étant pas par exemple adapté pour ce type de chantier pilote car cela demandera trop de temps à définir les bons acteurs, les réunir et les faire travailler ensemble. Il sera également important de choisir des sujets qui couvrent bien la diversité des activités et des problématiques de l'entreprise. On pourra par exemple proposer un sujet côté fabrication, un autre côté commerce et un troisième côté fonctions support, de façon à varier les approches et les angles de vue. On pourra ainsi vérifier si la démarche est universelle ou pose certaines difficultés à certains métiers.

Le fait d'avoir choisi des sujets pilotes dans des directions métier très différentes les unes des autres permettra également d'irriguer par plusieurs canaux l'ensemble de l'entreprise avec les messages et les apports de la démarche d'urbanisme et de contribuer très en amont à la communication générale qui sera nécessaire lorsqu'on passera à la phase opérationnelle et généralisée de la démarche d'urbanisme. C'est un atout fondamental qu'il faudra impérativement jouer pour gagner du temps et de l'efficacité dans le déploiement ultérieur à grande échelle.

8.2. Mener à bien et réussir les chantiers pilotes

La phase de mise en œuvre réelle des travaux démarre une fois que les chantiers pilotes ont été choisis et que les différents intervenants ont été désignés. A chaque chantier pilote va correspondre une équipe de projet spécifique composée des membres de la direction métier concernée, du pôle clients en relation avec cette direction, de l'urbaniste-architecte concerné et animée par le responsable du plan d'urbanisme ou par une personne à laquelle il délègue l'animation, sous réserve qu'elle connaisse parfaitement la démarche d'urbanisme. Dans tous les cas c'est le responsable du plan d'urbanisme qui assurera la coordination entre les différents chantiers et qui consolidera les résultats, l'objectif de cette phase pilote étant de valider les principes et les outils de la démarche d'urbanisme.

Chaque chantier devra commencer par une formation de l'équipe projet à la démarche d'urbanisme : apprentissage sur les objets et concepts, mise en perspective du *planning* et des étapes de travail, clarification des livrables qui seront obtenus en fin de chantier, rappel de la question posée et centrage précis du sujet à traiter. Cette formation peut prendre une à deux journées par exemple et utilisera les mêmes supports que ceux qui ont été mentionnés lorsqu'on a évoqué dans un chapitre précédent la formation des pôles client à la démarche d'urbanisme.

La démarche sera ensuite déroulée suivant ses différentes étapes en ne perdant pas de vue qu'il s'agit de tester la démarche et donc de valider son contenu mais principalement de résoudre un cas concret d'un problème métier auquel il faudra en final apporter une réponse. Il sera important de bien tester les modes de travail en groupe car ils seront très indicatifs de la façon dont seront réalisées plus tard les autres études d'urbanisme. Le groupe doit-il être toujours au complet pour travailler ? Y a-t-il des séquences où ce sont plutôt les intervenants du métier qui sont concernés ? Où ce sont plutôt les intervenants de la direction des systèmes d'information qui sont concernés ? Quels sont les points de rendez-vous à organiser ? Le responsable du plan d'urbanisme ou l'urbaniste-architecte a-t-il des travaux préparatoires à organiser avant telle ou telle séquence de travail ?

Il s'agira de capitaliser au fur et à mesure toutes ces informations précieuses qui permettront de solidifier les processus opérationnels de la démarche, au moment où celle-ci sera généralisée. Ce sera le travail du responsable du plan d'urbanisme que de formaliser tout cela dans le manuel des meilleures pratiques à utiliser. Ce manuel sera également enrichi par toutes les remarques du groupe de travail faites à l'occasion du bilan qu'il faudra faire impérativement à la fin d'un chantier pilote.

Ce bilan devra faire remonter à la fois les points forts du travail réalisé suivant cette méthode et des résultats obtenus – par exemple, cela a poussé les participants du métier à avoir une vision plus lointaine qu'à l'habitude sur les évolutions stratégiques futures – et les points de progrès de la méthode – par exemple, le fait que les axes de commonalité tels que décrits ne permettent pas de voir tel aspect de la question. C'est en effet grâce à ces bilans que pourra être prise la décision de passer à la phase généralisée de la démarche d'urbanisme, lors d'une réunion du comité d'urbanisme – qui rappelons-le est composé des membres du comité de direction de la direction des systèmes d'information – à la fin des chantiers pilotes.

Il est évident que se jouent, pendant toute cette période de validation, la crédibilité de la démarche d'urbanisme et celle de la direction de l'urbanisme et dans une moindre mesure une partie de la crédibilité de toutes les équipes de la direction des systèmes d'information. Il est donc fondamental de mettre tous les moyens en œuvre pour réussir ces chantiers tout en restant ouvert aux remarques afin de rectifier les éventuelles erreurs de conception ou de processus de la démarche avant sa mise en service généralisée. Chaque participant au groupe de travail aura donc à jouer le jeu en appliquant sans retenue et sans critique *a priori* une méthode de travail nouvelle, pouvant lui demander de remettre en cause ses façons de faire et comportements habituels, tout en étant invité à donner son point de vue pour faire progresser la démarche en simplicité et en efficacité. Cela montre qu'il sera important de bien choisir les participants aux chantiers pilotes car ils devront avoir ces capacités d'ouverture d'esprit et de critique constructive nécessaires à la réussite de la phase pilote.

8.3. Déployer à grande échelle dans toute l'entreprise

C'est une fois que la démarche a été testée sur des cas concrets et validée en comité d'urbanisme que va commencer son véritable déploiement au travers de réelles études d'urbanisme. Il s'agit alors de mettre en application en priorité sur des sujets concrets d'application correspondant à de réelles préoccupations des directions métier. Au début, il est rare que des propositions de sujets émanent directement des directions métier. Ce sera en général des propositions venant de la direction des systèmes d'information concernant des parties où elle juge important de mettre en cohérence, de simplifier ou de mettre en perspective le système d'information. Dans la plupart des cas, pour avoir l'adhésion et l'implication nécessaires du métier pour traiter un sujet de travail et pour le lancer effectivement, il s'agira d'expliquer en détail à la direction métier concernée les objectifs d'un chantier d'urbanisme et la valeur ajoutée qu'il apportera à cette direction. Une large campagne de communication sur l'urbanisme va donc être nécessaire.

8.3.1. Faire des présentations systématiques à toutes les directions métier

En fait, il ne s'agira pas seulement d'approcher les directions métier dans lesquelles on a identifié un sujet prioritaire mais d'engager une démarche systématique de communication et d'information auprès de toutes les directions métier de l'entreprise. Chacune doit être visitée pour avoir une présentation générale sur la démarche sans toutefois entrer systématiquement dans les détails car il ne s'agit pas forcément à ce stade de décider de lancer une étude d'urbanisme mais de faire comprendre pourquoi la direction des systèmes d'information introduit l'urbanisme et ce que l'on peut en attendre et faire que chaque direction métier sache que cette démarche existe.

Il est important d'arriver à montrer qu'il s'agit d'une démarche d'entreprise, collective, couvrant à terme l'ensemble des métiers de l'entreprise où chaque direction métier est partie prenante. Que déployer la démarche d'urbanisme n'a de sens que si chaque direction métier s'engage dans la démarche vu qu'il s'agit d'avoir à terme une vision complète de ce vers quoi le système d'information doit évoluer pour soutenir les grandes évolutions et changements majeurs de l'entreprise.

Il s'agira d'appliquer avec chaque direction métier le processus de communication déjà décrit dans un paragraphe précédent, à savoir expliquer le pourquoi de la démarche d'urbanisme, les objectifs recherchés, le processus de mise en œuvre d'une étude d'urbanisme, les livrables obtenus en fin d'étude et la durée que peut nécessiter la réalisation d'une étude.

Ce sera aussi l'occasion d'expliquer le vocabulaire utilisé dans le cadre de la démarche d'urbanisme de façon à ce qu'il devienne le vocabulaire commun de l'urbanisme, partagé avec toutes les directions métier. Cela permettra également d'insister sur les éléments transverses mis en lumière par la démarche d'urbanisme, comme les référentiels de données ou l'entrepôt de données par lesquels chaque direction de l'entreprise doit se sentir concernée. Pouvoir mentionner dans la présentation un référentiel de données qui est au cœur de la problématique de la direction métier permettra d'accrocher l'intérêt de la direction métier car utilisatrice de ces données mais également donnera l'opportunité à la direction des systèmes d'information de montrer une nouvelle fois en quoi ces composants sont majeurs dans le système d'information de l'entreprise, car ils sont de véritables nœuds de communication et d'échange entre les métiers, et donc en quoi il est fondamental que chacun y souscrive.

On pourra également en profiter pour présenter le référentiel cartographique dans ses dimensions les plus porteuses d'intérêt pour la direction métier : accès *via* l'intranet à toute l'entreprise, zoom sur les informations relatives aux études d'urbanisme qu'il contient, présentation des cartes de l'existant et des cibles des domaines, liste des applications existantes, etc. Cela permettra d'informer que ce référentiel cartographique existe, qu'il est accessible à toute personne de l'entreprise et de montrer en quoi il renferme des informations qui permettent de connaître rapidement l'état de l'art du système d'information de l'entreprise. Ce sera également l'occasion de montrer en quoi ce référentiel est le réceptacle naturel de la formalisation des processus métier, permettant ainsi d'avoir dans le même outil de visualisation les processus métier et le système d'information qui le sous-tend.

8.3.2. S'appuyer sur les résultats des chantiers pilotes pour convaincre les directions métier

La situation est plus confortable à ce stade pour expliquer et convaincre une direction métier de lancer une étude d'urbanisme. En effet, en plus des kits de présentation et de formation utilisés dans la phase de démarrage de la démarche, on dispose maintenant des résultats des chantiers pilotes. Il faut donc les exploiter en montrant la problématique qui était posée au départ, le processus suivi et les résultats obtenus, vus du métier. On insistera plus particulièrement sur le plan d'action construit en fin d'étude d'urbanisme et des économies et progrès attendus par la mise en œuvre de ces actions.

On évoquera également les *verbatim* recensés dans le cadre du bilan de l'étude, notamment les points positifs relevés qui seront bien utiles pour aider à convaincre une nouvelle direction métier à se lancer dans l'aventure. En effet, de savoir qu'une étude d'urbanisme a par exemple permis aux participants du métier d'avoir une vision plus lointaine qu'à l'habitude sur les évolutions stratégiques futures sera un atout extrêmement important pour décider une direction à lancer une étude d'urbanisme dans son périmètre.

Il sera en effet important pour la direction métier qui se pose la question de lancer une étude, de savoir ce que les équipes précédentes en ont tiré, ce qu'elles ont exprimé et pas seulement ce que la direction des systèmes d'information en dit. Les chantiers pilotes doivent donc être utilisés comme des moyens de promotion de la démarche. Ceci demandera de prendre le temps de formaliser, à partir des résultats de ces chantiers pilotes, un kit de présentation pédagogique et vendeur, principal moyen pour arriver à déclencher le basculement d'une direction métier d'un état d'interrogation et de scepticisme à celui de volontaire et d'acteur.

Il faudra cependant chercher à parler dans le langage de la direction métier. En effet, en caricaturant à l'extrême, si l'on parle à la direction de la fabrication de ce qui a été réalisé avec la direction des achats ou avec le contrôle de gestion, il y a toutes les chances qu'elle explique que chez elle les processus sont différents, que la situation est plus complexe et que les résultats atteints chez les autres ne pourront jamais être les mêmes chez eux. C'est la raison pour laquelle on cherchera à personnaliser le kit de présentation en fonction du contexte de la direction. Il faudra pour cela présenter les résultats des autres études en faisant des projections de ce que cela pourrait donner dans le contexte de la direction métier visitée.

Ainsi, si les résultats des chantiers pilotes montrent qu'on pourrait supprimer à terme des applications dans chacun des domaines couverts par ces études, un pourcentage moyen prévisionnel de réduction du parc applicatif pourra être annoncé à la direction visitée comme objectif possible. On utilisera également une transposition des risques, dysfonctionnements, leviers d'actions adaptée à la direction métier visitée sur la base de ce qui a été révélé lors des études précédentes. Ceci permettra de mieux susciter l'intérêt de cette direction et de relier la démarche d'urbanisme, qui peut apparaître un peu éloignée de ses préoccupations habituelles, au contexte métier dans lequel chacun se reconnaîtra.

8.3.3. Mener une étude d'urbanisme dès qu'une direction métier est convaincue

En général, une direction métier va lancer plus facilement une étude d'urbanisme lorsqu'elle est en train de faire évoluer ses processus ou de construire sa vision stratégique ou bien encore quand elle souhaite vérifier la cohérence d'ensemble de certaines actions qu'elle a engagées, en regardant en particulier comment le système d'information va soutenir ces axes d'évolution. On cherchera toujours à s'assurer que le périmètre couvert par une étude d'urbanisme ne se limite pas à un simple problème métier local mais prend bien en compte un périmètre métier ou une problématique plus large, sous peine de construire un plan d'action qui soit trop limité et spécifique, sans connexion et cohérence d'ensemble avec le résultat des autres études d'urbanisme.

Le fait que l'urbanisme soit un catalyseur pour clarifier certains choix stratégiques et poser des questions de fond au métier est un facteur positif d'aide à la décision de lancer une étude d'urbanisme, même si le métier considère que c'est à lui seul de réfléchir à sa stratégie à moyen terme. De la même façon savoir que le livrable de l'étude d'urbanisme consiste en une liste de toutes les actions à mettre en place pour atteindre la cible souhaitée par le métier sera également un facteur positif pour prendre cette décision. En effet, avoir une vision du futur et savoir ce qu'il faut faire pour l'atteindre est rassurant et motivant.

Une fois la décision prise par la direction métier de lancer une étude d'urbanisme, et après que les participants ont été désignés, l'étude proprement dite commence par une formation approfondie à la démarche d'urbanisme. Chacun doit bien comprendre dans le détail les concepts et la méthode qui vont être mis en œuvre mais également le cheminement qui sera suivi, la valeur ajoutée de chaque participant, les principales étapes et principaux jalons et les livrables obtenus en fin d'étude. Un plan de travail détaillé va être établi montrant les différents rendez-vous et la charge de chaque participant. Ce plan de travail devra autant que possible être cohérent avec le délai qui a été vendu à la direction métier au moment de prendre la décision de lancer l'étude.

On rappelle que l'équipe qui va mener à bien cette étude est composée des membres de la direction métier, du pôle clients en relation avec cette direction, de l'urbaniste-architecte concerné et animée par le responsable du plan d'urbanisme ou par une personne à laquelle il délègue l'animation, sous réserve qu'elle connaisse parfaitement la démarche d'urbanisme. Une équipe compte en général de dix à quinze personnes.

Afin d'avoir la meilleure efficacité possible, les membres de l'équipe appartenant à la direction des systèmes d'information auront intérêt à travailler de leur côté sur tous les volets de l'étude et ce en amont des réunions plénières de l'équipe. En effet ayant déjà une bonne connaissance de la stratégie métier, des enjeux et processus métier, des dysfonctionnements métier et informatiques et du positionnement de certaines activités métier sur les axes d'urbanisme, ils pourront préparer le travail de façon à utiliser les membres de la direction métier – qui ont souvent du mal à trouver dans leur agenda la disponibilité pour se consacrer à l'étude – lors des séances plénières pour valider, corriger et compléter. Cela évitera de partir d'une feuille blanche, ce qui fait en général perdre beaucoup de temps.

En plus de la validation du travail de préparation fait par la direction des systèmes d'information, les séances plénières seront utilisées pour lister les points que la direction métier doit éclaircir, notamment en terme de positionnement des activités sur les axes de commonalité. En effet, c'est au métier de se prononcer sur le positionnement cible d'une activité sur ces axes. Parfois ce peut être l'occasion pour le métier de se poser une question qu'il ne s'était jamais posée auparavant, et qui du coup pourra mettre un peu de temps avant de trouver la réponse. Dans la mesure où le groupe de travail ne contient que quelques représentants de la direction métier, on pourra également envisager un deuxième tour de validation plus large afin de vérifier que certaines hypothèses ou positions prises par le groupe sont bien partagées par un nombre plus important d'acteurs de la direction métier.

Pour ce faire, on procèdera de préférence par *interviews* d'un certain nombre d'autres acteurs majeurs de la direction métier, en les faisant réagir sur les matériaux utilisés dans l'étude d'urbanisme ou sur les résultats intermédiaires de cette étude. On pourra par exemple leur faire valider les enjeux ou les dysfonctionnements métier, le positionnement en cible des activités métier sur les axes de commonalité. On leur montrera la cible du système d'information imaginée et on notera leurs réactions. On pourra également les faire réagir sur la proposition de plan d'action et la caractérisation qui a été faite pour chacune des actions (facilité de mise en œuvre, contribution aux enjeux métier, contribution aux enjeux système d'information, priorités, etc.). Tous ces éléments permettront de compléter les résultats de l'étude et d'en faire quelque chose de plus largement partagé et porté par la communauté métier.

L'étude d'urbanisme se terminera par une présentation devant le bon niveau de représentants de la direction métier, de façon à entériner avec solennité les résultats de l'étude et engager officiellement le plan de travail qui aura été proposé dans le livrable de fin d'étude. On rappelle que l'étude d'urbanisme n'est pas une fin en soi mais le moyen de montrer vers où il faut aller et comment pour atteindre au final un système d'information porteur des enjeux et attentes stratégiques des métiers. La fin d'une étude d'urbanisme est donc un début. Tout reste à faire et dépendra de la volonté de la direction métier à engager le plan d'action.

De plus, on prévoira de faire avec tous les membres du groupe de travail, comme pour les chantiers pilotes, un bilan de l'étude d'urbanisme une fois celle-ci terminée. On s'intéressera à la fois à la qualité des résultats obtenus mais aussi au processus pour les obtenir. Il sera tout aussi important de mettre en exergue les points forts et les réussites de l'équipe que les points à améliorer. C'est une fois encore au responsable du plan d'urbanisme de consolider les résultats de ce bilan avec celui des autres études de façon à pouvoir faire progresser en permanence la démarche d'urbanisme.

Les résultats de l'étude d'urbanisme – positionnement cible des activités, plan d'action, etc. – seront consolidés dans le plan d'urbanisme du système d'information de l'entreprise. Ainsi petit à petit ce plan va s'enrichir et agrandir sa couverture, étude après étude. Il constituera bien sûr une photographie à un instant donné qu'il faudra revoir en fonction des évolutions de l'entreprise sur tel ou tel domaine d'activité. Sa grande force sera de constituer un ensemble cohérent pour l'ensemble des directions métier de l'entreprise, dépassant les cloisonnements et clivages habituels entre les directions de l'entreprise.

8.4. Les plus-values de l'urbanisme pour l'entreprise

8.4.1. Aider les directions métier à formuler et à structurer leur stratégie dans un cadre cohérent

L'étude d'urbanisme s'appuyant sur les enjeux et la stratégie métier, ces éléments doivent avoir été déjà travaillés en amont par la direction métier pour pouvoir alimenter correctement la réflexion menée pendant l'étude. Cependant il apparaît que le métier a tendance à formuler sa stratégie en pensant processus et évolution au niveau central. Or il est fondamental que toute la dimension de l'entreprise soit prise en compte dans l'expression de la stratégie métier. C'est là que l'urbanisme apporte sa valeur ajoutée au travers des axes de commonalité, si le métier ne les a pas pris en compte lorsqu'il a mené par lui-même sa réflexion stratégique. Ainsi tel processus du bureau d'études doit-il être le même dans tous les bureaux d'étude de l'entreprise ? Tel processus de fabrication doit-il être le même dans toutes les usines du groupe ? Les filiales sont-elles concernées ? Et les sites à l'international ? Toutes ces questions doivent avoir trouvé une réponse pour pouvoir ensuite construire le système d'information capable de supporter cette stratégie.

L'urbanisme n'a pas pour vocation de se substituer au métier pour définir sa stratégie mais constitue un outil pour vérifier que la stratégie couvre bien toutes les dimensions. De plus l'urbanisme pousse à sortir du cadre strict d'une direction ou d'un secteur métier pour regarder les liaisons et interfaces que cette entité a avec les autres activités métier de l'entreprise. Ce sera l'occasion, si le métier ne l'a pas lui-même pris en compte dans l'expression de sa stratégie, de mettre en lumière des points d'ombre aux interfaces, points qui devront être résolus ultérieurement entre les métiers. Ces points feront vraisemblablement l'objet d'actions spécifiques pour le métier dans le plan d'action délivré en fin d'étude d'urbanisme.

Enfin, l'urbanisme apporte un cadre de cohérence à la formalisation de la stratégie métier, en particulier par la représentation commune du positionnement des activités métier en cible sur les axes de commonalité. Ce cadre est commun à toutes les entités de l'entreprise, s'affranchissant de toutes les frontières entre les différents métiers. La consolidation de tous les résultats issus des différentes études d'urbanisme et leur publication *via* le plan d'urbanisme constituera alors un excellent vecteur de communication transversale entre les directions métier, pouvant enrichir leur dialogue et leur recherche d'une amélioration de l'efficacité collective.

8.4.2. Disposer d'un plan de marche structuré pour atteindre la cible

Le plan d'action construit en fin d'étude d'urbanisme est constitué de toutes les actions – concernant un peu le métier mais surtout le système d'information – devant être réalisées pour mettre en œuvre la stratégie définie par le métier. Comme on a cherché à couvrir dans cette étude un périmètre assez large et non limité à un problème local, le métier va avoir une vision claire et construite de tout ce qui est à faire dans son domaine autour du système d'information pour pouvoir mettre en œuvre sa stratégie. Et cela aura tendance à rassurer. Car la route est tracée et il n'y a plus qu'à hiérarchiser les actions et chiffrer leur coût prévisionnel, puis planifier et organiser la réalisation des travaux.

Cela va ainsi contribuer à la construction du plan triennal informatique du métier et également à l'établissement du budget annuel associé, une fois que chaque action listée en fin d'étude d'urbanisme aura été positionnée dans le temps et quantifiée. Ce sera sans doute pour le métier une façon un peu différente de fonctionner. En effet, cela lui permettra de travailler dans la globalité de son domaine en ayant construit un plan d'action plus complet et plus détaillé, chaque action étant reliée à un enjeu métier mis en perspective avec une stratégie à moyen terme, contrairement à d'habitude où, pour construire le plan triennal, l'on a tendance à raisonner en grandes masses par grands thèmes complétés par l'étude plus fine de quelques points spécifiques, sans faire systématiquement un lien explicite avec les enjeux métier d'une stratégie pas toujours définie.

Bien sûr la cible construite au cours de l'étude d'urbanisme ne va pas constituer un cadre fixe et figé qui n'évoluera plus pendant les trois à cinq années futures. Mais le métier dispose maintenant d'un cadre de référence qu'il pourra compléter ou reprendre ultérieurement par parties en fonction de tel ou tel événement. De plus le métier donne ainsi de la transparence et de la visibilité sur son futur au travers des livrables d'urbanisme qu'il peut utiliser comme expression de sa dynamique de changement et comme référence vers laquelle convergent toutes les actions qu'il mène.

Cela va permettre également de donner plus rapidement une réponse quand on va s'interroger par exemple sur le système d'information à déployer pour telle activité métier dans une nouvelle filiale ou sur un nouveau site. Comme ce point aura été traité dans l'étude d'urbanisme lors de l'analyse suivant les axes de commonalité, on sera immédiatement en mesure de répondre. L'étude d'urbanisme permet ainsi de passer d'une situation où l'on pouvait auparavant être pris au dépourvu vis-à-vis de telles questions, amenant parfois à installer une application incohérente avec la cible, à une situation où l'on maîtrise la direction vers laquelle on veut aller, ce qui permet de construire un système d'information cohérent de bout en bout.

Finalement, grâce à l'étude d'urbanisme, on atteint une capacité d'anticipation en imaginant le système d'information qui va couvrir tout de suite le bon niveau de commonalité, ce qui évitera aux applications concernées d'avoir à subir des évolutions importantes quand on aura à réaliser leurs déploiements ultérieurs dans des sites auxquels on n'avait jamais songé.

8.4.3. Contribuer à la réduction des coûts par la rationalisation du système d'information

Une des dimensions principales du plan d'action délivré en fin d'étude d'urbanisme concerne la simplification et la rationalisation du système d'information. L'expérience montre que généralement l'étude d'un domaine permet d'envisager la suppression d'un certain nombre d'applications, soit parce que ces applications sont obsolètes, soit parce qu'elles peuvent être facilement remplacées par d'autres applications, soit parce qu'elles peuvent être mutualisées avec d'autres applications. Or chaque application existante génère un coût d'entretien, qu'elle soit ou non réellement utilisée, car *a minima* elle utilise de la place sur un serveur qui pourrait être recyclée pour un autre usage. D'où l'importance d'identifier ces applications et de mettre en œuvre les actions du plan permettant leur désengagement ou leur rationalisation.

On a également mentionné précédemment que l'étude d'urbanisme pouvait faire ressortir la nécessité de construire un nouveau référentiel de données ou de se brancher sur un référentiel existant. Cette rationalisation des données va permettre la suppression de bases de données locales, favorisant ainsi l'élimination d'incohérences et d'informations redondantes entre plusieurs secteurs. Cela fera également gagner du temps à un tas de gens parce que l'information ne sera plus saisie que par une seule personne d'où une meilleure qualité et une plus grande fiabilité de l'information. C'est un deuxième volet de la rationalisation qu'il faudra également étudier lors de l'étude d'urbanisme.

De la même façon on pourra faire apparaître au cours de cette étude la nécessité de connecter certaines applications à l'entrepôt de données d'entreprise pour l'alimenter avec des données dont il relève et qui n'ont pas encore été introduites lors de la réalisation de précédents projets applicatifs. Cette action sera fondamentale car elle permettra ultérieurement de réduire les coûts de mise à disposition de ces données à toutes les applications qui en auront besoin pour publier des indicateurs de performance et des tableaux de bord.

Toutes ces actions contribuent à réduire le nombre d'interfaces entre applications, la redondance et donc la complexité du parc applicatif. On rappelle qu'un des objectifs de l'urbanisme est de rendre le système d'information plus flexible de façon à pouvoir rapidement s'adapter aux évolutions des métiers. Les actions précédentes sont donc stratégiques et une fois réalisées contribuent à la réduction des coûts d'évolution et d'entretien du parc applicatif.

Bien sûr les actions à mener pour réaliser ces optimisations vont avoir un coût mais elles constituent un réel investissement à moyen terme. Chaque action de simplification va contribuer à réduire le coût d'entretien global du système d'information, permettant ainsi de dégager un surplus de marge de manœuvre pour lancer de nouveaux projets. Si le coût d'entretien est essentiellement supporté par la direction des systèmes d'information, il n'en demeure pas moins que côté métier cette rationalisation va permettre de réduire le nombre d'applications utilisées, le nombre d'interfaces homme-machine à connaître, le nombre de recopies manuelles d'informations entre applications, etc., soit des économies de temps qui vont générer un accroissement de performance pour les personnes de la direction métier et de disponibilité de celles-ci vis-à-vis de leurs activités métier.

8.4.4. Renforcer la reconnaissance mutuelle entre les métiers et la direction des systèmes d'information

La direction des systèmes d'information a tendance à être considérée dans la plupart des entreprises comme un centre de coût et non un centre de profit, ce qui ne lui fait pas du tout plaisir vu qu'elle contribue à la performance de l'entreprise par le système d'information qu'elle apporte qui est aujourd'hui omniprésent dans l'entreprise. Par ailleurs les directions métier définissent leur stratégie puis demandent généralement à la direction des systèmes d'information de leur mettre à disposition des applications, sans toujours expliquer comment ces demandes soutiennent leur stratégie et comment elles se positionnent dans un cadre plus général cohérent.

De son côté la direction des systèmes d'information a besoin de faire évoluer et de moderniser le parc applicatif en particulier pour réduire son coût et elle a parfois du mal à faire comprendre aux directions métier pourquoi elle souhaite consacrer une partie du budget informatique à ces changements plutôt qu'à réaliser de nouveaux projets. Un fossé d'incompréhension plus ou moins profond peut alors exister entre la direction des systèmes d'information et certaines directions métier.

L'étude d'urbanisme va servir de catalyseur pour faire faire à chaque acteur un pas dans la compréhension de l'autre et va de ce fait réconcilier les points de vue et les opinions que chacun peut avoir de l'autre. En effet, la direction des systèmes d'information étant le témoin de l'expression de la stratégie métier lors du positionnement des activités sur les axes de commonalité, va se sentir plus impliquée dans cette stratégie. De plus en poussant la direction métier à clarifier certaines de ses positions ou à éclairer certains points d'ombre, *via* le questionnement sur le positionnement des activités métier, sur les enjeux et sur les dysfonctionnements, la direction des systèmes d'information va se sentir associée à la construction de la stratégie métier et va aussi mieux comprendre là où le métier cherche à aller. Enfin, ce sera également une opportunité pour la direction des systèmes d'information de sentir une nouvelle fois combien le métier compte sur la réactivité du système d'information pour progresser en performance et en compétitivité métier.

De son côté, la direction métier en participant à la construction de la cible du système d'information et des actions à réaliser pour l'atteindre, va mieux comprendre les enjeux de rationalisation des données et de mutualisation de fonctionnalités ou d'applications. Elle va également comprendre pourquoi il est important d'engager des actions parfois lourdes de maintenance ou d'évolution qui n'apportent pas toujours une performance supplémentaire au métier mais vise à simplifier le système d'information. Elle va surtout avoir une bonne compréhension et une vision claire de tout ce qui doit être engagé pour atteindre la cible qui la concerne, donnant d'une certaine façon par anticipation un accord tacite aux dépenses qui seront associées, y compris sur des actions sans réelle valeur ajoutée pour le métier. Ce sera aussi l'occasion pour la direction métier d'être une nouvelle fois sensibilisée au paradoxe auquel doit faire face la direction des systèmes d'information qui consiste à entretenir un parc applicatif parfois lourd tout en développant de nouveaux projets pour permettre au métier d'être plus efficace.

Bien sûr l'étude d'urbanisme n'est pas le seul canal pour améliorer la compréhension et le partage d'intérêts entre les métiers et la direction des systèmes d'information mais nous considérons que c'est une excellente opportunité pour renforcer la compréhension entre les acteurs et leur reconnaissance mutuelle. Ainsi la direction des systèmes d'information gagne une plus grande crédibilité et une plus grande confiance de la part de la direction métier. En effet, la direction métier comprend mieux les objectifs de la direction des systèmes d'information et partage mieux à l'avenir le sens des évolutions qu'il faut faire au système d'information. Au passage, elle se forme à de nouveaux réflexes qu'elle n'avait peut-être pas auparavant comme par exemple, la qualité de son expression de besoin, l'utilisation des axes de commonalité pour définir sa stratégie et la recherche de standardisation et de mutualisation.

De son côté, la direction métier gagne une plus grande proximité de la part de la direction des systèmes d'information qui comprend mieux ses objectifs et sa stratégie. La direction des systèmes d'information devient plus coresponsable d'objectifs métier à atteindre car elle comprend mieux là où le métier veut aller et à quelle vitesse. Elle a de ce fait sa propre stratégie inscrite dans celle du métier et donc dans celle de l'entreprise. De plus, le fait que la direction des systèmes d'information ait participé à l'expression de la stratégie métier va lui permettre d'être en avance de phase et saisir toutes les opportunités qui pourront se présenter à l'avenir pour aller plus vite vers la cible définie avec le métier.

8.5. Les difficultés à surmonter

8.5.1. Obtenir la disponibilité des métiers pour construire le long terme

Une étude d'urbanisme ne pourra se réaliser que si la direction métier est prête à y consacrer un peu de son temps. Or celle-ci doit souvent faire face à des problèmes urgents qu'elle doit résoudre de façon la plus immédiate possible et cela pèse sur sa disponibilité pour travailler à plus long terme. Par ailleurs elle n'est pas immédiatement sensible à l'apport d'une cible à moyen ou long terme quand elle voit que ses objectifs bougent régulièrement car s'alignant sur la stratégie de l'entreprise qui elle-même cherche en permanence à s'adapter aux évolutions extérieures.

La tendance est donc pour cette direction métier de rester sur le court terme et de demander à la direction des systèmes d'information de faire le plus vite possible des évolutions dans les applications existantes ou de lancer des nouveaux projets sans prendre le temps de lever la tête et de raisonner dans un cadre plus global. Du coup les projets sont souvent lancés dans l'urgence avec un délai fixé à l'avance, quelles que soient la complexité de la question et la façon de la prendre en compte, et avec un manque de positionnement dans un cadre global montrant en quoi ils seront éléments de progrès pour la cohérence et la rationalisation du système d'information de l'entreprise.

On est donc en présence de deux logiques antinomiques, celle du métier qui demande de la réactivité aux questions qu'elle pose et celle de la direction des systèmes d'information qui cherche à bâtir dans la cohérence et l'optimisation économique globale. L'objectif est bien sûr d'atteindre l'une et l'autre. Bien souvent la direction métier aura une oreille attentive aux justifications de la direction des systèmes d'information expliquant pourquoi il est indispensable d'avoir une réflexion globale à moyen et long terme de façon à ne pas faire des investissements sur une portion réduite du système d'information sans avoir une visibilité plus large. Mais cet argument n'aura pas forcément tout le succès que la direction des systèmes d'information peut en attendre.

Certaines directions métier plus volontaires ou portées sur l'innovation sauront se lancer plus vite dans une étude d'urbanisme, souvent parce qu'elles sont aussi confrontées à des problèmes qui impactent l'ensemble de leur activité ou parce qu'elles comprennent mieux pourquoi il faut prendre le temps de réfléchir au-delà du quotidien. D'autres pourront mettre beaucoup plus de temps à se décider. Pour celles-là, on peut penser que la publicité faite autour des résultats des études réalisées par les autres directions métier les aidera un jour à se jeter à l'eau. Une autre façon de les amener en douceur à prendre le temps de mener une étude d'urbanisme sera de leur remonter systématiquement toute source d'incohérence et de surcoût générée par leurs demandes unitaires, parce que non construites dans une vision globale et dans un cadre cohérent, et de leur montrer comment l'étude d'urbanisme aurait permis d'anticiper les réponses à la plupart des problèmes de systèmes d'information qu'elles rencontrent.

8.5.2. Penser à l'échelle de toute l'entreprise

Chacun a tendance à limiter naturellement son champ de vision à ce qu'il fait tous les jours et à son environnement de tous les jours. Or les entreprises sont aujourd'hui de plus en plus des sociétés ayant une implantation internationale, possédant des filiales et étant en relation avec des partenaires qui ont eux-mêmes une configuration comparable. De plus, elles peuvent avoir sous-traité à l'extérieur une partie de leur activité, même dans les métiers qui sont leur cœur de cible, ce qui renforce la complexité des organisations et des processus. Chacun doit donc apprendre à tenir compte de ce contexte et mieux appréhender l'entreprise dans toutes ses dimensions, en tout cas *a minima* pour le métier qui le concerne.

On se rend compte aujourd'hui, en particulier quand on travaille avec certains métiers au positionnement en cible de leurs activités sur les axes de commonalité, que cette capacité à appréhender l'entreprise dans sa globalité n'est pas encore maîtrisée. Le métier est en effet un peu pris au dépourvu et éprouve des difficultés quand il s'agit d'exprimer ce positionnement en répondant notamment aux questions suivantes : faut-il que telle activité de leur domaine soit en cible réalisée de la même façon dans tous les sites de l'entreprise ? Et dans toutes ses branches ? Et pour tous ses types de produits ? En général la première réponse n'est pas immédiate et a du mal à intégrer la globalité de l'entreprise.

Ceci peut s'expliquer par le fait que la configuration multidimensionnelle de l'entreprise est encore trop récente. Du coup le métier a encore une conception de son périmètre d'intervention trop limitée à son environnement local immédiat, car cela prend beaucoup plus de temps de faire évoluer les mentalités que de changer la configuration de l'entreprise. Et l'urbanisme, par les questions qu'il pose, vient perturber le métier car il le pousse à préciser et à clarifier sa stratégie et sa vision sur des points qu'il avait jusqu'alors peu éclairés. Or il est fondamental de pouvoir donner des réponses à ces questions car elles vont préfigurer la cible du système d'information futur. Il faut sortir d'anciennes pratiques qui consistaient à réaliser de nouvelles applications pour un besoin limité à un problème, sans prendre en compte une problématique plus générale, voire partagée avec d'autres métiers et sans comprendre les impacts que ces applications pouvaient avoir sur l'ensemble du système d'information.

Il faut donc amener tous les métiers à exprimer de la façon la plus complète possible leur stratégie, en positionnant en cible leurs activités sur les axes de commonalité, gage d'une vision métier large et d'une cible du système d'information claire, véritable cadre global pour le développement des futures applications. Cela permettra de réaliser ensuite ces applications directement au bon niveau d'utilisation et évitera d'avoir à reprendre comme par le passé, beaucoup d'applications pour étendre leur utilisation à des sites ou à des entités qui n'avaient jamais été considérés dans la liste des utilisateurs potentiels, ce qui nécessitait la plupart du temps de développer des verrues dans le code ou de refaire complètement ces applications.

Ceci dit, il n'est pas exclu que le scénario de mise en œuvre que l'on décidera de déployer se limite dans un premier temps à ne réaliser certaines applications que pour un périmètre d'utilisation plus réduit que ne le prévoit la cible. Mais dans ce cas ce sera fait en connaissance de cause et l'on saura à tout moment où l'on est cohérent et où l'on est en écart par rapport à la trajectoire initialement tracée pour atteindre le système d'information cible et un plan d'action complémentaire sera préparé pour rejoindre ultérieurement la trajectoire souhaitée.

Dans le même ordre d'idées, une fois la cible globale du domaine d'étude connue, l'on pourra ne mettre en œuvre le plan d'action que sur une partie du domaine métier couvert par l'étude d'urbanisme – par exemple pour une question de priorité métier ou budgétaire – puis progressivement compléter par parties successives jusqu'à couvrir la totalité du périmètre initial. Dans ce cas-là également toutes les actions menées, même sur un périmètre provisoirement restreint, seront en cohérence avec le cadre général préalablement construit au cours de l'étude d'urbanisme.

Ainsi, l'étude d'urbanisme, parce qu'elle demande au métier de préciser le degré de commonalité et de subsidiarité de chacune de ses activités suivant les différents axes utilisés, contribue à compléter certains points de la stratégie métier, en particulier sur la généralisation des pratiques métier dans toutes les dimensions de l'entreprise. Tout doit être mis en œuvre pour que le métier comprenne que cette réflexion est indispensable pour avoir un système d'information aligné sur la stratégie de l'entreprise et prêt à soutenir facilement la plupart des évolutions futures des besoins métier.

8.5.3. La durée d'une étude d'urbanisme

Nous venons de montrer précédemment que la direction métier a bien souvent du mal à consacrer du temps à travailler sur une cible du système d'information à long terme. Aussi, pour arriver à lancer une étude d'urbanisme sur son domaine, il va falloir être très convaincant avec le métier pour que, au-delà des enjeux collectifs qu'il comprendra, il accepte de se lancer dans une étude qui va durer quelques mois et qui en final va fournir un plan d'action qui prendra ensuite des mois voire plusieurs années pour se réaliser. Bien sûr, le fait d'avoir une cible construite ensemble et qui montre où aller est un atout majeur pour décider une direction métier à lancer une étude sur son domaine, mais cette raison ne pèsera pas grand-chose si le métier manque précisément à cet instant de temps ou de ressources.

Il faut absolument clarifier avec le métier son degré d'implication, afin de l'aider à prendre la décision de lancer une étude d'urbanisme, et bien faire la part des choses entre le travail à réaliser par la direction des systèmes d'information et celui fait avec le métier. Il faut bien lui expliquer que, quand on annonce qu'une étude d'urbanisme va durer quelques mois, il s'agit du délai au-delà duquel le métier disposera d'une cible et d'un plan d'action et non de la charge de travail demandée au métier.

En effet, il y a tout un travail préparatoire qui doit être réalisé par la direction des systèmes d'information tel que le recensement des activités métier concernées, le positionnement en situation existante de ces activités sur les axes de commonalité, le recensement du parc applicatif existant, les enjeux du métier, les dysfonctionnements ressentis côté métier et côté systèmes d'information, etc., et même si la direction des systèmes d'information ne sait pas 100 % des choses, elle sait faire des hypothèses qui seront confirmées ou infirmées ultérieurement par le métier et est donc capable d'avancer le travail par elle-même, permettant ainsi l'optimisation de la charge côté métier.

En fait, le métier n'est réellement sollicité qu'à 30 % environ de la charge de travail, essentiellement pour valider, corriger et enrichir les données prises en compte par la direction des systèmes d'information et principalement pour définir le positionnement en cible des activités métier et construire la cible du système d'information. Il faudra rechercher en permanence la façon de tirer au mieux parti du métier tout en minimisant le temps qu'on lui demandera de consacrer. Cela impose que les participants à l'étude côté métier soient les bons interlocuteurs et apportent une réelle connaissance du métier dans sa globalité et une bonne représentation de leurs collègues. On rappelle qu'en général cinq à huit personnes maximum seront sollicitées côté métier, constituant ainsi le noyau dur de l'étude d'urbanisme, ceci ne voulant pas dire que d'autres personnes de la direction métier ne seront pas sollicitées ponctuellement par exemple pour des *interviews*.

Toujours dans cette optique de rechercher le maximum d'efficacité vis-à-vis de la participation du métier, il faudra plutôt rechercher à faire des séances d'une à deux journées consécutives avec le métier de façon à traiter en profondeur chaque question, un rythme basé sur des séances plus courtes étant moins productif et nécessitant à chaque fois de se reconcentrer avant de retrouver le même niveau de réflexion et de qualité des échanges que la fois précédente. En fait, il s'agit de mettre en place une organisation du travail qui soit efficace, où chaque acteur est sollicité au bon moment et qui rende la durée de l'étude annoncée au démarrage un peu plus acceptable.

La réalité montre que le métier, une fois l'étude et la réflexion lancées, trouve plus facilement le temps de s'y consacrer et voit très rapidement l'intérêt de faire cette étude. Cette adhésion du métier sera également facilitée si, en parallèle de l'étude d'urbanisme pour construire une cible à long terme, certaines actions, répondant à des objectifs de changement urgents et incontournables, sont quand même poursuivies, même au cas où certaines de ces actions risquent de ne pas être en cohérence avec la cible future. Le plan d'action issu de l'étude d'urbanisme devra bien sûr tenir compte de ces écarts et prévoir de les corriger. En fin de compte le métier est prêt à consacrer du temps au long terme pourvu que l'on traite en parallèle ses priorités court terme.

Chapitre 9

Le déploiement de la démarche d'urbanisme dans le reste de l'entreprise

« Celui que ne prévoit pas les choses lointaines s'expose à des malheurs prochains ».

CONFUCIUS

Dans les chapitres précédents, nous avons montré comment sensibiliser les entités de la direction des systèmes d'information et les directions métier à l'importance de l'urbanisme. Nous avons exploré des voies pour faire adhérer toutes ces entités afin qu'elles se lancent dans cette démarche collective. Nous avons expliqué l'importance des axes de commonalité, qui permettent aux directions métier de définir le niveau de standardisation de leurs activités. Et nous avons montré que l'utilisation des axes organisationnel et géographique permettait de couvrir l'entreprise dans son ensemble, incluant ses filiales et ses sites à l'international.

Mais les résultats obtenus ne seront valides et utilisables que si les directions métier centrales et celles locales des filiales et des sites à l'international travaillent ensemble à la définition de leur stratégie et ont la même vision pour construire une cible, à la fois du point de vue de leur activité métier mais également du point de vue du système d'information. Ceci sera d'autant plus facile si les filiales et les sites à l'international ont eux aussi été sensibilisés à la démarche d'urbanisme et plus particulièrement les équipes systèmes d'information de ces entités. Ceci implique qu'une démarche spécifique de communication et de conviction doit être réalisée plus particulièrement vis-à-vis de ces équipes et c'est ce dont nous allons parler dans la suite de ce chapitre.

9.1. Rencontrer chaque équipe système d'information des filiales et des sites à l'international

La direction de l'urbanisme a été mise en place en général en central et a donné naissance à la démarche d'urbanisme suivant le processus explicité dans les chapitres précédents. Mais certaines entités un peu éloignées du central, soit géographiquement comme certains sites à l'international soit par rapport à l'organisation de l'entreprise comme certaines filiales, n'en ont jamais entendu parler ou ne savent pas en quoi elles sont concernées. Il est donc important d'aller les rencontrer pour leur expliquer le pourquoi de cette démarche, ses objectifs, la plus-value apportée, la façon de la mettre en œuvre et clarifier comment l'activité quotidienne de ces entités va se connecter à cette démarche.

Afin d'être un acteur crédible et viser une meilleure cohérence dans l'ensemble de l'entreprise, il faut impérativement que la responsabilité de la direction de l'urbanisme s'étende sur toutes les composantes de l'entreprise et que cette information ait été officialisée et communiquée à tous les secteurs de l'entreprise lors de la création de cette direction, faute de quoi les entités mentionnées ci-dessus pourront voir cette arrivée d'un œil peu favorable et s'abriter derrière une certaine indépendance pour écouter de façon polie et ne rien changer à leur processus habituel.

La base de l'urbanisme étant la cohérence, il est fondamental que l'ensemble des entités de l'entreprise, et ce dans toutes ses dimensions, travaille dans le même sens et applique les mêmes standards. Cependant certaines entités pourront avoir déjà mis en place des démarches ou des outils d'urbanisme, parfois de façon récente. Les membres de la direction de l'urbanisme vont devoir agir avec tact et diplomatie et ne pas arriver en conquérants qui viennent imposer leur produit miracle, mais avec l'objectif de faire un point sur l'état de l'art et de construire un partenariat avec leurs interlocuteurs pour aller vers une convergence des méthodes et outils.

9.2. Leur faire une présentation systématique de la démarche d'urbanisme

La plupart du temps, les filiales et les sites à l'international n'ont pas développé de démarche particulière autour de l'urbanisme. Il sera donc assez facile de leur présenter ce qui a été construit et déployé en central. On s'appuiera sur les mêmes supports que ceux cités dans les chapitres précédents, à savoir les kits de communication utilisés pour les entités de la direction des systèmes d'information et pour les directions métier. Une fois de plus les résultats concrets des études d'urbanisme déjà réalisées seront les meilleurs ambassadeurs pour expliquer la valeur ajoutée de l'urbanisme et ce qu'il peut apporter.

Le référentiel cartographique et les référentiels de données seront des points importants à mentionner et à présenter car ce sont des sujets qui parleront directement aux filiales et aux sites à l'international. Le référentiel cartographique sera en effet un outil de visibilité sur le parc applicatif local à ces entités et de son interconnexion avec les applications standard de l'entreprise déployées sur tous ses sites. Les référentiels de données parleront eux en terme de cohérence de données à travers le groupe dans toutes ses dimensions. Ce point de la cohérence des données est en général un point de sensibilité très important entre les filiales et la maison mère car cela joue sur la bonne qualité de leurs interfaces.

La cible est évidemment de pouvoir rencontrer les équipes de toutes les filiales et de tous les sites où l'entreprise est installée. Cependant, vu parfois le grand nombre de ces entités, il faudra prioriser en commençant par celles dont l'équipe informatique est la plus importante, ce qui peut présumer d'un travail potentiel d'urbanisme plus important. Il ne s'agira pas forcément pour chaque présentation de chercher à lancer des actions de grande envergure mais a minima de faire comprendre le pourquoi de l'urbanisme et en quoi ces entités sont concernées dans la construction d'un cadre de cohérence commun à toute l'entreprise et de regarder avec elles quelles premières actions concrètes peuvent être lancées dans ce sens.

Il faudra cependant adapter la présentation pour les filiales suivant leur degré d'intégration dans l'ensemble du groupe. Il se peut en effet que certaines filiales soient dans le domaine concurrentiel, c'est-à-dire qu'elles soient fournisseur d'autres sociétés que celles de leur groupe d'appartenance. Dans ce cas, elles peuvent présenter différentes configurations de leur système d'information, depuis une intégration partielle dans le système d'information du groupe jusqu'à une indépendance totale. Quelle que soit leur situation, toutes les filiales méritent quand même d'être informées *a minima* de la démarche mise en place dans le reste du groupe auquel elles appartiennent.

En final, l'objectif recherché est de faire approprier par toutes ces entités la démarche d'urbanisme pour qu'elles l'intègrent dans leur processus de travail et qu'elles prennent le relais pour informer et faire adhérer les directions métier locales avec lesquelles elles travaillent. Ainsi, par le canal d'information de ces équipes et par celui des directions métier centrales, la démarche d'urbanisme peut être à son tour appropriée par les métiers des filiales et des sites à l'international.

9.3. Chercher à harmoniser avec elles les pratiques et les outils

Comme les présentations mentionnées précédemment sont faites aux équipes informatiques, il s'agira de présenter en détail toutes les composantes de la démarche, depuis le découpage en domaines d'urbanisme, jusqu'au contenu d'une étude d'urbanisme, en passant par les règles d'urbanisme, le fond de carte fonctionnel, la politique de l'entrepôt de données et comme indiqué précédemment les référentiels de données et le référentiel cartographique. La présentation sera de préférence personnalisée en faisant ressortir les points sur lesquels l'entité visitée est la plus à même de trouver un intérêt à entrer dans la démarche.

Un des résultats visés à la fin de la présentation et des échanges qui s'en suivent, quand le contexte s'y prête, est d'arriver à décider le lancement de quelques actions concernant la mise en œuvre d'un ou de plusieurs points de la démarche d'urbanisme. Il pourra par exemple être décidé de travailler sur l'intégration du parc applicatif local dans le référentiel cartographique, sur la réduction du parc applicatif local, sur une étude d'urbanisme sur le métier propre de la filiale, sur le branchement des applications locales sur les référentiels de données de l'entreprise, etc.

La cible visée est d'arriver à déployer et à faire adopter la même démarche et les mêmes outils d'urbanisme dans toutes les entités du groupe de façon à avoir une consolidation des actions de cohérence, de mise en visibilité et de pouvoir ainsi piloter le système d'information au niveau du groupe en parfaite connaissance à la fois de l'existant et des cibles partagées entre tous. Le fait de pouvoir engager un plan d'action à la suite de la présentation est un premier pas vers cette cible. Le plan d'action devra être piloté conjointement entre l'entité visitée et la direction de l'urbanisme, si l'on veut se donner toutes les chances de réussir cette première expérience. La direction de l'urbanisme, vu qu'elle est l'expert et le père technique du sujet, devra apporter son concours et son support à la fois pour ce premier plan d'action mais également dans la durée, de façon à ancrer définitivement ces méthodes et outils dans les pratiques quotidiennes.

Certaines entités peuvent déjà avoir adopté précédemment une démarche et des outils d'urbanisme. Dans ce cas la recherche d'adhésion à l'urbanisme de ces entités n'est pas utile puisque déjà engagées dans cette voie. Il faut au contraire se concentrer sur ce qui va permettre d'arriver à faire converger à moyen terme les pratiques et les méthodes de l'entité locale avec celles de la direction de l'urbanisme. On peut par exemple reprendre directement les résultats des travaux d'urbanisme que l'entité a réalisés sans pour autant modifier leur formalisme et obtenir que la démarche proposée par la direction de l'urbanisme soit appliquée la fois suivante de façon à ce que cette entité s'approprie cette démarche et apporte son expérience pour l'enrichir. On peut aussi proposer d'intégrer dans le référentiel cartographique les applications de l'entité sans toutefois refaire toutes les cartographies dont l'entité dispose, si elles ont par exemple été réalisées avec un autre outil. On peut également travailler sur la mise en place d'un référentiel de données commun ou sur le rapprochement de deux référentiels de données couvrant jusqu'à maintenant les mêmes données mais avec une sémantique et une syntaxe différentes.

En général on arrive toujours à lancer un plan d'action, permettant de déployer plus largement la démarche d'urbanisme dans l'ensemble du groupe. Mais cela impose de mettre en place des relais locaux qui seront capables d'entretenir la dynamique créée en restant au contact de la direction de l'urbanisme de façon à pouvoir être aidés et accompagnés dans la mise en œuvre de la démarche et de ses outils.

9.4. Construire un réseau d'urbanistes-architectes

Il est important d'identifier au moins un correspondant urbaniste-architecte dans chaque grande filiale ou grand site à l'international qui sera le correspondant local de la direction de l'urbanisme et le catalyseur de toutes les actions d'urbanisme menées dans son entité. La décision de nommer quelqu'un pour cette mission doit être un des résultats de la réunion de présentation de la démarche d'urbanisme dans l'entité. Il faudra bien évidemment former cette personne aux pratiques et outils d'urbanisme déployés par la direction de l'urbanisme. Ceci se fera par l'intermédiaire des mêmes modules de formation que ceux qui ont été évoqués dans un chapitre précédent, à savoir les formations à l'urbanisme et au référentiel cartographique.

Chaque urbaniste-architecte local va ainsi faire partie d'un réseau de compétences en urbanisme et en architecture, fédéré autour des mêmes pratiques et des mêmes outils. Ainsi la dynamique d'urbanisme lancée en central par la direction de l'urbanisme va devenir progressivement une démarche dont le centre de gravité va se déplacer au fur et à mesure que le réseau va s'agrandir. A la création de ce réseau, on peut prévoir que chaque filiale et chaque site à l'international ait un correspondant qui soit l'un des urbanistes-architectes de la direction de l'urbanisme. Mais progressivement il faudra développer des relations directes entre les différentes entités du groupe de façon à fluidifier la communication et à favoriser le support mutuel.

Une façon de créer les liens entre ces personnes est d'organiser une à deux fois par an un forum de l'urbanisme qui réunisse tous les membres du réseau de l'urbanisme. Ce forum peut être l'occasion pour chacun de présenter ses travaux et ses meilleures pratiques. C'est aussi une occasion pour travailler en ateliers avec ses collègues sur des sujets de préoccupation communs ou qui permettent de réfléchir ensemble sur de nouvelles problématiques. C'est également une opportunité pour rappeler certaines règles de fonctionnement ou d'urbanisme ou pour faire évoluer des règles qui sont inadaptées. Il sera important de terminer ce forum par la sélection d'un certain nombre d'actions collectives de progrès qui seront ensuite mises en œuvre et pilotées par groupes, ce qui renforcera encore un peu plus les liens entre les membres du réseau et leur sentiment d'appartenance à une même équipe.

Le référentiel cartographique est sans aucun doute un des outils participant le plus à la création de cette synergie globale. En effet quand l'urbaniste-architecte d'une filiale ou d'un site à l'international documente le référentiel cartographique avec le parc applicatif de son entité ou quand il réalise des cartes où se mêlent des applications centrales et des applications locales, il participe alors à enrichir le périmètre de la connaissance partagée par l'ensemble du réseau d'urbanisme. De plus, vu qu'il est nécessairement en relation avec les urbanistes-architectes en charge des domaines qu'il impacte, sous peine de ne pas être en cohérence avec les informations déjà existantes dans le référentiel cartographique, il renforce sa proximité et la solidité de ses liens avec les autres membres du réseau.

9.5. Peut-on vraiment parler d'un urbanisme local ?

Nous avons mentionné précédemment que l'urbaniste-architecte d'une filiale ou d'un site à l'international allait être amené à réaliser lui aussi des actions d'urbanisme. La question est de savoir de quelle autonomie cet urbaniste-architecte dispose pour mener à bien de réelles études d'urbanisme suivant la démarche présentée dans les premiers chapitres de cet ouvrage. Pour être tout à fait exact, une entité qui a un métier propre au sein du groupe ou est en charge d'un produit ou d'une marque peut effectivement être amenée à faire une étude d'urbanisme, c'est à dire définir le niveau de commonalité de ses activités et en déduire le système d'information cible. En revanche, si le métier de l'entité est un métier réalisé également par d'autres entités du groupe ou a en charge des produits ou des marques partagés avec d'autres entités, elle n'a pas lieu de faire une étude d'urbanisme seule. En effet, dans ce cas la commonalité vis-à-vis des filiales et des sites à l'international sera vue lors d'une étude avec la direction métier centrale et toutes les entités concernées par ce métier grâce au positionnement des activités sur les axes de commonalité organisationnel, produits/services et géographique.

Dans la plupart des cas, les travaux d'urbanisme locaux consisteront donc à participer à des études d'urbanisme avec les autres entités concernées du groupe, à travailler sur l'interaction au niveau local avec les composants de l'infrastructure socle de l'urbanisme – référentiels de données et entrepôt de données –, à vérifier que le patrimoine applicatif local respecte bien les règles d'urbanisme ou à construire les plans d'action permettant de se rapprocher progressivement de la cible issue des études d'urbanisme concernant l'entité. Les autres travaux seront des études d'architecture, par exemple pour regarder l'impact sur le parc applicatif local de l'arrivée d'une nouvelle application standard à tout le groupe ou pour réduire le parc applicatif local ou encore pour définir le périmètre fonctionnel de nouvelles applications locales quand le niveau de commonalité laisse la liberté à ces entités d'avoir leurs propres applications.

Chaque entité pourra également utiliser le fond de carte du système d'information – la carte des domaines d'urbanisme de l'entreprise – pour représenter la couverture de ses applications locales et leurs liaisons avec les différents blocs fonctionnels, ce qui permettra d'avoir une vue synthétique du parc applicatif local avec le même découpage de référence pour toutes les entités.

On voit finalement que l'urbanisation du système d'information sur un domaine métier se fait dans un contexte de globalité entre tous les secteurs du groupe effectuant le même métier, que les entités métier dépendent des secteurs centraux ou décentralisés, de la maison mère ou des filiales. Dans le cas où une entité a un métier propre, elle peut appliquer la démarche d'urbanisme dans toutes ses composantes en particulier projeter sur les axes de commonalité le positionnement de la façon de faire ses activités métier et en déduire son propre plan d'action pour aller vers la cible de son système d'information

Dans le cas où un métier est transversal à plusieurs entités du groupe et où le positionnement sur les axes de commonalité choisi par le métier indique que la façon de faire les activités est au niveau plaque ou pays pour ce qui est de l'axe géographique ou au niveau marque pour ce qui est de l'axe organisation, ou ne concerne qu'un produit, alors va s'appliquer le principe de subsidiarité et chaque entité métier aura finalement liberté de faire évoluer son système d'information, dans le respect du positionnement précédent. Dans certains cas cela pourra justifier d'une étude d'urbanisme local dès lors que la problématique à traiter est un peu complexe.

Chapitre 10

Le suivi et l'entretien dans le temps de la démarche d'urbanisme

« L'expérience instruit plus sûrement que le conseil. » André GIDE

La démarche d'urbanisme aura demandé de mobiliser beaucoup d'énergie pour être déployée dans toute l'entreprise. Nous avons vu dans les chapitres précédents qu'une importante démarche de communication et de conviction étaient nécessaire, demandant beaucoup de temps pour convaincre les directions métier et toutes les composantes de l'entreprise de se lancer dans cette démarche. L'entreprise dans sa globalité va donc réaliser un investissement conséquent qu'il faut impérativement pérenniser dans la durée afin que les métiers puissent capitaliser sur ses résultats, faute de quoi il ne s'agira là que d'une idée éphémère de la direction des systèmes d'information qui n'aura servi qu'à peu de choses.

La direction des systèmes d'information – par délégation la direction de l'urbanisme – va donc devoir rendre des comptes sur la valeur ajoutée apportée par la démarche d'urbanisme et sur les moyens qu'elle met en place pour maintenir dans le temps la dynamique engagée et l'enrichissement des meilleures pratiques. Il est donc fondamental de mettre en place des outils pour piloter la démarche, pour mesurer son déploiement et les résultats obtenus, pour consolider les résultats et les acquis, pour communiquer régulièrement sur ces résultats et pour déployer le dispositif qui permettra de pérenniser l'investissement.

10.1. Le tableau de bord opérationnel de la démarche d'urbanisme

10.1.1. Le taux de couverture du système d'information par les études d'urbanisme

Une fois la démarche d'urbanisme en phase opérationnelle, il est important de mesurer comment le système d'information est couvert par les études d'urbanisme.

Nous appellerons cette mesure le taux de couverture du système d'information de l'entreprise par les études d'urbanisme.

Une façon de mettre en place ce taux est de raisonner par domaine d'urbanisme. Nous proposons de le mesurer en se référant aux différentes étapes de la réalisation d'une étude d'urbanisme, chaque étape étant identifiée par la fourniture d'un livrable. Nous proposons pour cela la liste des livrables suivants :

– la carte des applications existantes,

– le diagramme des processus métier existants,

– le modèle conceptuel des données existantes,

– la liste des dysfonctionnements métier et systèmes d'information,

– le diagramme cible des processus métier,

– la carte cible des applications,

– le modèle conceptuel cible de données,

– le plan d'action pour passer de l'existant à la cible.

Le taux pour chacun des domaines d'urbanisme est alors mesuré par une moyenne calculée à partir:

– de la couverture du domaine pour chacun des livrables, que l'on calcule par le *ratio* du nombre de blocs fonctionnels couverts par chacun des livrables rapporté au nombre de blocs fonctionnels contenus dans le domaine,

– du degré de réalisation des livrables que l'on calcule par exemple par rapport à la liste des degrés d'avancement suivants :

- livrable non démarré,
- contenu du livrable défini,
- livrable planifié,
- livrable en cours de réalisation,
- livrable terminé,
- livrable à remettre à jour.

Un domaine d'urbanisme est ainsi à 100 % quand tous les blocs fonctionnels ont été traités et que tous les livrables sont terminés. On aura donc pour chaque domaine d'urbanisme la valeur de son taux de couverture par les études d'urbanisme. On pourra compléter ces valeurs par une mesure composite, ayant peu de signification, qui soit la combinaison des pourcentages de chacun des domaines d'urbanisme. Ce pourcentage global, calculé en faisant la moyenne des résultats de chacun des domaines, sera considéré comme la valeur du taux de couverture du système d'information de l'entreprise par les études d'urbanisme. Il s'agit bien sûr d'une valeur estimée qui n'est pas calculée scientifiquement.

En fait, certains livrables de la liste précédente pourront avoir été déjà en partie documentés indépendamment d'avoir réalisé des études d'urbanisme. Ainsi il est à peu près sûr qu'on disposera, au fur et à mesure des travaux d'architecture ou liés au référentiel cartographique, d'une cartographie applicative déjà riche de l'existant de certains domaines ou de certains blocs fonctionnels. De la même façon on disposera vraisemblablement d'une bonne connaissance des données utilisées ou des processus métier principaux de certains domaines ou blocs fonctionnels, et ce sans avoir réellement lancé d'études d'urbanisme. De la même façon, certaines cibles locales auront pu être également réalisées à l'occasion de l'étude de certains projets.

Dans ces cas-là, on tiendra compte de ces premiers résultats pour mesurer le taux de couverture actuel des domaines concernés. Dans tous les cas, une – ou peut-être plusieurs – étude d'urbanisme sera nécessaire un jour ou l'autre de façon à compléter tous les livrables précédents et en profiter pour donner une cohérence d'ensemble aux travaux qui auraient pu être faits précédemment indépendamment de toute étude d'urbanisme. On obtiendra donc en final le taux de couverture du système d'information par les études d'urbanisme.

10.1.2. La nécessité d'affiner ce taux

En fait, en appliquant uniquement l'approche précédente, on se rend compte que le résultat ne traduit pas complètement la réalité des travaux d'urbanisme réalisés car il fait abstraction de ce qui a été réellement étudié sur chaque bloc fonctionnel. Afin d'avoir une mesure plus précise, il faut enrichir cette approche en tenant compte de la portée de chaque livrable suivant les axes de commonalité, à savoir la couverture produits, organisation et géographique qu'il représente. Ainsi une carte d'application peut ne couvrir que certains produits de l'entreprise ou bien ne concerner qu'une partie de l'organisation de l'entreprise ou ne couvrir que certains secteurs géographiques de l'entreprise. Le pourcentage précédemment obtenu par domaine d'urbanisme sera donc à pondérer par le niveau de commonalité atteint sur chacun des axes. Cette nouvelle valeur sera plus juste et constituera le taux de couverture de chaque domaine par les études d'urbanisme.

Cependant, en appliquant uniquement cette nouvelle approche, on se rend compte que le résultat ne permet pas de juger si l'énergie consacrée a été affectée aux domaines d'urbanisme les plus prioritaires. En effet, on pourrait très bien être à

70 % de couverture d'un domaine non stratégique alors qu'on ne serait qu'à 10 % sur un domaine stratégique et être satisfait de ce résultat. D'où l'idée d'enrichir cette approche en tenant compte de l'importance stratégique de chaque domaine d'urbanisme.

Ainsi des poids relatifs peuvent être définis par importance de chacun des domaines d'urbanisme, par exemple en fonction de sa contribution :

- à l'identité de marque de l'entreprise,
- aux résultats financiers de l'entreprise,
- à la promotion des valeurs de l'entreprise,
- à la compétitivité de l'entreprise,

et également par son importance en terme de dépenses informatiques annuelles ou de criticité vis-à-vis du système d'information.

Ces poids respectifs dépendront de la situation de l'entreprise et de sa politique stratégique du moment. Une entreprise souhaitant mettre en avant une nouvelle gamme de produits, attribuera un poids important à son domaine de conception. Une entreprise mettant en priorité la réduction et la maîtrise de ces coûts privilégiera le domaine support.

Il s'agira ensuite, une fois qu'aura été calculé le taux de couverture de chacun des domaines d'urbanisme, de regarder en fonction des poids respectifs de chacun des domaines si les travaux d'urbanisme ont bien été consacrés en priorité aux domaines qui ont le poids le plus fort.

De la même façon que précédemment, on pourra calculer le même taux composite global à tout le système d'information en combinant les pourcentages de chacun des domaines d'urbanisme pondéré par leur poids respectif. Avec cette pondération des domaines, le taux de couverture global est un peu plus subjectif vu qu'il tient compte d'une évaluation de l'importance des domaines d'urbanisme les uns par rapport aux autres, évaluation qui peut être discutable.

Cependant, le calcul de l'état d'avancement pour chaque domaine d'urbanisme est dans ce cas plus précis vu qu'une mesure est faite sur chacun des axes de commonalité, contrairement au scénario initial qui ne tenait pas compte de la commonalité. Ce calcul reflète du coup mieux la réalité des travaux d'urbanisme qui ont été réalisés, la mesure étant moins globale. Ceci a comme avantage de pouvoir mesurer plus facilement les écarts entre deux dates de mesure du taux de couverture.

10.1.3. Utiliser ce taux pour piloter le déploiement des études d'urbanisme

En fait le taux de couverture du système d'information tel que calculé précédemment ne prend pas en compte certains aspects de l'urbanisme, tels que les référentiels de données, l'entrepôt de données ou le référentiel cartographique. Cela veut dire qu'il faut mettre en place d'autres indicateurs pour mesurer plus complètement l'avancement de la démarche d'urbanisme dans toutes ses dimensions.

Ce taux peut malgré tout être utilisé aussi bien pour mesurer ce qui a été déjà réalisé que pour afficher une cible de ce que l'on souhaiterait atteindre à un horizon donné. Ainsi dans la construction du plan triennal, on pourrait afficher que l'on pense être par exemple à l'indice 20 % dans un an, 40 % dans deux ans et 80 % dans trois ans pour l'un des domaines d'urbanisme ou être à l'indice 30 % dans un an, 40 % dans deux ans et 45 % dans trois ans pour le taux de couverture de l'ensemble du système d'information, ces valeurs étant obtenues, pour chaque domaine d'urbanisme, en tenant compte de la simulation des résultats des plans d'action que l'on envisage de mener dans les trois prochaines années.

En fait le taux de couverture du système d'information par les études d'urbanisme, tel que décrit précédemment, n'atteindra la valeur 100 % que lorsque 100 % des domaines auront été couverts par des études d'urbanisme et que tous les plans d'action permettant de passer de la situation existante aux cibles auront été mis en œuvre. Alors, le système d'information sera déclaré bien urbanisé. Cette situation étant idéale, irréaliste et non atteignable, ce taux va principalement permettre de piloter l'avancement du déploiement des études d'urbanisme dans l'ensemble du système d'information. Il peut permettre de prioriser certaines études d'urbanisme afin d'atteindre un objectif de taux de couverture sur certains domaines d'urbanisme et selon certains axes stratégiques. On pourra ainsi se fixer un taux de 60 % pour le domaine de la fabrication, sur l'ensemble des pays mais sur un seul produit donné et un taux de 80 % pour un domaine support, pour l'ensemble des produits et sur l'ensemble des pays. Ce taux de couverture reflète la volonté de rationaliser avec cohérence et d'accroître les performances des systèmes informatiques pour les différents domaines d'urbanisme.

10.1.4. Les autres indicateurs du tableau de bord

Nous avons décrit dans les chapitres précédents que la démarche d'urbanisme était composée de la définition et de l'application de règles d'urbanisme, de la réalisation d'études d'urbanisme, de la mise en place des référentiels de données et d'un entrepôt de données d'entreprise, de l'utilisation d'un référentiel cartographique. Il s'agit donc de mettre en place un tableau de bord permettant de mesurer l'avancement de chacune de ces différentes composantes.

Nous avons vu dans les paragraphes précédents ce qui concerne le taux de couverture du système d'information par les études d'urbanisme. Nous proposons de mettre en place le même type d'indicateur pour les référentiels de données c'est-à-dire d'utiliser un indicateur global qui soit la combinaison de la mesure du niveau de déploiement de chacun de ces référentiels. Pour chacun d'eux, nous utiliserons la liste des livrables suivants :

– réalisation du modèle conceptuel de données,

– règles de gestion issues des métiers de l'entreprise concernés par ce référentiel,

– spécification des services d'accès,

– implémentation physique de la base de données,

– implémentation des services d'accès,

– plan d'action pour faire migrer les applications vers le référentiel de données,

– mise en place d'un comité de *management* pour piloter la maintenance et la qualité des données du référentiel.

De la même façon que pour le taux de couverture par les études d'urbanisme, nous mesurerons l'avancement des référentiels de données d'entreprise d'une part, par le *ratio* des données référentielles traitées rapporté à la totalité des données couvertes par le référentiel et d'autre part, par le degré de réalisation des livrables, calculé suivant la même liste que précédemment.

Un référentiel de données d'entreprise est ainsi à 100 % quand toutes les données qu'il contient ont été traitées et que tous les livrables sont terminés. Les axes de commonalité seront également pris en compte pour donner une valeur plus précise à l'indicateur. On pourra également donner un poids respectif à chaque référentiel de données d'entreprise, suivant les critères qui ont déjà été mentionnés pour les domaines d'urbanisme. On pourra alors vérifier que l'énergie a bien été consacrée en priorité aux référentiels de données ayant le poids le plus fort On pourra aussi réaliser une combinaison pondérée des résultats obtenus pour chaque référentiel. Ceci permettra de définir un indicateur composite global de mise en place de ces référentiels de données. Cet indicateur peut également être utilisé pour montrer quelle progression sera faite sur les trois années du plan triennal.

L'indicateur concernant l'entrepôt de données consiste à mesurer le nombre de référentiels de données dont le modèle aura été implémenté dans l'entrepôt. En effet, les référentiels de données d'entreprise contenant les données qui sont partagées entre les différents domaines d'urbanisme du système d'information, ce sont ces données qui vont être utilisées en premier lieu dans les outils de *reporting* connectés en sortie de l'entrepôt, d'où la nécessité de trouver ces données alimentées dans l'entrepôt dans un format identique à celui dans lequel elles ont été définies dans les référentiels.

Plusieurs indicateurs peuvent être définis concernant le référentiel cartographique :

– des indicateurs de quantité portant sur les informations contenues dans le référentiel cartographique tels que le nombre d'applications documentées, le nombre de modèles de données documentés, le nombre d'objets gérés, le nombre de cartes dessinées, etc., permettant de savoir où faire porter en priorité les efforts pour compléter l'information,

– des indicateurs de non-qualité des informations contenues dans le référentiel cartographique tels que le nombre d'applications insuffisamment documentées, le nombre d'applications qui ne sont pas reliées aux blocs fonctionnels, etc., permettant de déclencher des plans d'amélioration de la qualité du contenu,

– des indicateurs d'utilisation mesurant le nombre d'accès réalisés par les utilisateurs et par type de rubrique, permettant d'avoir un retour factuel sur l'utilisation réelle qui est faite du référentiel et de lancer des opérations de communication si l'on s'aperçoit que certaines directions ne sont pas utilisatrices.

Tous ces indicateurs constitueront le tableau de bord de l'urbanisme. Certains ne seront destinés qu'au pilotage interne de la direction de l'urbanisme et les autres seront utilisés plus largement sous forme d'outils de communication, en particulier lors des comités de pilotage de l'urbanisme pour faire un point sur la situation présente et aider à décider de lancer des plans d'action, sur la base des informations fournies.

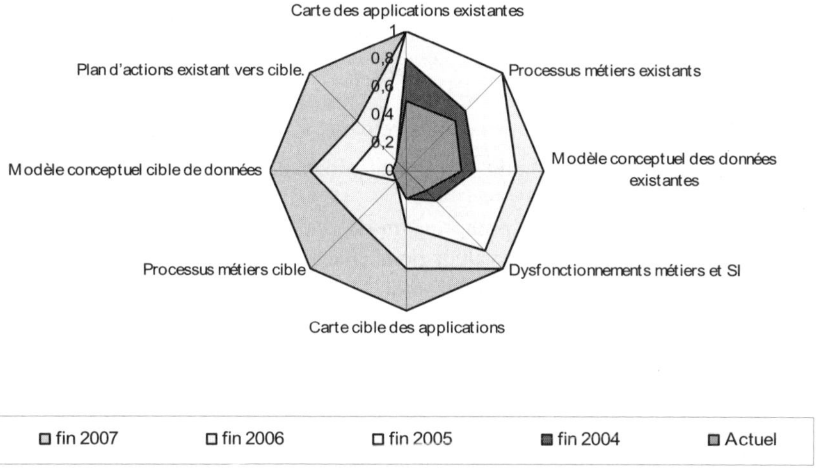

Figure 10.1. *Exemple de taux de couverture d'un domaine d'urbanisme par les études d'urbanisme*

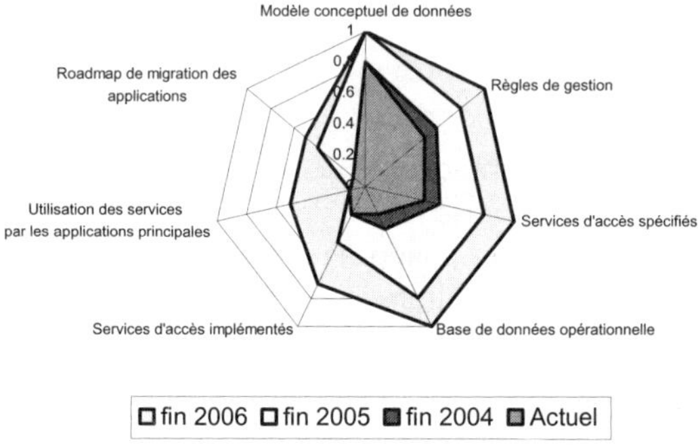

Figure 10.2. *Exemple d'un indicateur de pilotage du déploiement prévisionnel d'un référentiel de données d'entreprise*

10.1.5. L'indice d'urbanisation du système d'information

De son côté, le club Urba-SI[20] propose un indice d'urbanisation plus global qui porte sur les six axes d'analyse suivants :

– connaissance du système existant,

– gestion des référentiels majeurs de l'entreprise,

– existence de cibles pour les évolutions du système d'information,

– maîtrise d'une construction du système d'information optimale pour l'ensemble de l'entreprise,

– maîtrise de la complexité des flux d'échange d'informations,

– pilotage de l'urbanisation du système d'information et communication.

Des critères ont été définis pour chacun de ces axes et en choisissant, dans une grille de réponses possibles, une valeur pour chacun de ces critères, selon le niveau d'avancement de l'entreprise, la direction de l'urbanisme d'une entreprise obtient la valeur de son indice d'urbanisation.

Cet indice d'urbanisation recoupe fort heureusement la plupart des indicateurs décrits dans les paragraphes précédents. En comparaison, l'indice d'urbanisation présente un aspect plus global qu'il est sans doute plus facile de mettre en œuvre

[20] Le club Urba-SI, club des urbanistes et architectes des systèmes d'information, regroupe en avril 2004 les représentants de 50 grandes entreprises françaises (www.urba-si.asso.fr).

dans un premier temps. Ensuite on pourra toujours chercher à affiner la mesure et à mettre en place des indicateurs plus analytiques tels que ceux décrits précédemment, pour peu que la démarche d'urbanisme adoptée par l'entreprise s'appuie sur les mêmes composantes que celles décrites dans cet ouvrage. Un autre intérêt de l'indice d'urbanisation est qu'il peut constituer un outil de *benchmarking*, pour peu que plusieurs entreprises l'utilisent et partagent les valeurs qu'elles obtiennent.

10.2. Mesurer la création de valeur pour l'entreprise

Nous avons régulièrement insisté dans les chapitres précédents sur l'importance de montrer la valeur ajoutée qu'apportait l'urbanisme aux directions métier et à l'ensemble de l'entreprise. Or les indicateurs précédents sont essentiellement des indicateurs de processus qui montrent l'avancement du déploiement des outils et des méthodes. Il est donc important de compléter ceux-ci par un volet orienté création de valeur.

Tout comme l'informatique ou les systèmes d'information, la démarche d'urbanisme ne va pas en soi créer de la valeur pour l'entreprise et pour les directions métier. En revanche, elle va être contributeur de cette création de valeur parce qu'elle va aider les directions métier à compléter leur stratégie, à définir plus sûrement le système d'information nécessaire pour soutenir les changements majeurs du futur et qu'elle va donner de la cohérence à l'ensemble des travaux d'évolution du système d'information. Elle va être également créatrice de valeur par la mise en lumière d'informations permettant de prendre des décisions. Ce sont ces apports qu'il s'agit de traduire en mesures et en indicateurs associés. Le fond de carte fonctionnel du système d'information peut être utilisé comme support de présentation de ces indicateurs, en faisant figurer pour chaque bloc fonctionnel les indicateurs suivants :

– le nombre de systèmes informatiques existants, et le total de points fonctions. Cette métrique permet de mesurer la complexité des systèmes informatiques en comptabilisant le nombre de fonctionnalités informatiques offertes aux utilisateurs. L'opération de simplification régulière du parc applicatif par élimination des applications qui ne sont plus ou que peu utilisées permet ainsi d'aller vers plus de simplicité d'utilisation pour les métiers ;

– les coûts de fonctionnement actuels et les répartitions budgétaires informatiques passées et à venir. Ceci indique l'effort économique que les directions métier et la direction des systèmes d'information portent sur chacun des blocs. Une lecture de ces valeurs permet de vérifier que les budgets alloués ou que les sommes effectivement dépensées pour chaque bloc fonctionnel sont bien cohérents avec les priorités que l'entreprise ou que les directions métier se sont données ;

– le nombre d'incidents constatés pour les applications couvrant un bloc fonctionnel ou la qualité perçue par les utilisateurs des systèmes informatiques de ce bloc fonctionnel. Cet indicateur va mesurer le niveau de qualité offert aux utilisateurs et va permettre de construire des plans d'amélioration de la qualité, en se concentrant sur les applications des blocs fonctionnels les plus stratégiques et les moins bien positionnés en niveau de qualité ;

– des indicateurs de criticité, permettant de comparer l'impact d'incidents informatiques sur les métiers et sur l'entreprise. Les blocs fonctionnels couverts par les applications stratégiques de l'entreprise seront mis au centre des préoccupations de façon à mobiliser plus particulièrement l'énergie sur ces blocs.

– des indicateurs objectifs de performance métier, associé à chacun des blocs, précisant les gains attendus par les métiers sur le bloc fonctionnel : gain en délai, en volume, économique par exemple.

D'autres indicateurs plus globaux pourront également être utilisés :

– la cohérence des plans triennaux des directions ayant mené une étude d'urbanisme sur leur domaine avec les résultats de cette étude. Un plan triennal en totale cohérence avec ces résultats sera un excellent retour sur la valeur ajoutée apportée par l'urbanisme ;

– le gain de temps généré avec l'utilisation du référentiel cartographique. Une enquête régulière de satisfaction des utilisateurs va permettre de mesurer l'intérêt que les utilisateurs portent aux informations contenues dans ce référentiel, la qualité de ces informations, l'ergonomie d'accès à ces informations, autant de valeurs qui vont permettre de juger de l'apport de cet outil et de déclencher éventuellement des plans d'amélioration ;

– la réactivité pour créer de nouveaux outils de *reporting* à partir des données disponibles dans l'entrepôt de données. Cette mesure permet de montrer la pertinence d'avoir mis en place un entrepôt de données et à l'intérieur certaines données.

Les tableaux de bords et indicateurs sont à bâtir, dans chaque entreprise, selon la politique qu'elle souhaite adopter, ses orientations en matière d'urbanisme et bien sûr ses spécificités. L'objectif est de pouvoir, dans un document synthétique, présenter le maximum d'éléments permettant aux décideurs du système d'information de prendre les décisions d'évolution et de les présenter, en transparence, à l'ensemble de l'entreprise. Il s'agit également de piloter en permanence l'évolution de ces indicateurs de façon à aller vers un système d'information de plus en plus performant pour l'entreprise et pour les directions métier et de vérifier à tout moment que celui-ci est bien contributeur de progrès continu pour ces entités.

10.3. Les leviers pour pérenniser la démarche d'urbanisme

Nous avons déjà montré dans les chapitres précédents que la démarche d'urbanisme, pour avoir toutes les chances d'être déployée à grande échelle, devait s'inscrire dans les processus de la direction des systèmes d'information ainsi que dans le système de relations avec les directions métier. Nous avons déjà mentionné quelques moyens pour arriver à cet objectif. La problématique qui nous préoccupe maintenant est de s'assurer de la continuité dans le temps de la démarche d'urbanisme, afin que ce déploiement ne soit pas juste le temps d'une expérience limitée dans le temps qui s'arrête avec le départ des personnes qui ont conçu et lancé la démarche, mais que cette démarche devienne une préoccupation, une approche et un outil pérennes pour piloter le système d'information de l'entreprise.

10.3.1. Délivrer un permis de construire pour les nouveaux projets

Une première façon de solidifier la prise en compte de l'urbanisme est de l'inscrire dans le processus projet. Pour cela nous proposons de nous inspirer du processus suivi habituellement dans le cadre de la construction d'un bâtiment. Le démarrage de la construction ne peut se faire que si le permis de construire a été délivré par l'autorité compétente.

En faisant le parallèle pour les projets informatiques, nous proposons de positionner un jalon, dans les premières phases du processus de réalisation d'un nouveau projet, pour lequel la direction de l'urbanisme doit délivrer obligatoirement un permis de construire. Cet avis est établi sur la base d'un certain nombre de critères qui auront été clairement établis et communiqués le plus largement possible.

Nous avons déjà expliqué dans un chapitre précédent que l'urbaniste-architecte accompagnait le projet au cours de sa phase d'avant-projet de façon à l'aider à atteindre du premier coup le bon niveau de qualité vis-à-vis du respect de la démarche d'urbanisme. La délivrance du permis de construire n'est donc pas l'acte d'un contrôleur qui vérifie que le travail a été bien fait par d'autres en sanctionnant les erreurs ou écarts par rapport à une doctrine dont il est le garant. Il s'agit au contraire d'un outil de communication permettant de passer une sorte de contrat explicite entre l'urbaniste-architecte et le chef de projet sur les points qui devront être particulièrement étudiés dans le suite du déroulement de ce projet, et ce avec l'aide de l'urbaniste-architecte.

Les critères utilisés pour délivrer le permis de construire peuvent porter par exemple sur les points suivants :

– niveau de qualité des livrables d'architecture (cartographie de l'existant, de la cible, cartographie du nouveau processus métier, liste des activités métier concernées, des fonctionnalités attendues par la nouvelle application, macromodèle des données concernées),

– respect des règles d'urbanisme,

– positionnement de la nouvelle application par rapport aux études d'urbanisme,

– positionnement de cette application dans le fond de carte fonctionnel,

– prise en compte des axes de commonalité dans le positionnement de l'application,

– périmètre fonctionnel couvert par la nouvelle application (vérifier la non-redondance avec d'autres applications existantes ou projets en cours ; vérifier que le périmètre est suffisamment large pour supprimer des applications existantes),

– prise en compte des multimarques et des multilangues,

– utilisation des données référentielles d'entreprise,

– connexion à l'entrepôt de données d'entreprise,

– inscription des livrables d'architecture dans le référentiel cartographique.

Ce permis de construire pourra être délivré en deux temps :

– un premier avis après le cadrage du projet quand l'expression de besoin a été exprimée par la direction métier concernée, de façon à lancer l'avant-projet qui déterminera le meilleur scénario à suivre en phase de réalisation ;

– un deuxième avis en fin d'avant-projet, une fois que le scénario et le coût prévisionnel ont été validés, de façon à lancer la phase de réalisation.

Ce permis de construire peut être délivré avec ou sans réserve selon la qualité des documents et des informations fournis et le respect qui est fait des principes et règles d'urbanisme. Le premier avis peut être délivré avec réserves, ce qui signifie que le projet devra approfondir en particulier les points sur lesquels des réserves sont faites et montrer en fin d'avant–projet comment ces réserves ont été prises en compte. Le deuxième avis peut également être délivré avec réserves, ce qui signifie que certains points d'urbanisme auront encore à être pris en compte par le projet en phase de réalisation. Le premier avis permet d'annoncer les points majeurs sur lesquels se concentrer en phase d'avant-projet et le deuxième avis, les points que l'équipe projet n'a collectivement pas suffisamment approfondis toujours au cours de cette phase d'avant-projet.

Cependant il arrive que la direction de l'urbanisme ne soit pas impliquée dans la réalisation d'un nouveau projet ou qu'une équipe projet, pour une raison quelconque, n'ait pas la volonté de mettre en œuvre les principes et règles d'urbanisme. Dans ce cas l'urbaniste-architecte va avoir un rôle de redresseur de trajectoire et va utiliser le permis de construire comme outil pour faire revenir le projet dans la légalité et le respect des règles. Il arrive aussi que la direction de l'urbanisme délivre un avis négatif parce que le projet n'est pas bien positionné d'un point de vue fonctionnel ou par rapport aux différentes cibles d'urbanisme déjà construites ou encore parce qu'il ne va pas dans le sens de la cohérence et de la rationalisation globale. Dans ce cas, l'avis négatif implique l'arrêt du projet ou sa reconfiguration pour respecter les points mentionnés dans l'avis délivré par la direction de l'urbanisme

Il faut donc que le permis de construire délivré par la direction de l'urbanisme soit rendu obligatoire pour 100 % des réalisations informatiques (nouvelles applications, lot d'évolutions d'une application existante, évolution d'un composant technique d'une application existante). Le fait de rendre ce point de passage obligatoire est un gage de maintien de la cohérence du système d'information de l'entreprise, dans le respect des règles et principes d'urbanisme, et constitue également un levier parfait pour éduquer progressivement une population de plus en plus large, dans la connaissance et le respect des principes d'urbanisme, favorisant ainsi de fait la pérennité de la démarche d'urbanisme.

10.3.2. Délivrer un certificat de conformité avant la mise en opérationnel

En poursuivant la comparaison avec l'édification d'un nouveau bâtiment où son utilisation ne peut se faire que lorsque le certificat de conformité a été délivré par la même autorité que celle qui a émis le permis de construire, nous suggérons d'instituer un certificat de conformité pour toute nouvelle application avant sa mise en service. Ce certificat est établi en se basant sur la façon dont le projet a respecté, dans sa mise en œuvre, ce qu'il avait annoncé qu'il allait faire, du point de vue de l'urbanisme, ainsi que sur la prise en compte des réserves qui avaient pu être faites avant le lancement de la réalisation.

La délivrance du certificat de conformité est un acte fondamental car à l'extrême, sans cette vérification finale, l'urbaniste-architecte pourrait être satisfait du travail qu'il a fait avec le projet pour le mettre sur les rails ainsi que des points qu'il a signalés lors de la délivrance du permis de construire, être confiant sur la conformité de la future application et s'apercevoir en final, lors de la délivrance du certificat de conformité, que le projet a évolué dans une voie toute autre, pour une raison de simplification, de respect des délais, de réduction de coût, et que l'application prête à l'emploi n'est pas conforme aux principes élémentaires à respecter pour s'insérer dans le système d'information de l'entreprise.

Ce certificat est délivré également avec ou sans réserve en fonction du respect des points précédents. Si des réserves sont faites, celles-ci peuvent être exécutoires immédiatement, bloquant le déploiement de l'application tant qu'elles ne sont pas réalisées, ou peuvent être à prendre en compte dans la suite de la vie de l'application lorsque les points incriminés sont de moindre importance. Ce certificat de conformité concerne également 100 % des réalisations informatiques.

Autant la délivrance d'un permis de construire avec réserves n'est pas un problème en soi, car cela indique sur quels points le projet doit travailler pour être en accord avec les principes et les règles d'urbanisme, autant la délivrance d'un certificat de conformité avec réserves pose un sérieux problème car l'application est maintenant terminée, prête à être mise en service et il est bien tard pour s'apercevoir qu'elle pose des problèmes de conformité. En fin de compte, la délivrance d'un certificat de conformité avec de graves réserves ou le refus de délivrer le certificat de conformité représente un échec pour la communauté informatique de l'entreprise.

Une façon de limiter ce risque consiste à s'appuyer sur une personne ayant pour mission de s'assurer du respect par le projet, dans sa phase de réalisation, des règles et pratiques d'urbanisme et de la prise en compte des remarques faites lors de la délivrance du permis de construire. Les urbanistes-architectes, qui sont centrés sur les avant-projets et les études d'urbanisme, n'ont pas la possibilité de suivre les projets au-delà de la fin de phase d'avant-projet. Au mieux peuvent-ils, par exception, poursuivre un peu plus loin l'accompagnement de quelques projets majeurs ou de projets pour lesquels des réserves ont été faites sur certains points critiques. Du coup cette mission de s'assurer de la bonne mise en œuvre des recommandations d'urbanisme par le projet est souvent dévolue à un architecte projet ou à la personne responsable de l'assurance qualité dans le projet, lorsque cette personne existe. Il est en tout cas important qu'une personne soit bien identifiée pour prendre en compte cet aspect.

Le certificat de conformité est en tout cas un point de passage qu'il faut arriver à mettre en place de façon à fermer la boucle de la prise en compte des règles et principes d'urbanisme initialisée lors de la délivrance du permis de construire. Dans un premier temps, une revue systématique avant mise en opérationnel peut être mise en place pour tous les projets, quitte à détecter des non-conformités pour certaines applications. Dans un deuxième temps et le plus vite possible, il faudra mettre en place un processus et une organisation pour faire que le résultat à l'arrivée soit toujours conforme aux préconisations, permettant ainsi un passage du jalon de mise en opérationnel sans aucun problème bloquant.

10.3.3. Inscrire l'urbanisme dans le cursus de formation des équipes de la direction des systèmes d'information

La démarche d'urbanisme sera d'autant mieux déployée et relayée qu'elle est connue par les équipes qui sont directement touchées par sa mise en œuvre. Nous avons déjà indiqué précédemment que toutes les équipes de la direction des systèmes d'information étaient concernées par cette démarche. Cependant certaines entités, de par leur rôle, doivent être plus particulièrement imprégnées de cette démarche :

– les pôles client qui accompagnent les directions métier dans l'expression de leur stratégie d'évolution et sont les acteurs principaux des études d'urbanisme et de la construction des cibles d'urbanisme pour leur périmètre métier,

– les équipes de développement qui partant de l'expression des besoins issues des études d'urbanisme vont construire les briques du futur système d'information en respectant les principes et règles d'urbanisme,

– les équipes en charge de la stratégie technique qui ont intérêt à s'appuyer sur les composantes de la démarche d'urbanisme (fond de carte fonctionnel, politique d'entrepôt de données, référentiels de données, règles d'urbanisme, résultats des études d'urbanisme, etc.) pour construire et déployer l'architecture technique du système d'information.

Il est donc fondamental que ces équipes aient une connaissance minimale de la démarche d'urbanisme, de ses principes et de leur impact vis-à-vis de leur mission. Ceci passe *a minima* par la formation obligatoire de ces entités à la démarche d'urbanisme. Nous avons déjà indiqué dans les chapitres précédents que la direction de l'urbanisme devait construire des modules de formation sur la démarche d'urbanisme et sur les objectifs et l'utilisation du référentiel cartographique. Les entités mentionnées précédemment doivent avoir dans leur cursus de formation un passage obligé dans ces modules de formation. Cela veut dire qu'au-delà d'une formation de masse qui peut être imaginée au lancement de la démarche, les nouvelles recrues qui rejoindront ces entités dans les années futures devront aussi suivre ce processus.

Il s'agit pour la direction de l'urbanisme de bâtir des modules de formation un peu généraux, l'objectif étant de donner aux entités précédentes une teinture globale et faire qu'elles soient conscientes de l'existence de cette démarche. En personnalisant un peu plus ces formations en fonction des différents publics, chaque métier pourra mieux comprendre comment l'urbanisme doit être pris en compte au quotidien dans sa contribution au système d'information de l'entreprise. Ensuite, des formations plus complètes peuvent être organisées, dès lors qu'une équipe est engagée sur un sujet où l'urbanisme doit être pris en compte.

La direction de l'urbanisme a intérêt également à compléter son offre de formation de façon à maintenir dans le temps la dynamique déployée autour de la démarche d'urbanisme et compléter ainsi la compréhension qu'en ont les équipes mentionnées auparavant. Elle peut par exemple imaginer un module sur l'utilisation des référentiels de données d'entreprise ou sur l'utilisation de l'entrepôt de données. C'est en tout cas le côté obligatoire de la formation et le renouvellement et l'enrichissement des modules de formation qui vont aider à ancrer en profondeur et dans la durée la démarche d'urbanisme au sein des entités de la direction des systèmes d'information.

10.3.4. Elargir la population chargée de documenter le référentiel cartographique

Nous avons montré à plusieurs reprises le rôle fondamental que joue le référentiel cartographique grâce à l'information qu'il contient, concernant à la fois l'existant du système d'information et ses cibles d'évolution. Cet outil n'a de sens que s'il contient une information suffisamment riche et qui corresponde à ce dont ont besoin d'une part les directions métier quand il s'agit de modéliser un processus ou d'accéder à un processus déjà modélisé et d'autre part les entités de la direction des systèmes d'information quand elles ont besoin de comprendre l'existant, de retrouver une information ou de construire une cible.

Il est certain qu'au démarrage du référentiel cartographique tout le fond documentaire est à créer et personne n'est prêt à consacrer du temps pour cela, même si l'objectif du référentiel cartographique est totalement partagé par toutes les entités de la direction des systèmes d'information. L'urbaniste-architecte est en général fortement poussé par les pôles client à faire ce travail, vu sa connaissance de son domaine d'urbanisme. C'est donc tout naturellement que l'urbaniste-architecte devient le fournisseur d'information attitré si bien que progressivement, malgré la reconnaissance par les pôles clients de l'intérêt et de l'utilité de l'information disponible, le référentiel cartographique risque de devenir l'outil exclusif de la direction de l'urbanisme, ce qui ne correspond pas du tout à l'objectif visé.

Il est donc fondamental de chercher tous les moyens pour élargir le plus vite possible le nombre de personnes impliquées dans la documentation du référentiel cartographique. L'idée pour atteindre ce résultat consiste à définir précisément les éléments de documentation du référentiel cartographique à fournir lors des études d'urbanisme ou aux jalons de projet, pour tenir compte de la démarche d'urbanisme, et de faire en sorte que ces informations soient renseignées directement par les acteurs de ces différents travaux.

Par exemple, si chaque nouveau projet doit fournir, avant de lancer la phase d'avant-projet, le positionnement de ce projet par rapport à la cartographie de l'existant, l'équipe projet peut être amenée soit à compléter un peu l'existant ou à créer une vue particulière de l'existant dans le référentiel cartographique pour montrer un point spécifique lié à son sujet. Le fait de demander qu'en fin d'avant-projet chaque projet fournisse une cartographie applicative cible ainsi qu'un modèle conceptuel des données utilisées va amener également l'équipe projet à documenter elle-même le référentiel cartographique.

Demander à la mise en opérationnel d'une nouvelle application que soient remis à jour la carte applicative de l'existant et le modèle de données de l'application est également un vecteur d'augmentation du nombre de créateurs d'informations. Enfin demander que les résultats d'une étude d'urbanisme (positionnement en cible d'une application sur les axes de commonalité, cartographie applicative cible d'un domaine) soient intégrés dans le référentiel cartographique permet d'étendre vers les pôles client le nombre de personnes en charge de documenter le référentiel cartographique.

Bien sûr l'urbaniste-architecte va contribuer à certains de ces travaux de documentation. Cependant la mise en œuvre progressive de ces principes va permettre que le référentiel cartographique – lieu unique de capitalisation des informations du système d'information pouvant être consulté par toute l'entreprise – soit utilisé par un nombre de plus en plus grand d'acteurs de la direction des systèmes d'information comme point de départ d'information sur l'existant mais également comme réceptacle des informations dont ils ont besoin au quotidien et qu'eux-mêmes iront ajouter. Plus le nombre d'utilisateurs et de fournisseurs d'information sera important, plus la démarche d'urbanisme s'ancrera fortement dans les processus et usages de la direction des systèmes d'information.

10.3.5. Compléter au fur et à mesure les livrables d'urbanisme

Nous avons déjà indiqué à plusieurs occasions dans les chapitres et paragraphes précédents qu'une façon de faire approprier la démarche d'urbanisme consistait à l'inscrire dans le processus projet, afin d'être appropriée par tous les acteurs des projets. Ceci se matérialisait par un certain nombre de livrables d'architecture à fournir au fur et à mesure du déroulement du projet, pour pouvoir franchir les différents jalons du processus projet de l'entreprise. Nous avons également évoqué le fait que la démarche d'urbanisme ne se construisait pas en un jour, et que cela allait nécessiter de progresser par étapes dans sa construction et son déploiement. Nous pensons qu'un facteur de pérennité de la démarche d'urbanisme consiste à l'enrichir régulièrement par de nouveaux livrables ou en lui donnant de nouvelles perspectives de façon à l'ancrer toujours un peu plus dans les processus quotidiens du pilotage du système d'information.

Ainsi, le lancement de la démarche d'urbanisme est essentiellement articulé autour du fond de carte fonctionnel, du positionnement des applications dans ce fond de carte et des premières études d'urbanisme nécessitant le positionnement des activités métier concernées sur les axes de commonalité et conduisant à la définition de cibles d'urbanisme. Les livrables d'architecture, pour un projet qui va démarrer dans ce contexte, vont se limiter à respecter les résultats de ces études. En parallèle la direction de l'urbanisme va travailler sur une première version des règles d'urbanisme et poser les bases des futures données référentielles d'entreprise. Une fois ces nouveaux principes et éléments d'urbanisme arrivés à maturité, ils vont être intégrés dans la démarche d'urbanisme et vont ainsi enrichir les points que tout nouveau projet ou toute nouvelle étude d'urbanisme ou d'architecture va devoir prendre en compte.

De proche en proche, la démarche d'urbanisme va s'enrichir, en particulier grâce à la mise à disposition du référentiel cartographique, dans lequel les équipes projet vont apporter de l'information. Ainsi, la liste des points à mettre en œuvre et à respecter pour un nouveau projet va encore une fois s'enrichir, en particulier avec les différentes cartes d'applications ou de données que chaque projet va devoir fournir, cartes de plus en plus riches en fonction du jalon de projet à passer. Les revues d'architecture en vue de passer chaque jalon de fin de phase vont également contribuer à cet enrichissement, ancrant encore un peu plus les principes d'urbanisme dans les réflexes individuels des équipes de la direction des systèmes d'information. Côté métier, le fait de parler d'urbanisme, dès qu'une direction métier parle de lancer un schéma directeur, et de communiquer largement sur les résultats des études d'urbanisme au fur et à mesure qu'elles sont réalisées, permet également d'ancrer le vocabulaire et la connaissance de l'urbanisme dans la conscience collective.

L'idée est donc de chercher à enrichir progressivement la couverture et l'outillage de l'urbanisme de façon à ancrer toujours plus profondément les principes et les pratiques. Dès qu'un ensemble d'outils ou de méthodes est assimilé, il faut rechercher comment aller plus loin. De façon un peu excessive, nous pourrions dire qu'il faudrait sortir une nouvelle idée tous les six mois pour que l'urbanisme prenne racine le plus profondément possible. Il faut donc rechercher en permanence sur quel nouveau volet doit se faire le progrès. Ce progrès peut se faire dans deux directions différentes :

– par l'enrichissement des livrables demandés aux projets : par exemple, en affinant les revues de fin de phase, en s'intéressant à de nouveaux aspects comme par exemple regarder comment les nouvelles applications intègrent les principes d'urbanisme dans le contenu de leur contrat de liaison applicative, contrat qui décrit en particulier le format des informations qu'une application fournit aux applications qu'elles alimentent, etc.,

– par l'extension du périmètre couvert par l'urbanisme : par exemple en s'intéressant aux processus métier, en trouvant de nouveaux usages du fond de carte fonctionnel (répartition budgétaire ou des ressources humaines sur les domaines d'urbanisme, structuration du plan triennal sur la base de ces mêmes domaines, etc.).

L'objectif visé par la démarche d'urbanisme est d'obtenir un système d'information cohérent et flexible. Aussi est-il fondamental que tous, au sein de l'entreprise, soient tendus vers cet objectif. Nous pensons que l'enrichissement régulier des pratiques et des outils de l'urbanisme est un facteur-clé essentiel pour rendre plus naturelle la mise en œuvre de l'urbanisme par le plus grand nombre de personnes, et que plus l'urbanisme et ses pratiques seront présents dans les processus journaliers, plus les pratiques des uns et des autres seront orientées vers une meilleure efficacité transversale, gage d'une meilleure performance du système d'information.

10.4. Maintenir les ressources de la direction de l'urbanisme au bon niveau

Depuis le début de cet ouvrage, nous avons montré que la direction de l'urbanisme était une structure indispensable pour la construction et le déploiement d'une démarche d'urbanisme. On pourrait imaginer qu'à force de former, d'entraîner, de « coacher » et de montrer la route aux équipes de la direction des systèmes d'information et des directions métier, le stade ultime où la direction de l'urbanisme est devenue inutile va être atteint un jour, chaque acteur de l'entreprise étant arrivé à un niveau suffisamment transversal et collectif pour mettre en œuvre et pérenniser par lui-même la démarche d'urbanisme.

Même s'il est exact qu'à force de parler d'urbanisme, cette préoccupation arrive à se déployer largement dans les équipes de la direction des systèmes d'information et des directions métier, ce rêve nous paraît une pure fiction, aussi considérons-nous que la direction de l'urbanisme est une structure qui doit être entretenue dans le temps afin de poursuivre la consolidation des résultats et rester le gardien du temple de la cohérence du système d'information. Il est donc fondamental de se préoccuper de la pérennité des ressources ou en tout cas des compétences de la direction de l'urbanisme.

Parmi les différents métiers qui composent la direction de l'urbanisme, le plus critique est sans nul doute celui du responsable de la cartographie, dans la mesure où il a toute la connaissance du contenu du référentiel cartographique et de ses règles d'utilisation. Cette connaissance ne devra pas être mise en péril lorsque cette personne sera amenée à évoluer. Autant trouver de nouveaux urbanistes-architectes ou un nouveau responsable du plan d'urbanisme ne devrait pas poser de difficulté, autant le remplacement du responsable de la cartographie peut être délicat, car c'est un rôle plus ingrat et qui malgré son caractère indispensable est plus difficilement mis en visibilité au quotidien. C'est à notre avis le poste dont le renouvellement devra être pris le plus sérieusement en considération avec le plus d'anticipation possible.

Concernant les autres métiers, nous avions indiqué, dans un précédent chapitre, que les architectes-urbanistes étaient de préférence des personnes ayant une bonne connaissance de l'entreprise et du monde des systèmes d'information mais que quelques urbanistes-architectes pouvaient commencer leur carrière professionnelle dans ce métier. Dans tous les cas, le métier d'urbaniste-architecte est souvent considéré comme un temps de prise de recul, d'acquisition d'une connaissance transversale sur le système d'information et bien évidemment d'acquisition de la démarche d'urbanisme, pour mieux rebondir ensuite vers un poste de responsable d'un projet de système informatique ou dans un pôle clients ou proche de la maîtrise d'ouvrage au sein d'une direction métier. De façon générale, l'urbaniste-architecte a donc pour vocation de passer par la direction de l'urbanisme avant de repartir vers de nouveaux horizons professionnels.

Ceci pose la question du transfert des connaissances vers les personnes qui vont prendre la relève. On peut vraisemblablement concevoir que le corps d'urbanistes-architectes sera amené à décroître un peu dans le temps, car une fois la démarche d'urbanisme opérationnelle et les cibles d'urbanisme construites pour chaque domaine d'urbanisme, le travail consiste ensuite à mettre en œuvre ces cibles et à les réactualiser au fur et à mesure, ce qui nécessite moins d'énergie et de ressources. Mais il faut néanmoins arriver à construire dans le temps la noria qui fera que de nouveaux urbanistes-architectes viendront prendre le relais de la génération précédente.

Il est clair que plus la démarche d'urbanisme apporte des résultats probants et que l'urbaniste-architecte joue un rôle important dans la cohérence du système d'information, plus la direction de l'urbanisme a l'image positive de créateur de valeur et attire donc de nouveaux talents qui ont envie de participer à l'aventure. Mais cela demande en permanence d'anticiper pour avoir identifié ces talents avant même que la première vague d'urbanistes-architectes ne change d'affectation. Cela pose également la question de l'expertise en urbanisme. Nous pensons qu'il est très important d'avoir quelques experts en urbanisme et en architecture fonctionnelle, reconnus pour leur connaissance transversale du système d'information et leur capacité pédagogique. Ces experts devront, à notre avis, rester entre sept et dix ans au sein de la direction de l'urbanisme, jouant en quelque sorte le trait d'union entre les deux premières générations d'urbanistes-architectes, le temps de recréer de nouveaux experts dans ce domaine.

Enfin, il sera également important de s'assurer du renouvellement du responsable du plan d'urbanisme avec suffisamment d'anticipation. C'est lui qui détient la connaissance la plus transversale sur les cibles d'urbanisme, puisque chargé de les consolider dans le plan d'urbanisme. Aussi est-il important de construire son évolution en identifiant très en amont les personnes susceptibles de lui succéder et de construire un parcours permettant un recouvrement raisonnable avec le remplaçant. Le poste de responsable du plan d'urbanisme constitue une bonne opportunité d'évolution pour l'un des urbanistes-architectes, dans la mesure où cela lui permettra d'étendre sa connaissance transversale du système d'information, après quelques années passées dans l'un des domaines d'urbanisme, et évitera de faire une trop grosse rupture, ce qui ne manquerait pas d'arriver si le successeur du responsable du plan d'urbanisme venait de l'extérieur de la direction de l'urbanisme.

10.5. L'urbanisme : une démarche collective au service de la performance de l'entreprise

Nous aurons beau avoir la plus belle et la plus robuste démarche d'urbanisme, les meilleurs outils de pilotage et les meilleurs résultats pour les directions métier, si tout cela reste dans l'ombre et fait l'objet d'une communication confidentielle, rien de la dynamique que ces résultats peuvent générer ne sera au rendez-vous et la direction de l'urbanisme aura l'impression d'être la seule à porter la démarche et à ramer seule à contre-courant. Il est donc fondamental d'appuyer toute la démarche d'urbanisme sur un dispositif de communication et de mise en visibilité des gains et des résultats obtenus en cherchant non pas à valoriser la direction de l'urbanisme mais chaque saut de progrès collectif réalisé grâce à la mise en œuvre de cette démarche structurée. A cause de cette mise en visibilité, d'autres secteurs de l'entreprise auront envie de se lancer à leur tour dans la démarche et de contribuer ainsi à l'amélioration collective du système d'information.

De la même façon nous aurons beau avoir la meilleure démarche d'urbanisme, si elle n'est pas entretenue et enrichie en permanence, elle sera vouée très rapidement à l'abandon, faute de dynamisme. La direction de l'urbanisme, en tant que père technique de la démarche doit donc en permanence chercher à consolider et à enrichir la démarche, en étant, en particulier, à l'affût des idées de nouvelles pratiques inventées lors d'une étude d'urbanisme ou par une équipe projet, en les capitalisant avec l'état de l'art des meilleures pratiques et en les faisant connaître dans les meilleurs délais à l'ensemble de la communauté liée au système d'information. C'est la meilleure façon d'entretenir le mouvement, de donner de l'importance aux talents créatifs des uns et des autres et de faire s'approprier la démarche d'urbanisme par le maximum de personnes, montrant ainsi au passage que chacun est associé à faire progresser la démarche au quotidien.

Le lancement de la démarche d'urbanisme donne au paquebot qu'est le système d'information de l'entreprise sa vitesse initiale sur la route de l'amélioration de ses performances intrinsèques. Au début, le paquebot, vu son inertie, bouge faiblement et cela va demander du temps pour monter en puissance et atteindre le régime de croisière. La démarche d'urbanisme se doit donc d'être solide et crédible et l'équipe d'urbanisme inventive et tenace. De plus, elle se doit de savoir convaincre pour entraîner avec elle toutes les équipes engagées de près ou de loin dans le système d'information. Puis quand la vitesse de croisière est atteinte, il s'agit de maintenir le mouvement et donc l'énergie qui le produit. Ce n'est donc pas le moment de baisser les bras et de penser que tout a été fait. C'est là où la démarche d'urbanisme doit se compléter, se solidifier et se renouveler de façon à pouvoir entretenir la dynamique qui va créer de la valeur.

Mais rien ne pourra se faire avec la seule équipe d'urbanisme. La recherche d'alliés et de volontaires de plus en plus nombreux est donc le point-clé du succès. Tout l'enjeu, au-delà de l'aspect très rationnel d'une démarche d'urbanisme que chacun peut comprendre, consiste donc à savoir convaincre et mobiliser le plus largement possible pour que tous travaillent ensemble et dans le même sens au progrès structuré du système d'information, non pas pour la beauté et l'esthétique du système d'information mais pour obtenir un outil efficace et réactif au service des métiers de l'entreprise.

La démarche d'urbanisme doit devenir l'affaire de tous, même si une équipe spécifique est chargée de son entretien. Tous les moyens et toutes les idées doivent être recherchés et mis en œuvre pour que chacun dans l'entreprise comprenne ce qu'apporte l'urbanisme du système d'information et en devienne un supporter convaincu et actif. Le but sera atteint et le succès assuré quand les personnes de l'entreprise parleront entre elles d'urbanisme du système d'information. Alors le système d'information sera en de bonnes mains et aura toutes les chances de voir sa cohérence globale et sa flexibilité progresser et contribuer ainsi à améliorer sa réactivité aux évolutions des processus métier et au-delà à la performance de l'entreprise.

Chapitre 11

L'expérience Renault

« L'avenir n'est peut-être qu'un perfectionnement. »

Jules RENARD, *Journal*

Les années 1999 à 2001 ont été pour Renault des années de changements très importants : le rachat du constructeur roumain DACIA puis la création en Corée de Renault Samsung Motors. La première marque automobile française devient un groupe multimarques et donne une accélération à son objectif d'internationalisation. En 1999, Renault passe un accord de partenariat, exceptionnel dans sa forme, avec le constructeur japonais Nissan. Les deux groupes constituent une Alliance pour mettre en œuvre des coopérations stratégiques dans les différents domaines : achats, fabrication, logistique, commercial, tout en préservant leur identité respective. Cette Alliance se situe aujourd'hui dans les cinq premiers constructeurs automobiles mondiaux avec cinq marques Renault, Dacia, Samsung, Nissan et Infiniti et elle est présente sur tous les continents. Parallèlement, Renault a adapté ou développé de nouveaux modes de travail pour optimiser ses collaborations avec ses fournisseurs et partenaires et pour répondre aux contraintes extérieures ou les anticiper, comme la déréglementation des marchés automobiles européens, ou bien les nouvelles normes en matière de pollution.

Pour accompagner Renault et ses métiers, de nombreux systèmes informatiques ont été développés. Plus de 2.000 applications, exploitées sur les différents centres européens, ont été recensées. Autour de quelques 200 grandes applications majeures, de nombreuses autres utilisant des technologies diverses, ont été réalisées, parfois par les métiers eux-mêmes, avec une approche partielle, limitée à une préoccupation immédiate d'un secteur, et n'ont pas été conçues, dès le début, dans un schéma d'ensemble ni dans une vision cible. Le nombre important de liens qui relient ces applications, ainsi que le volume des flux échangés en interne ou externe rendent ce paysage informatique difficile à maîtriser en qualité et en délai d'évolution. Difficile également d'en optimiser les coûts et notamment de garantir que cette informatique contribue efficacement aux objectifs de l'entreprise. Enfin, sa complexité a rendu ce paysage informatique difficilement évolutif et adaptable aux nouveaux besoins. L'entreprise a évolué plus vite que son système d'information.

C'est dans ce contexte que le 1er Janvier 2001, Renault décide de changer l'organisation de ses départements informatiques et décide, entre autres, de mettre en place une Direction de l'Urbanisme et de l'Architecture Fonctionnelle (DUAF) qui a pour mission de piloter la cohérence du système d'information et son alignement sur les objectifs stratégiques du groupe. Puis, en septembre 2001, Renault et Nissan décident de la création d'une filiale commune pour la coopération de leur informatique. Celle-ci n'a pas pour mission de se substituer aux structures en place, mais de rechercher et de mettre en œuvre des coopérations entre elles. Pour cette nouvelle structure, la direction de l'urbanisme est un soutien prépondérant et les concepts et outils d'urbanisme qu'elle a définis pour le système d'information du groupe Renault participent à ses objectifs.

11.1. Des actions menées en parallèle pour des objectifs communs

La démarche d'urbanisation s'est organisée, de manière pragmatique, autour de plusieurs points, menés en cohérence. En premier lieu, les travaux d'architecture fonctionnelle ont été mis en avant avec des structures renforcées pour assister les nouveaux projets et apporter le support quotidien auprès des différentes équipes informatiques. Historiquement, l'informatique de Renault a, comme pour beaucoup de grandes entreprises, connu des périodes de centralisation puis de décentralisation. Les architectes fonctionnels furent, parfois associés avec les architectes techniques, réunis au sein d'une même structure ou répartis dans des directions informatiques spécialisées et dédiées à des directions métier. C'est cette dernière situation qui était en place lors de cette réorganisation. La réunion des architectes fonctionnels dans une même direction a permis de favoriser leurs échanges et ainsi de renforcer la convergence vers une approche globale du système d'information.

Parallèlement, d'autres travaux ont commencé : la cartographie, dont la nécessité fut jugée immédiatement indispensable, les travaux sur les données à travers le lancement d'une politique sur les données référentielles de l'entreprise et le développement de l'entrepôt de données, enfin, la définition puis la mise en œuvre des principes de structuration du système d'information Renault et de règles d'urbanisme qui les sous-tendent.

Ces différents travaux constituaient le plan d'action défini par cette nouvelle direction :

– faire partager par les métiers et l'informatique, une même vision du système d'information et en assurer la cohérence et la performance, dans l'existant et dans la cible. Cette vision doit être globale et couvrir l'ensemble de l'entreprise pour ses différentes activités ;

– préparer le futur : la démarche d'urbanisation doit guider les orientations stratégiques d'évolution du SI en offrant une grille de décision et un cadre de positionnement des nouveaux projets ;

– faire converger les évolutions du système d'information existant vers une cible flexible, modulaire et cohérente ;

– permettre de rationaliser le système d'information existant en mettant en perspective des actions d'urbanisation.

Ces objectifs répondaient à des enjeux identifiés :

– réduire les coûts : en privilégiant les solutions *corporate* et en supprimant les redondances d'applications couvrant les mêmes activités métier ou les redondances de gestion d'une même information. En développant la capacité de faire évoluer une partie du système informatique ou à en déployer une partie sans être obligé de revoir toutes les autres parties ;

– maîtriser la diversité : en définissant clairement les règles de construction et d'implantation des systèmes informatiques, spécifiques ou à base de progiciel, dans une infrastructure d'intégration prédéfinie et en fluidifiant les relations entre des applications durablement hétérogènes ;

– anticiper : en définissant clairement et précisément la cible et le plan d'évolution du système d'information en alignement avec les stratégies long terme des métiers et de l'entreprise.

11.2. La Cartographie du système d'information Renault

La démarche d'urbanisation, mais également la volonté stratégique de l'informatique Renault de mieux gérer son patrimoine, nécessitent la connaissance exhaustive des systèmes informatiques existant pour en permettre une gestion efficace. A la création de la direction de l'urbanisme et de l'architecture fonctionnelle, il existait une base de données recensant une partie des applications. Une personne unique était en charge de la tenue à jour de cet inventaire, avec un progiciel non évolutif. Elle contenait environ 650 applications, principalement les applications développées et maintenues en central. Nous avons donc profité de l'opportunité de la démarche d'urbanisme pour renforcer les aspects de capitalisation indispensables : Un projet de refonte de l'outil de cartographie, sur la base d'une solution progicielle, a donc démarré pour permettre dans un premier temps la remise à niveau de cet inventaire.

Après deux années, plus de 2.000 applications ont été décrites par les architectes, dans ce nouvel outil. Celui-ci précise, à des niveaux divers, pour chacune d'elles :

– les données qu'elle traite, et leur modélisation,

– ses flux entrants et sortants,

– sa décomposition en fonctionnalités,

– le périmètre de son déploiement.

Cette description a été complétée par la suite pour se calquer sur la structuration du système d'information définie par l'urbanisme. L'inventaire des activités métier est ainsi inclus dans cet outil de cartographie et chaque application est rattachée aux activités qu'elle automatise. Le découpage en domaines d'urbanisme et blocs fonctionnels et les axes de commonalité déterminent l'agencement de l'outil de cartographie.

Toutes ces informations sont disponibles sur l'intranet de l'entreprise et montrent ainsi un premier résultat concret de la démarche d'urbanisme.

Dans un second temps, l'objectif a été de mettre en œuvre un processus de remplissage de cet outil par les projets eux-mêmes. L'important est en effet d'assurer le processus de mise à jour en le confiant aux acteurs mêmes de la mise à jour, c'est-à-dire les métiers lorsqu'il s'agit de processus et d'enchaînement d'activités, et les secteurs informatiques pour les informations sur les applications.

Pour atteindre cet objectif, des formations à l'outil sont réalisées, et plus de cent intervenants ont déjà accès à la mise à jour de cet inventaire.

11.3. Les données référentielles d'entreprise

Renault a choisi d'identifier, parmi les données manipulées par les systèmes d'information, des données référentielles d'entreprise, qui se trouvent à la charnière des différents processus globaux de l'entreprise étendue. Dix sept données référentielles ont ainsi été identifiées parmi celles qui sont accédées par plusieurs applications associées à au moins deux domaines d'urbanisme.

L'objectif est d'associer à chaque référentiel de données :

– un modèle conceptuel décrivant les données, leurs attributs et leurs liens,

– une description des règles de gestion qui régissent le cycle de vie des données,

– une instance de décision métier ayant pouvoir de décrire, gérer et modifier les éléments précédents,

– des services de gestion de ces données, en conformité avec leur modèle et les règles associées, réutilisables par l'ensemble du parc applicatif.

Encore une fois, la démarche est une démarche pragmatique et opportuniste. C'est à l'occasion d'études d'urbanisme ou de travaux sur les nouveaux projets informatiques, que la direction de l'urbanisme et de l'architecture fonctionnelle, réalise, complète et déploie, par étapes successives, ses travaux sur les données référentielles.

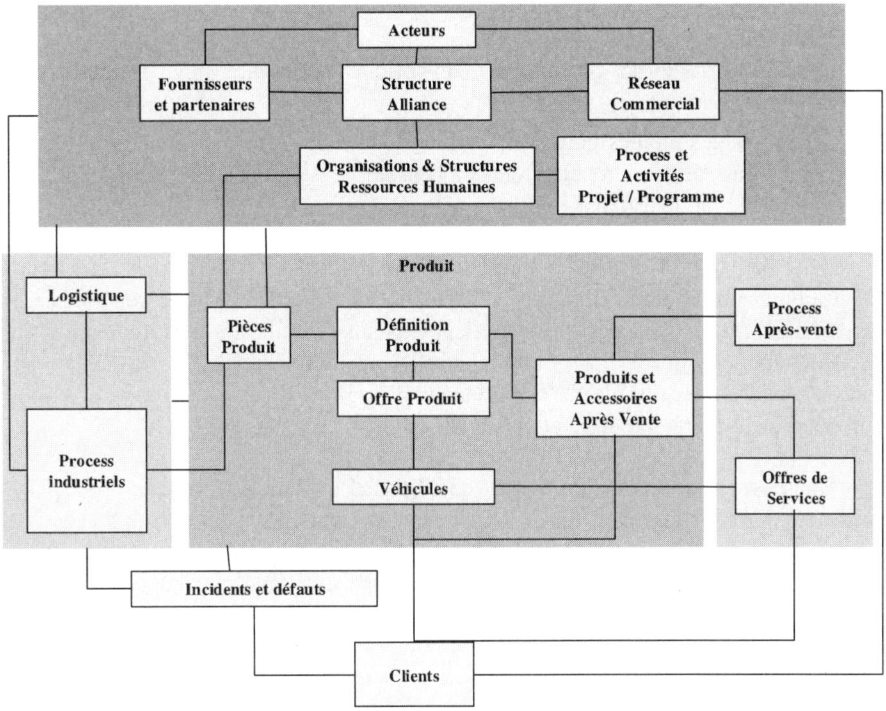

Figure 11.1. *Données référentielles et principaux liens*

11.4. L'entrepôt de données

L'entrepôt de données Renault préexistait à la création de la direction de l'urbanisme. La mission que cette direction s'est alors fixée, consiste à étendre son utilisation et à promouvoir son rôle majeur dans le système d'information. Pour répondre à ces principes, l'architecture mise en place s'appuie sur un entrepôt de données, positionné entre les systèmes d'analyse et les systèmes d'information dont il reçoit les données, et les systèmes d'analyse. Cet entrepôt assure les fonctions de :

– mise en cohérence de ces données dans un modèle unique,

– sauvegardes nécessaires pour sécuriser des historiques importants,

– mise à disposition d'une plate-forme de référence pour l'ensemble des analyses.

Quelques grands principes fonctionnels ont été retenus pour cet entrepôt :

– permettre d'analyser ensemble des données issues de systèmes d'information différents,

– accueillir toute la profondeur d'historique nécessaire pour répondre aux besoins des utilisateurs,

– disposer des mêmes données pour l'ensemble des systèmes d'analyse, afin de pouvoir restituer des valeurs cohérentes à l'ensemble des utilisateurs de ces données, quel que soit le mode d'analyse utilisé.

Cette démarche concerne à la fois les données des nouveaux projets, dont ceux de gestion des référentiels d'entreprise, dans le cadre d'une démarche généralisée, et les données gérées dans des systèmes déjà existants, au fur et à mesure des besoins décisionnels exprimés. Une administration centrale veille à la cohérence fonctionnelle de l'ensemble de ces données d'origines diverses (ingénierie, achats, comptabilité, qualité, garantie, etc.), sur plus d'un 1 To de disque.

Une des évolutions majeures prévues, liée à l'évolution technique de la plate-forme supportant l'entrepôt, est de remonter vers l'entrepôt, sous forme de services d'extraction, l'élaboration de certains indicateurs : cette mutualisation de leur calcul permettra de garantir leur cohérence même en cas d'usage par plusieurs *datamarts*.

La volonté de permettre la cohérence de toutes les analyses quel qu'en soit le périmètre, tire naturellement cet entrepôt vers le niveau de commonalité le plus élevé défini par l'urbanisme.

11.5. La structuration du système d'information

Les premiers mois après la création de la direction de l'urbanisme ont été essentiellement consacrés à la réflexion. Qu'est-ce exactement, que l'urbanisme du système d'information, comment le mettre en œuvre, quels en sont les bénéfices ? Après d'importantes recherches documentaires et de nombreuses rencontres avec d'autres entreprises, il est apparu qu'il n'y avait pas un urbanisme universel, une solution unique « sur étagère », mais différentes familles de pensée, déclinées selon la situation et les priorités stratégiques des entreprises et de leur direction informatique.

Après avoir défini clairement ses objectifs, et décrits ses attentes, la direction de l'urbanisme a décidé de lancer des travaux pour définir les concepts d'urbanisme adaptés à l'entreprise en validant ces concepts sur trois études pilotes. L'ensemble de ces travaux, qui ont duré de janvier à juillet 2002, a été réalisé sous le pilotage du comité de direction de l'informatique Renault qui approuva la démarche et proposa les thèmes des différentes études.

La direction de l'urbanisme a fait appel à un cabinet de conseil pour apporter ses compétences et son expérience pour la définition et à la mise en œuvre de l'urbanisme Renault. C'est la qualité et la motivation de tous les acteurs, Renault et externes qui assurèrent le succès de ces travaux.

Ceux des trois premiers mois ont été réalisés totalement au sein de la direction de l'urbanisme. Ils ont permis de définir la modélisation fonctionnelle du système d'information, les axes de commonalité et une première version d'une méthode d'urbanisme. Les trois mois suivants ont permis de vérifier, adapter et compléter ces fondamentaux sur trois études d'urbanisme pilotes.

Ce n'est, on l'imagine aisément, qu'après de longs débats, qu'a été mise au point la démarche exposée dans le chapitre 2. La définition des domaines d'urbanisme et blocs fonctionnels a été réalisée, entre autres, à partir d'un regroupement de différents inventaires d'activités réalisés par les métiers eux-mêmes, et à partir de la connaissance des systèmes informatiques existants. Elle aboutit à la modélisation fonctionnelle représentée sur le fond de carte de la figure page suivante. Cette représentation englobe l'ensemble des produits et services de l'entreprise : le véhicule neuf, les pièces et accessoires ainsi que les services financiers et d'assistance

Cette représentation était bien sûr imparfaite, mais donnait une base de travail extrêmement solide pour les travaux à venir. Dès sa publication, elle a été un vecteur de communication immédiatement accepté, tant auprès de la direction informatique que vers les métiers eux-mêmes. Ce support est aujourd'hui largement utilisé, à des fins diverses, pour représenter des processus métier, les périmètres de nouvelles études, l'existant informatique, etc. Il a connu plusieurs évolutions au fur et à mesure de l'avancement de la démarche et de l'approfondissement des recensements.

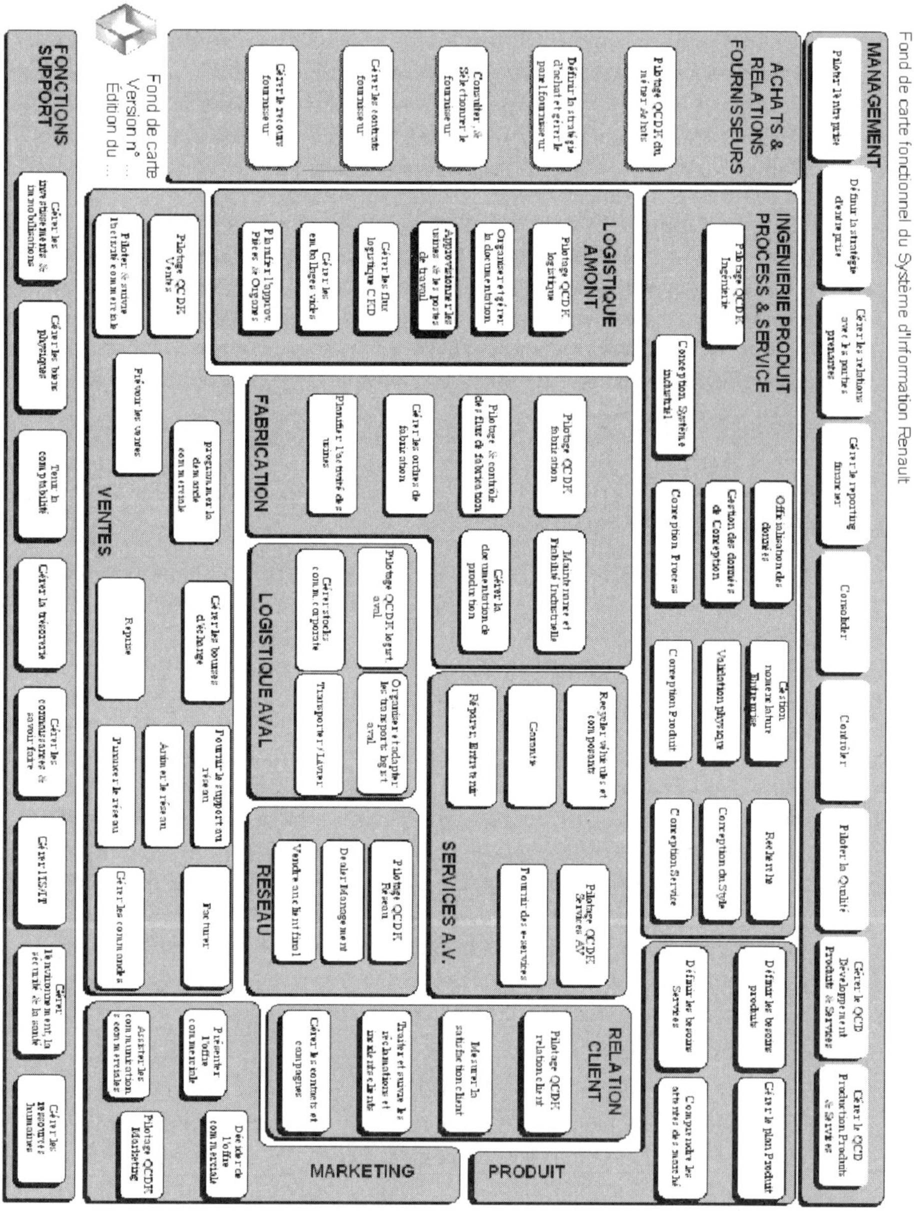

Figure 11.2. *La modélisation fonctionnelle du système d'information Renault*

Le choix des axes de commonalité fut réalisé en analysant les stratégies de l'entreprise et en sélectionnant les critères qui avaient un impact fort sur le système d'information.

Trois axes furent retenus :

– axe géographique : les objectifs de croissance forte de l'entreprise passe par l'internationalisation du groupe Renault. Ceci induit la capacité pour l'informatique de concevoir et de mettre en œuvre des systèmes informatiques ayant une couverture territoriale mondiale ou, au contraire, adaptés aux spécificités d'un pays ou d'un groupe de pays,

– axe marque : chaque marque du groupe Renault (RENAULT, DACIA et SAMSUNG Motors) a une identité propre et l'Alliance avec le groupe NISSAN (NISSAN et INFINITI) est un partenariat de deux entreprises gardant leurs spécificités. Pour respecter les particularités, des systèmes informatiques spécifiques peuvent être nécessaires. Lorsque l'intégrité de ces identités n'est pas remise en cause, des applications communes pourront être implémentées ;

– axe produit : si l'automobile est l'activité principale du groupe Renault, celui-ci développe d'autres produits, comme les pièces et accessoires ou les services financiers ou de locations. Au sein du groupe, les acteurs de ces produits sont regroupés dans des *business units*, des divisions ou des filiales spécifiques. Les particularités de ces produits et de ces acteurs doivent le cas échéant, se refléter dans les systèmes informatiques.

C'est sur ces trois axes que sont analysées les volontés métier de standardiser leurs activités. Puis, en fonction de cette analyse et de la capacité des outils informatiques, l'informatique peut ainsi définir, avec une cohérence d'ensemble, la couverture cible de ses systèmes informatiques.

11.6 La validation de la méthode sur trois chantiers pilotes

Durant ces travaux, la direction de l'urbanisme et d'architecture a également élaboré, sur la base de ces concepts, une première version d'une méthodologie d'étude d'urbanisme. Elle en définit les différentes étapes, les acteurs et leurs rôles, ainsi que les livrables associés. La pertinence et la stabilité de ces travaux ont été ensuite éprouvées, durant les trois mois qui ont suivi, sur trois chantiers pilotes menés en parallèle. Ces études ont été menées avec la participation des directions informatiques pôle client qui fixèrent le périmètre et les objectifs de l'étude et en assurèrent la maîtrise d'œuvre. Les directions métier concernées ont été systématiquement impliquées mais une seule fut réellement à l'initiative d'une de ces études. Les architectes de la direction de l'urbanisme apportèrent leur contribution d'expert du domaine. Le responsable du plan d'urbanisme apporta la méthodologie et joua également le rôle de conseil, d'animateur et de coordinateur de ces différentes études.

Ces trois études portaient sur trois sujets métier très distincts, la première dans le domaine comptabilité et gestion, la seconde dans le domaine commercial, la troisième dans le domaine de l'ingénierie. Les trois mois de ces études ont permis de recenser et de décrire plus de soixante activités métier principales, plus d'une quinzaine de données majeures et plus d'une centaine d'applications informatiques sur le seul périmètre Renault Europe.

Dans un premier temps, cette analyse a permis de prendre conscience de la complexité de la situation existante. Elle mit en évidence qu'une même activité métier, selon les environnements dans lesquels elle s'exerçait, pouvait être réalisée manuellement ou automatisée par plusieurs applications informatiques, allant du développement local au développement central.

Dans un second temps, l'approche urbanisme a permis d'éclairer la stratégie des métiers dans leurs objectifs de croissance, de performance interne et de réduction de dysfonctionnement mais également leur volonté de standardiser leurs activités selon les trois axes de commonalité définis. Cette étape fut délicate. Ces dernières questions ne sont pas habituellement posées ou, en tout cas, leurs réponses sont rarement formalisées.

En fonction de cette cible métier et compte tenu du patrimoine informatique existant, une cible informatique fut déterminée et, pour cela, les règles d'urbanisme furent utilisées et complétées. Ces règles imposent, par exemple, qu'une même activité ne soit automatisée que par une seule application informatique sur son périmètre de standardisation.

Toutes les cibles définies ont proposé une rationalisation forte du parc informatique, et une réduction de la diversité des applications existantes d'environ 20 %, pour le seul périmètre européen, pour un périmètre fonctionnel plus important puisque certaines activités n'étaient pas automatisées précédemment. Elles ont également préconisé la mise en œuvre de systèmes dédiés à la gestion de données référentielles d'entreprise qui permettent la suppression des incohérences d'information par la diffusion d'un vocabulaire commun. Enfin, le résultat de ces études a également permis de recadrer le périmètre de certains projets en cours d'étude.

Pour tous les participants à ces différents chantiers, l'urbanisme a apporté une réelle plus-value :

– grâce à ses outils, et notamment le fond de carte, qui a permis de synthétiser clairement la complexité de l'existant et la cible souhaitée ;

– grâce à la démarche méthodologique, qui a permis dans un intervalle très court d'aboutir à des livrables finaux. Cette méthode, en deux itérations, a évité l'effet tunnel, risque de dérive de l'étude, et a offert de la visibilité sur l'avancement des travaux ;

– grâce aux questions que cette démarche a soulevées et qui ont permis de mettre en évidence des enjeux réels et de définir la diversité informatique nécessaire ;

– grâce aux règles d'urbanisme qui ont permis de définir les cibles informatiques.

Les résultats de ces études pilotes ont été approuvés par le comité de pilotage de la direction informatique et par les responsables des différents secteurs en charge de ces domaines. Pour les responsables métier impliqués dans ces études, les résultats ont apporté une plus-value importante dans la représentation de la complexité existante. Les cibles et les actions proposées ont été très globalement approuvées, et à travers elles, la validité des axes de commonalité utilisés a été confirmée. La synthèse qui a été réalisée sur le support du fond de carte urbanisme a été un excellent support de communication.

Cette validation des résultats des études d'urbanisme, confirma la nécessité de l'urbanisme du système d'information. Le comité de direction informatique, approuva les objectifs, les concepts et les outils proposés et demanda son déploiement au sein de Renault. Il fut décidé que la démarche urbanisme devait être systématiquement appliquée dans les avant-projets et qu'aucun nouveau projet ne devait être lancé sans une validation de son positionnement par rapport à une cible d'urbanisme.

11.7. La communication et la formation

Pour réaliser ce déploiement, la communication a été un élément primordial. Aussi, dès la fin de ces études pilotes, et sur la base des résultats obtenus, la direction de l'urbanisme a-t-elle défini sa stratégie de communication.

Tous les membres de cette direction ont été les porteurs de cette communication car il était fondamental que cette communication soit assurée par l'urbaniste-architecte responsable du domaine. La crédibilité de l'architecte permet d'apporter un *a priori* favorable aux destinataires de ces communications. Il y a ainsi une continuité entre le travail quotidien de l'architecte et les plus-values qu'il propose avec cette nouvelle démarche.

Le responsable du plan d'urbanisme a été chargé de réaliser différents types de supports qui ont servi de vocabulaire de base, commun aux différentes communications. Chaque orateur, bien entendu, a été en charge de son adaptation éventuelle pour prendre en compte les spécificités des intervenants. Ces supports ont été adaptés pour des communications, allant de un quart d'heure à deux heures, auprès des métiers, des maîtres d'ouvrages de systèmes informatiques, du management stratégique, ou, pour l'informatique, auprès des maîtres d'œuvre et responsables de domaines. Ainsi, à l'occasion de comités de projets de comités de direction, de réunions de service, ou d'organisations spécifiques, tant dans les filiales que dans les services centraux, de très nombreuses communications ont été organisées, à l'initiative de la direction de l'urbanisme et quelques fois à la demande des intervenants.

D'autres vecteurs de communication ont été également utilisés. Un intranet a très rapidement été mis en place pour présenter de manière cohérente les différentes facettes de l'urbanisme : concepts et méthode, référentiel cartographique, entrepôt de données, travaux sur les données référentielles de l'entreprise. La direction de l'urbanisme a également diffusé dans les différentes directions informatiques, une plaquette (de format A4 recto verso) décrivant brièvement les différents concepts de l'urbanisme ainsi que l'ensemble des règles d'urbanisme. Ce document a été diffusé à plus de cinq cents exemplaires en dix-huit mois. Le fond de carte est également très largement diffusé au sein de l'entreprise et de nombreux secteurs l'utilisent aujourd'hui pour leurs propres besoins.

Enfin, des sessions de formation ont été organisées, destinées à des responsables de domaines d'urbanisme, et plus généralement, à tous les acteurs du système d'information, métier ou informatique, ayant un besoin de vue transverse ou devant définir une cible applicative. Ces formations sont inscrites au catalogue des formations de l'entreprise, et sont réalisées en fonction des demandes.

Sur une journée, organisée en partie théorique et partie pratique, sur des thèmes concrets, ces formations présentent les concepts de l'urbanisme et montrent, pas à pas, les différentes étapes de la méthode d'une étude d'urbanisme. Elles n'ont pas comme objectif de faire acquérir les compétences nécessaires à la définition d'une cible urbanisée d'un domaine, mais de permettre aux stagiaires de savoir lire, de comprendre l'urbanisme et ainsi de voir son intérêt dans le domaine qui les concernent. Sur une période d'un an et demi, plus de cent soixante personnes, informaticiens ou non, tant en France qu'à l'international ont été formées et sensibilisées à l'urbanisme du système d'information. Une enquête de satisfaction, réalisée à la sortie du stage, permet d'améliorer sans cesse la forme et le fond de cette formation.

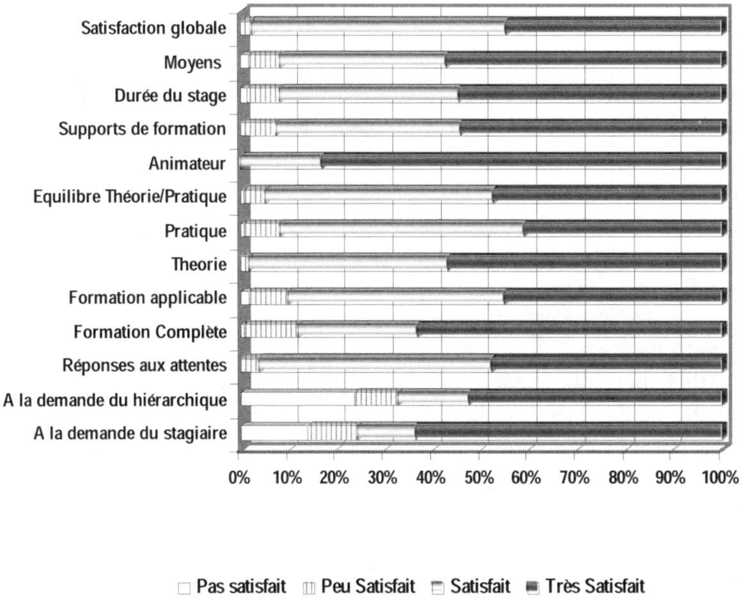

Figure 11.3. *Récapitulatif des appréciations. Satisfaction des formations urbanisme*

Comme le montre le graphique ci-dessus, l'urbanisme répond à un besoin véritable. Plus de 90 % des participants jugent que l'urbanisme répond à leurs attentes et leur donne, avec une base théorique solide, un cadre de réflexion pour leurs préoccupations actuelles. De plus, cette nouvelle approche est jugée applicable dans leurs domaines de responsabilité actuelle, et peut donc aboutir à des actions concrètes d'amélioration, à plus ou moins long terme. Aucun intervenant ne considéra l'urbanisme, ses règles et ses principes de structuration, comme une contrainte mais au contraire, comme un outil à leur service pour maîtriser et optimiser le système d'information Renault.

Les formations sont des moments privilégiés où de nombreux échanges et enrichissements mutuels sont réalisés. En ce sens, elles sont une des plus importantes façons de communiquer à un public ayant des responsabilités opérationnelles sur un domaine. Au-delà de l'intérêt intellectuel qu'elles suscitent, elles permettent de passer un grand nombre de messages sur l'intérêt de la structuration pour maîtriser et faire évoluer le système d'information. Ainsi, à l'occasion d'un nouveau projet ou d'une nouvelle étude, la personne ayant suivi la formation fera-t-elle naturellement appel à l'urbanisme pour définir une cible urbanisée, dans son intérêt propre et celui de ses interlocuteurs métier.

11.8. Le déploiement de l'urbanisme

En s'appuyant sur ces premiers succès et sur la validation du comité de la direction informatique, la direction de l'urbanisme entama le déploiement de ses actions durant les deux années qui suivirent.

Les livrables des projets et avant-projets, dont la forme est définie par la méthode de conduite de projet utilisée dans l'entreprise, intègrent aujourd'hui les exigences de l'urbanisme. Ils comportent ainsi les éléments qui permettent d'alimenter et de tenir à jour la cartographie du système d'information, et de vérifier que ces nouvelles études précisent le niveau de standardisation cible, aussi bien sur les activités que sur les futures applications, en respectant les règles d'urbanisme.

Chaque nouveau projet fait également l'objet d'une demande de budget pour laquelle, la direction de l'urbanisme est toujours consultée. Ce point de passage obligé permet de vérifier le respect des règles d'urbanisme par le projet et la cohérence de la cible proposée avec les cibles déjà identifiées. Le travail quotidien des architectes-urbanistes sur le terrain des grands projets complète naturellement ce contrôle systématique. Ainsi, la direction de l'urbanisme n'exerce-t-elle pas uniquement le rôle d'une autorité d'audit, mais également un travail de conseil, d'assistance et assume la responsabilité de l'architecture fonctionnelle de nombre de projets. L'ensemble de ces actions permet de bâtir, petit à petit un système d'information urbanisé, rationalisé, en alignement avec la stratégie business et la stratégie de l'entreprise.

D'autres études d'urbanisme ont été lancées, à la demande des directions métier ou du pôle clients en charge du domaine. Ainsi, sur les domaines achats, qualité, garantie, ingénierie, et sur des domaines transverses comme le *business to business* et même sur le domaine informatique. Ces études ont permis d'apporter un éclairage sur la cible informatique de ces domaines et de définir des actions de rationalisation et de modernisation nécessaires à l'atteinte de ces cibles.

Enfin, un comité d’urbanisme est institué. Constitué des membres du comité de direction de la direction des systèmes d’information, il se réunit deux fois par an, pour trois missions essentielles :

– piloter et suivre l'avancement de l’urbanisme du système d’information de l’entreprise à travers les résultats des études d'urbanisme ainsi que les autres actions d’urbanisme, telles que la cartographie, et les travaux des référentiels de données ;

– valider et officialiser les évolutions des éléments de l’urbanisme :

- la structuration du système d’information, en domaines et blocs fonctionnels, représentée sur le fond de carte,
- la nomenclature des activités métier,
- les règles d’urbanisme ;

– prioriser les études d'urbanisme proposées par les directions métier ou les pôles client.

Le responsable du plan d’urbanisme, qui anime ce comité d’urbanisme, présente à cette occasion, un tableau de bord d’avancement des travaux de l’urbanisme. Cet instrument est obligatoire pour, à la fois rendre des comptes sur le réalisé, et exprimer clairement les objectifs à atteindre. Il est composé de deux métriques élémentaires, détaillées dans le tableau ci-après, qui sont, d’une part, le poids relatif de chacun des domaines et, d’autre part, du niveau d’avancement de l’urbanisme dans chaque domaine.

Poids des domaines d’urbanisme
1– Vis-à-vis de la stratégie de l’entreprise
1.1 Image de marque
1.2 Compétitivité
1.3 Internationalisation
1.4 Valeurs Entreprise
1.5 Résultats Financiers
2– Vis-à-vis de l’informatique
2.1 Criticité des systèmes
2.2 Niveau budgétaire

Niveau d’avancement de l’urbanisme du domaine
I– Cartographie de l’existant
I.1 Applications existantes
I.2 Diagramme des flux
I.3 Modélisation de données
II– Définition de la cible
II.1 Stratégie & enjeux métier identifiés
II.2 Cible Applicative
II.3 Diagramme des flux
II.4 Modélisation des données
III– Plan d’action

Figure 11.4. *Métriques utilisées pour l'urbanisme du système d'information*

Des graphiques associés permettent ainsi de constater l'avancement actuel. En fonction du poids respectif de chaque domaine et d'autres éléments (nouveaux projets, stratégie entreprise), le comité d'urbanisme peut revoir l'importance relative de chacun des domaines et décider de donner une priorité sur un domaine spécifique, en lui fixant un taux d'urbanisation objectif.

Le graphique ci-dessous indique le poids attribué à chaque des domaines du système d'information Renault et l'indice d'urbanisation associé, à fin 2003.

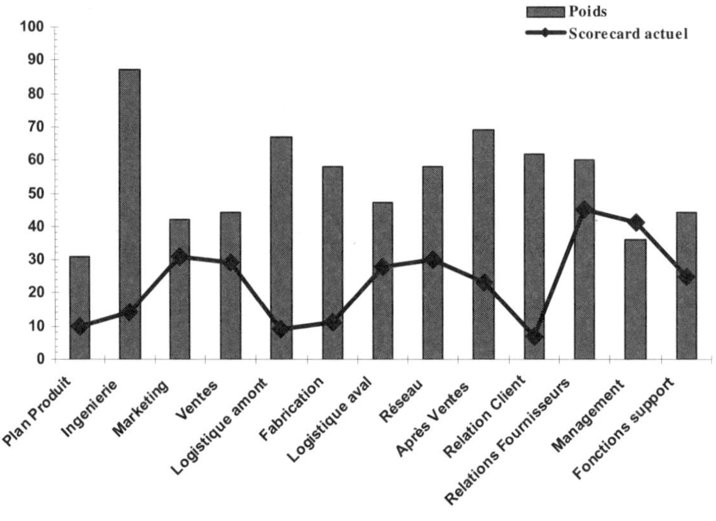

Figure 11.5. *Poids relatif des domaines d'urbanisme et indice d'urbanisation*

11.9. Les difficultés rencontrées

De nombreuses difficultés et écueils de plus ou moins grande importance, sont susceptibles d'apparaître lors du lancement et du déploiement de cette démarche. Au regard de l'expérience passée, sans prétendre à l'exhaustivité, nous pouvons néanmoins, en citer quelques-uns. Toutes ces difficultés n'ont bien sûr pas été évitées. Elles ont enrichi une expérience et, finalement, ont permis de bâtir l'urbanisme du système d'information Renault.

La première difficulté est liée au séquencement des travaux : concepts d'urbanisme, méthode d'étude d'urbanisme, cartographie et données référentielles de l'entreprise. Si le choix de mener ces travaux en parallèle permet d'aboutir plus rapidement à des résultats, la cohérence indispensable entre ces travaux, menés par des équipes distinctes, nécessite des arbitrages et demande à coup sûr une énergie beaucoup plus importante que dans une approche séquentielle.

La seconde difficulté est associée au niveau de détail. Le dicton qui affirme que « le mieux est l'ennemi du bien » est également vrai pour les travaux de l'urbanisme. Analyser l'existant d'un domaine et recenser l'ensemble des systèmes informatiques et des activités métier concernés est fondamental. Aucune cible ne peut être définie sans une bonne connaissance de l'existant. Cependant un inventaire trop détaillé, répertoriant, par exemple, des activités métier de type « envoi de courrier », va nécessiter un travail beaucoup plus long. Une étude d'urbanisme doit permettre d'aboutir à la définition d'une cible et d'un plan d'action en quelques semaines. Son résultat n'est pas la description de l'architecture fonctionnelle des systèmes informatiques futurs ou existants, mais doit simplement et clairement indiquer les grandes orientations à partir desquelles seront analysées ces architectures. Un recensement approfondi sera énormément consommateur de temps et d'énergie. Cela n'apporte, généralement, qu'une très faible plus-value au regard du délai nécessaire. Cette difficulté est aussi vraie dans l'analyse des données référentielles et dans les travaux de cartographie où un inventaire trop ambitieux complexifie la maintenance et la gestion.

Une troisième difficulté concerne les acteurs des travaux d'urbanisme. Lors des études d'urbanisme, la question essentielle posée aux métiers de l'entreprise concerne leur stratégie de standardisation de leurs activités : « Souhaitez vous standardiser vos procédures ? Dans tous les pays ? Pour tous les produits de l'entreprise ? Etc. ». Répondre à ces questions implique de jouer un rôle stratégique sur cette activité. Une absence de réponse conduit à un enlisement de l'étude d'urbanisme ou à la définition de cibles inadaptées. Les choix de déploiement d'un système informatique dans un grand nombre de pays sont parfois poussés par les directions métier, sans pour autant que ces questions aient été posées et que des réponses leur aient été apportées. Le risque est alors grand d'être contraint de développer des spécificités pour chaque filiale. Au final, le système informatique sera extrêmement complexe, avec des coûts de développement pour ces adaptations, de déploiement et de maintenance très importants. Les réponses métier sur la standardisation sont essentielles pour maîtriser la diversité du paysage informatique et également pour minimiser les coûts de l'informatisation.

Un autre risque de la mise en œuvre de la démarche d'urbanisation est le risque d'isolement, qui laisserait l'urbanisme dans une tour d'ivoire, déconnectée des réalités opérationnelles. L'activité quotidienne des différents acteurs du système d'information, fait évoluer constamment le paysage informatique de l'entreprise. Ils l'adaptent sans cesse, créent de nouvelles applications et définissent de nouvelles cibles. A moins d'un investissement préalable, ces évolutions et nouveaux systèmes ne sont pas issus d'une étude d'urbanisme qui constituerait une réflexion plus globale plus large que le seul périmètre du besoin. Approche et cible globale, ou approche et cible partielle, les deux démarches ne sont pas en opposition. Il est sans doute illusoire, de ne considérer comme cibles, que celles issues d'une approche globale, résultats d'une étude d'urbanisme, avec l'accompagnement d'un urbaniste-architecte. L'opportunité de réaliser des études d'urbanisme est, dans certains contextes, peu fréquente. C'est pourquoi il est important que chaque acteur du système d'information connaisse et applique, à son niveau d'intervention, les concepts et règles d'urbanisme, et, pour son propre bénéfice utilise les outils de l'urbanisme. Ainsi l'ensemble des cibles partielles qu'il est amené à définir conduit à un ensemble cohérent et performant.

Plus important que les concepts ou les outils qui sont concrètement à mettre en œuvre, il y a d'abord et avant tout, la volonté politique. La volonté d'urbaniser le système d'information doit être organisée pour être clairement affirmée, tant dans la direction des systèmes d'information que dans les directions métier. Des responsabilités claires sans ambiguïté, doivent être définies pour coordonner les décisions émanant des différentes instances de décision :

– responsabilité de dire la loi, c'est-à-dire donner les règles de construction pour les systèmes informatiques, et de s'assurer de leur application,

– responsabilité de définir la cible du système d'information de l'entreprise qui doit être menée en cohérence avec les plans pluriannuels ou les plans budgétaires.

Des responsabilités mal définies peuvent engendrer de l'inefficacité et des confusions au sein de l'entreprise. En contrepartie, ces responsabilités ne peuvent se concevoir sans un devoir minimal, qui est celui de rendre des comptes à l'entreprise et de démontrer l'efficacité de cette politique d'urbanisation.

Pour conclure, il faut être conscient que l'implémentation d'une démarche d'urbanisme dans une entreprise se réalise dans la durée, sur plusieurs années vraisemblablement. Durant ce long travail de patience, il faut savoir faire des concessions, marquer quelques pauses, et parfois faire des renoncements face à des exigences et des impératifs jugés plus importants pour l'entreprise. Comme F.Kafka qui disait « entre toi et le monde, il faut apprendre à préférer le monde », il faut apprendre à savoir mettre en retrait l'urbanisme au profit d'autres objectifs, pour, un peu plus tard, continuer à faire progresser cette démarche au profit d'un pilotage global.

11.10. Bilan et perspectives

Ces deux premières années de la mise en œuvre de l'urbanisme du système d'information ont été conduites par étapes successives. De manière pragmatique, chacune d'elles a abouti à des résultats tangibles qui ont permis de progresser, en réorientant parfois cette démarche, mais qui ont, brique par brique, construit un socle solide pour un système d'information urbanisé.

Face à l'incompréhension du décideur métier qui ne comprend pas pourquoi son informatique ne peut évoluer aussi rapidement qu'il le souhaite, pourquoi elle coûte si cher ou qui cherche à mesurer les réelles plus-values qu'elle engendre, les différents éléments de l'urbanisme (cartographie, nomenclature d'activités, axes de commonalité, données) apportent des réponses concrètes. Ils permettent d'expliquer la situation actuelle, et de définir les évolutions qui conduiront à une meilleure performance, en alignement avec la stratégie métier. Ils mettent en évidence l'hétérogénéité informatique existante pour une même activité métier, les redondances d'informations avec les différentes activités qui les utilisent et les incohérences de données et les surcoûts engendrés. En associant formellement les systèmes informatiques aux activités métier, l'urbanisme permet de rapprocher les coûts informatiques avec la performance métier. Enfin, en éclairant la volonté des métiers de standardiser les façons de faire ces activités et en organisant le système d'information, l'urbanisme permet de lancer des actions de rationalisation en cohérence avec la stratégie des métiers et de l'entreprise.

Si deux années seulement ne permettent sans doute pas de tirer des conclusions définitives, on peut néanmoins s'attacher à montrer les forces et les faiblesses de cette expérience. Le tableau ci-après en synthétise les principaux points.

Forces	**Faiblesses**
– Capacité à définir une cible avec une vision long terme et une approche globale. – Une structuration du SI et des règles d'urbanisme qui permettent de maîtriser la diversité et la mise en œuvre d'actions de rationalisation.. – Accueil et jugement positifs des acteurs associés.	– Peu d'études d'urbanisme réalisées. – Vision et implication de la maîtrise d'ouvrage encore insuffisante. – Intégration non systématique dans les nouveaux projets.
Opportunités	**Menaces**
– Mise en évidence de l'hétérogénéité des processus métier. – Mise en évidence de la redondance et diversité applicatives. – Rapprochement des investissements et des coûts informatiques avec les activités métier.	– Disponibilité des ressources. – Cohérence nécessaire avec les plans pluriannuels et les budgets.

Figure 11.6. *Bilan des forces et faiblesses de l'expérience Renault*

Faire le constat des faiblesses et menaces actuelles, a permis, dans un premier temps, d'en analyser les causes. De nombreux points sont dus à la jeunesse d'une démarche qui nécessite du temps pour s'implanter totalement. Dans un deuxième temps, sur la base de ce constat et pour pallier ces points faibles, un plan d'action a été mis en œuvre. Les résultats de la démarche de même que ce type de bilan sont ainsi analysés périodiquement et permettent de décider des orientations de l'urbanisme en fonction des objectifs de la direction informatique et de l'entreprise.

L'Alliance entre RENAULT et NISSAN et la volonté de ces deux entreprises de maximiser la performance de leur informatique mondiale, est, sans conteste, le grand défi actuel et pour les prochaines années. Les forces et opportunités de ce bilan montre que l'urbanisme du système d'information y trouve naturellement sa place. Ses concepts et ses outils, déjà prêts, vont lui permettre de jouer un rôle très important dans l'atteinte de cet objectif.

11.11 La mobilisation d'hommes et de femmes

A la création de la direction de l'urbanisme Renault, c'est à quelques architectes fonctionnels que l'on confia la mission de définir et de mettre en place l'urbanisme du système d'information de l'entreprise. Pour cette nouvelle équipe, les premiers moments furent d'abord des moments d'interrogation : comment concilier certitude et inconnu. D'un coté, l'expertise des architectes fonctionnels dans les systèmes informatiques, acquise généralement après une longue expérience au sein de l'entreprise, et de l'autre, une mission d'urbanisation, dont les contours étaient, pour le moins, bien flous. D'un coté, la maîtrise des domaines métier sur lesquels chacun s'était spécialisé, de l'autre la nécessité d'une vision entreprise et un objectif de transversalité total. D'un coté, une disponibilité totale exigée par une entreprise en profond changement et des besoins informatiques urgents, de l'autre la nécessité de prendre du temps pour une réflexion. D'un coté enfin, leur plus-value reconnue par tous dans leur travail quotidien sur le système d'information, de l'autre la crainte de consacrer du temps à une mission dont on ignore encore les avantages.

L'expertise de ces architectes dans le système d'information de l'entreprise a permis la mise en œuvre des principes d'urbanisme. Les résultats obtenus le furent car il y eu conciliation entre ces deux alternatives : d'un coté, un savoir acquis, de l'autre,, la recherche d'un nouvelle démarche pour une vision et une cohérence globale, ces deux éléments s'enrichissant mutuellement. Sans délaisser leur travail quotidien, cette équipe a su consacrer du temps à une réflexion plus globale. Elle apportait ainsi des préoccupations concrètes à cette conception et simultanément lui fixait des objectifs de résultats qui se devaient d'être rapidement utilisables.

Le crédit dont bénéficiait chacun des architectes, leur tissu relationnel, et les résultats concrets qu'ils apportaient, ont permis d'amorcer efficacement le travail de conviction nécessaire. De proche en proche, de plus en plus d'hommes et de femmes, acteurs à tous les niveaux du système d'information, adhèrent à cette démarche et, par leurs actions respectives, participent à l'urbanisme, convaincus de son intérêt.

La condition essentielle de la réussite de cette démarche est là, dans ce long et motivant travail qui est de convaincre pour urbaniser le système d'information de l'entreprise.

Bibliographie

Sous la direction de N. ALTER, *Les logiques de l'innovation*, La découverte, 2002

L. AVIGNON, D. JOGUET, P. PEZZIARDI, *Intégration d'applications,* Eyrolles, 2000

L. BASS, P. CLEMENTS, R. KAZMAN, *Software Architecture in Practice,* (2e édition), Addison-Wesley, 2003

A. CASSIDY, *St Lucie Press Information Systems Strategic Planning,* 1998

I. CERDA, *Théorie générale de l'urbanisation*, Seuil, 1979

CLUB URBA SI, *Pratiques de l'urbanisme des systèmes d'information en entreprises,* Publibook, 2003

M.A. COOK, *Building Enterprise Information Architectures, Prentice-Hall PTR,* 1998

J.–P. CORNIOU, *La société de la connaissance,* Hermès, 2002

G. JEAN, *Les logiques de l'innovation,* (4e édition), PEL, 1998

G. JEAN, *Urbanisation du business et des SI,* Hermès, 2001

J.-P. LACAZE, *Les méthodes de l'urbanisme,* Que sais-je, 1997

G. LAPASSAT, *Architecture fonctionnelle des logiciels,* Hermès-Lavoisier, 2003

C. LONGEPE, *Le projet d'urbanisation du système d'information,* Dunod, 2001

J.-P. MEINADIER, *Le métier d'intégration de systèmes,* Hermès-Lavoisier, 2002

P. MERLIN,F. CHOAY, *Dictionnaire de l'urbanisme et de l'aménagement,* (3e édition), PUF, 2000

H. MINTZBERG, *Structure et dynamique des organisations,* Edition d'Organisation, 1982

M. PORTER, *L'Avantage concurrentiel,* Dunod, 1999

J. SASSOON, *Urbanisation des systèmes d'information*, Hermès, 1998

J. ZACHMAN, *"A Framework for Information Systems Architecture", IBM Systems Journal,* Vol. 26, No. 3, 1987

Revues, périodiques et sites internet

Etude Européenne sur la valeur de l'informatique, Acadys, 2002-2003

IT Governance Institute , Board briefing on IT governance, 2003

N. Carr, *"Why IT doesn't matter anymore"*, Harvard Business Review, Mai 2003

« Villes bonnes à vivre, villes invivables », revue du MAUSS, second semestre 1999

Site du CIGREF : cigref.fr
Site du club Urba-SI : urba-si.asso.fr
Site du *Federal enterprise architecture- Program management office* : feapmo.gov
Site du *Zachman Institute for Framework Advancement* : zifa.com
Site du « Programme d'Habilitation de la Transformation Opérationnelle » de l'administration canadienne :cio-dpi.gc.ca/btep-phto

CET OUVRAGE A ÉTÉ COMPOSÉ PAR HERMÈS SCIENCE PUBLISHING LTD ET ACHEVÉ D'IMPRIMER PAR L'IMPRIMERIE FLOCH À MAYENNE EN OCTOBRE 2004.

DÉPÔT LÉGAL : OCTOBRE 2004.
N° D'IMPRIMEUR : 61166.

Imprimé en France